《智能科学技术著作丛书》编委会

智能科学技术著作丛书

分批优化调度及差分进化算法

王海燕　王万良　徐新黎　赵燕伟　著

科学出版社

北　京

内 容 简 介

本书考虑实际生产系统中存在的订单批量性，介绍差分进化算法在分批优化调度问题中的应用，系统介绍基于差分进化算法的并行机、流水车间、作业车间分批优化调度和流程工业批处理过程生产调度方法。利用算法变异操作具有保持个体上各维分量值总和不变的特性来处理问题中的批量划分约束，针对不同的问题，结合问题信息开发有效的优化求解方法，为实际环境中多品种、中小批量生产调度问题的研究提供借鉴和参考。

本书可供计算机科学、控制科学、系统科学、管理科学与工程和工业工程等领域从事生产调度、智能算法及相关工程应用工作的科研人员阅读，也可作为相关专业的研究生和高年级本科生的参考书。

图书在版编目(CIP)数据

分批优化调度及差分进化算法/王海燕等著. —北京：科学出版社，2017.11
(智能科学技术著作丛书)
ISBN 978-7-03-055189-4

Ⅰ.①分… Ⅱ.①王… Ⅲ.①生产调度-最优化算法 Ⅳ.①F273

中国版本图书馆 CIP 数据核字(2017)第 270562 号

责任编辑：朱英彪 赵晓廷 / 责任校对：桂伟利
责任印制：吴兆东 / 封面设计：陈 敬

科 学 出 版 社 出版
北京东黄城根北街 16 号
邮政编码：100717
http://www.sciencep.com

北京中石油彩色印刷有限责任公司 印刷
科学出版社发行 各地新华书店经销
*
2017 年 11 月第 一 版 开本：720×1000 B5
2023 年 3 月第五次印刷 印张：13 1/2
字数：267 000

定价：98.00 元
(如有印装质量问题，我社负责调换)

《智能科学技术著作丛书》序

"智能"是"信息"的精彩结晶，"智能科学技术"是"信息科学技术"的辉煌篇章，"智能化"是"信息化"发展的新动向、新阶段。

"智能科学技术"(intelligence science&technology,IST)是关于"广义智能"的理论方法和应用技术的综合性科学技术领域，其研究对象包括：

· "自然智能"(natural intelligence,NI)，包括"人的智能"(human intelligence,HI)及其他"生物智能"(biological intelligence,BI)。

· "人工智能"(artificial intelligence,AI)，包括"机器智能"(machine intelligence,MI)与"智能机器"(intelligent machine,IM)。

· "集成智能"(integrated intelligence,II)，即"人的智能"与"机器智能"人机互补的集成智能。

· "协同智能"(cooperative intelligence,CI)，指"个体智能"相互协调共生的群体协同智能。

· "分布智能"(distributed intelligence,DI)，如广域信息网、分散大系统的分布式智能。

"人工智能"学科自 1956 年诞生以来，在起伏、曲折的科学征途上不断前进、发展，从狭义人工智能走向广义人工智能，从个体人工智能到群体人工智能，从集中式人工智能到分布式人工智能，在理论方法研究和应用技术开发方面都取得了重大进展。如果说当年"人工智能"学科的诞生是生物科学技术与信息科学技术、系统科学技术的一次成功的结合，那么可以认为，现在"智能科学技术"领域的兴起是在信息化、网络化时代又一次新的多学科交融。

1981 年，"中国人工智能学会"(Chinese Association for Artificial Intelligence,CAAI)正式成立，25 年来，从艰苦创业到成长壮大，从学习跟踪到自主研发，团结我国广大学者，在"人工智能"的研究开发及应用方面取得了显著的进展，促进了"智能科学技术"的发展。在华夏文化与东方哲学影响下，我国智能科学技术的研究、开发及应用，在学术思想与科学方法上，具有综合性、整体性、协调性的特色，在理论方法研究与应用技术开发方面，取得了具有创新性、开拓性的成果。"智能化"已成为当前新技术、新产品的发展方向和显著标志。

为了适时总结、交流、宣传我国学者在"智能科学技术"领域的研究开发及应用成果，中国人工智能学会与科学出版社合作编辑出版《智能科学技术著作丛书》。需要强调的是，这套丛书将优先出版那些有助于将科学技术转化为生产力以及对社会和国民经济建设有重大作用和应用前景的著作。

我们相信，有广大智能科学技术工作者的积极参与和大力支持，以及编委们的共同努力，《智能科学技术著作丛书》将为繁荣我国智能科学技术事业、增强自主创新能力、建设创新型国家做出应有的贡献。

祝《智能科学技术著作丛书》出版，特赋贺诗一首：

智能科技领域广

人机集成智能强

群体智能协同好

智能创新更辉煌

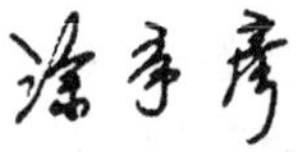

中国人工智能学会荣誉理事长

2005 年 12 月 18 日

前　言

生产调度是影响生产系统性能的主导因素之一，它的敏捷性在很大程度上决定着整个生产系统的敏捷性。生产调度与企业准时交货、生产线的资源调配、设备保养维修和物料采购供应计划等经营管理活动密切相关。经典的生产调度是在一个工件全部加工完成后再传输到下一道工序加工，而实际生产企业处理的往往是多品种、批量产品的生产任务。分批优化调度问题考虑了批量工件的可分性，比传统调度问题更加复杂，可适应现代经济发展所呈现的多品种和中小批量生产的特点，因此，对分批优化调度问题的研究具有重要的理论意义和实用价值。

由于生产调度问题的复杂性，寻找实用的优化求解方法一直是研究的重点。智能优化方法（如遗传算法、粒子群算法和差分进化算法等）已被证明是解决复杂调度问题的一个重要途径，有着广阔的发展前景。其中，差分进化算法作为一种有效的群体搜索算法，因其原理简单、受控参数少和鲁棒性强等特点，受到众多学者的关注。由于该算法的变异操作具有保持个体分量值总和不变的特性，本书选用差分进化算法作为问题的优化手段，介绍并行机、流水车间、作业车间分批优化调度和流程工业批处理过程生产调度优化方法。

全书共 7 章。第 1 章介绍分批优化调度问题及研究现状；第 2 章介绍并行机分批优化调度问题，提出基于块变异、块交叉操作的混合差分进化算法；第 3 章针对流水车间分批优化调度问题，分别考虑不允许子批混排加工和允许混排加工两种情况，设计相应的优化求解方法；第 4 章对等量、一致和可变子批划分策略下的柔性作业车间分批优化调度问题、模糊操作时间和模糊交货期下的多资源作业车间分批优化调度问题以及面向动态多变环境的作业车间调度问题分别进行介绍；第 5 章基于统一时间离散化方法，提出改进的差分进化算法来求解流程工业间歇批处理与连续混合生产过程调度问题；第 6 章介绍基于 B/S 架构的分批优化调度系统；第 7 章给出了相关研究工作的展望。

本书的出版得到了国家自然科学基金（61403163）和浙江省自然科学基金（LQ14G010008，LY15F030021）的资助。本书涉及的科研成果是在国家自然科学基金（61403163，60874074）、国家 863 计划（2007AA04Z155）、浙江省自然科学基金（LQ14G010008，LY15F030021）、浙江省重大科技攻关（2004C11011）和嘉兴学院科研基金等项目资助下取得的。特此向支持作者研究工作的所有单位和个人表示衷心的感谢。

感谢美国普渡大学 John W. Sutherland 教授和 Fu Zhao 教授，嘉兴学院黄风立副教授、彭文利教授和高慧敏教授，浙江科技学院介婧教授，浙江工业大学陈伟杰副教授，对作者研究工作的帮助和指点；感谢浙江工业大学硕士王磊、张立萍在合作研究中的付出和贡献；感谢嘉兴学院任新强同学在书稿图片处理中所付出的劳动；感谢科学出版社为本书出版所做的工作；特别感谢家人一直以来给予的无私关爱。

限于作者水平，书中难免存在不足之处，敬请读者批评、指正。

王海燕

2017 年 6 月

目　录

第1章 绪 论

1.1 引 言

据美国英格索尔(Ingcrsoll)铣床公司统计，在不良的生产过程中，从原材料进厂到产品出厂，一个机械零件只有5%的时间是在机床上，其余95%的时间在不同的地方和不同的机床之间传输或处于等待状态[1]。而在这5%的时间中仅有30%是切削时间，其余70%消耗于定位、装夹等辅助(启动准备)动作上。由此可见，零件在车间的通过时间(lead time)中实际只有1.5%是有效的加工时间。零件在系统中大量无效的通过时间是导致在制品库存增加、资金积压，从而引起系统效率低下的根本原因之一。因此，一味依靠设备改型升级、缩短机器加工时间并非上策，采取改进组织管理、对生产过程进行合理的计划与调度，更容易取得成效。如何利用现有的资源，在各种制约条件下，快速、高质量地完成生产任务，是现代企业在急剧变化的环境中生存和取得竞争优势的关键。

生产调度是影响生产系统性能的主导因素之一，它的敏捷性在很大程度上决定着整个生产系统的敏捷性。它与企业准时交货、设备利用率和库存量有直接的影响，还与生产计划的可行性分析、销售部门接受订单的提前期、生产线的人力调配、设备保养维修、物料采购供应计划等经营管理活动密切相关。有鉴于此，国内外对生产过程的计划和调度的研究非常活跃，主要目标是研究减少生产过程中存在无效空闲时间以及能源浪费等的方法、技术和手段，研究成果层出不穷[2,3]。

实际生产中，生产企业处理的通常都是多品种、批量产品生产任务。由于生产调度问题的本质是组合优化问题，如果把单个产品或零件作为一个独立的个体参与调度排序优化，那么问题规模会变得很大，算法在存储空间和计算时间上需要花费很大的代价。因此，在制订生产计划时，可将交货期相同的整批同一产品或零件作为调度问题中的一个工件。经典的调度是在一个工件所含的批量全部加工完成后再安排别的批量。考虑到离散加工任务的可分性以及实际车间可能存在并行加工资源的情况，为了增加调度的灵活性，加工时可将整批工件划为若干较小的批次，允许分批生产和分批传输，则可使后续工序提前开工，从而可达到缩短完工时间、促进企业生产资源合理分配的目的。由此出现了分批优化调度问题(production scheduling with Lot streaming/Lot splitting)[4-6]，它是实际生产中迫切需要解决的一类问题，具有极其广泛的应用前景和较好的学术价值。以表 1.1 所述的 2×3 流水车间调度问题为例(表中数据表示单件加工时间)，图 1.1 给出了经典调度中成批生产和传输的示意图(工件 J_1、J_2 的批量大小分别为 20 和 50)，图 1.2 为分批传输示意图。书中所使用的各算例，若无时间单位说明的，表示算例所涉及的时间单位统一但不限定。

表 1.1　2×3 流水车间调度问题

工件	E_1	E_2	E_3
J_1	3	5	2
J_2	3	4	1

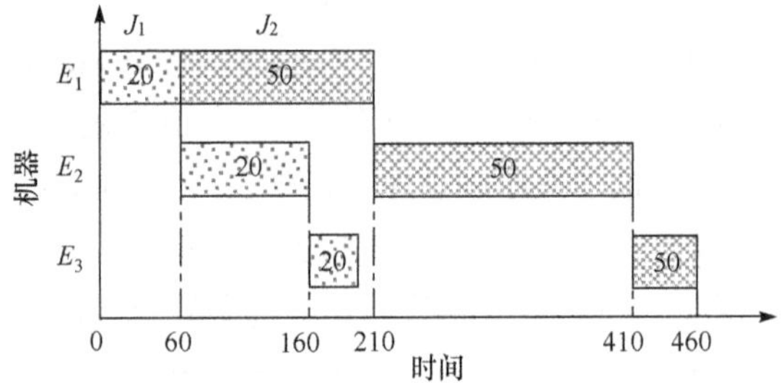

图 1.1　成批生产和传输示意图

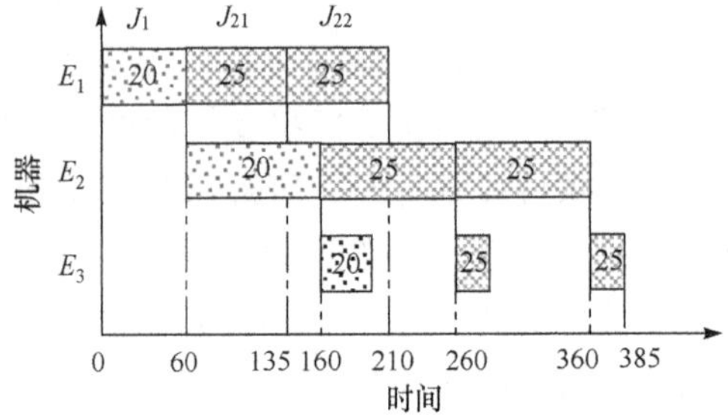

图 1.2　工件 J_2 分批传输示意图

分批优化调度问题考虑了工件批量性，更贴近实际生产，可适应现代经济发展所呈现的多品种和中小批量生产的特点。它同时涉及批量划分和排序优化，是比传统调度问题更加复杂的组合优化问题。合理的分批优化调度方案可以有效地提高生产效率、均衡资源利用率、降低物料和能耗、减少在制品库存、缩短交货期，促进车间生产管理的发展和企业资源的合理分配，对提高企业在市场的竞争力、改造传统的物料需求计划(material requirement planning，MRP)和制造资源计划(manufacturing resources planning，MRPⅡ)有十分重要的意义[7-9]。

1.2 分批优化调度问题

1.2.1 分批优化调度问题描述

分批优化调度问题可以描述为：N 种批量生产任务(工件)需要在 M 台机器上完成加工，将可分解的批量工件进行批量划分，根据需要可按子批量分别组织加工和工序间的传输，对划分所得各子批进行资源分配、加工排序以及传输，在满足约束条件的同时优化某些指定的生产指标，最终目的是要产生能够指导实际生产的排产方案。问题涉及批量划分和排序优化，其中批量划分需要确定批量工件划分的子批数、各子批的批量大小，而排序优化则是为各子批分配资源并实现子批的加工排序，使得所选的生产指标最优。

问题涉及的基本要素有生产任务、制造资源、约束条件和生产指标。

(1) 调度问题中的工件是被加工的对象，即生产任务，是在规定时间内需要生产的一定批量的产品，这些产品既可以是用户订购的产品，也可以是企业根据市场需求计划生产的产品。它是被调度的对象，在调度时一般根据产品工艺路径将其分解成若干道工序或操作进行。

(2) 所涉及的制造资源主要包括：①机器类资源，如车床、铣床、加工中心、注塑机和烘箱等，是提供加工操作的对象；②刀夹具、模具类资源，用于辅助加工操作；③传输类资源，用于工件在各台机器间的传输操作，如搬运工、传送带和 AGV (automated guided vehicle)等。此外，还有其他资源，如原料、人力、资金和能源等。调度时根据工序对资源的需求情况进行资源分配。

(3) 分批优化调度问题一般受以下约束条件限制。

① 批量划分约束：要求划分所得各子批任务的批量大小总和保持不变，为批量工件的加工批量大小；

② 与生产任务关联的约束：在按子批量分别组织加工和工序间的传输时，应满足工艺顺序约束、投产期、交货期(完成期)和批量大小等约束；

③ 与制造资源关联的约束：在为各子批进行资源分配时，凡生产过程中所涉及的用于加工操作的机器类资源、用于辅助加工操作的刀夹具类资源、传输类资源、原料、能源和人力资源等，应根据任务的具体加工要求进行分配。若有资源使用冲突时，应按加工顺序依次处理，满足同一制造资源在同一时刻只能处理一个任务的约束。此外，还需满足资源的可用性、生产能力、存储容量、传输能力、原料的供应约束等。对于能源类资源，可能存在用能峰值限制、间歇性供能约束(如太阳能、风能)等。

(4) 生产指标的制订是为了尽可能获得最大的经济效益和社会效益，因此生产指标一般定为成本最低、生产周期最短、生产能耗最少、生产切换最少、设备利用率最高以及三废最少等[10]。生产指标大致可分为两类：①基于代价的指标，包括为了实现调度方案所消耗的各种费用和所造成的损失，如投资成本、运行费用（生产成本、能耗、碳足迹）、传输费用、存储费用（库存成本）、缺货损失、提前或延期交货损失等；②基于性能的指标，主要包括设备利用率、负载均衡性、最大完成时间、延期生产任务的百分比等。

1.2.2 分批调度策略

针对问题中存在的工件批量性，现有研究在处理分批优化调度问题时，采取区分准备操作（setup）与加工操作、分批传输、分批生产等策略来达到缩短生产周期、均衡资源利用率的目的[11-14]。

1. 区分准备操作与加工操作

在离散生产环境中，批量任务在某台机器上的加工时间等于该批所含单元的加工时间之和。除了加工操作，如机床调整、更换夹具等辅助操作，要求在工件加工之前完成且对于批量任务只需要进行一次，此类操作应该与加工操作分开考虑。加工过程中，对同一台机器上的下一个同类的紧邻批次，无须重复进行准备操作。对于与加工任务可分离的准备操作，机器可提前进行准备，如此当批任务到达时可立即进行加工操作，缩短完工时间。

2. 分批传输

批量生产环境中，在工件所含批量较大的情况下，如果等该批工件在当前机器上全部加工完后再一起传输到下一台机器，则会造成后续机器等待时间过长。实际生产中，为了缩短机器等待时间或者由于受到传输设备容量的约束，可将批量工件划分成若干较小的传输子批（transfer sublot/batch），允许各传输子批在完成当前工序后，无须等待其余子批即可直接传输到下台机器上进行加工，可使后续工序提前开工、缩短生产周期、减少在制品库存，如图 1.2 所示。进行分批传输时，需要综合考虑传输设备可用性、传输能耗、传输容量/能力等约束。

3. 分批生产

考虑到实际生产车间可能存在多功能机、并行机的情况，将批量工件划分成若干较小的生产子批，通过将这些子批任务分配到不同的机器上进行加工以平衡机器负荷，或者将不同工件的生产子批进行混排加工以充分有效地利用各机器上的空闲时间，能达到缩短生产周期、提高生产系统灵活性的目的。

1.2.3 批量划分对系统性能的影响

批量生产环境下的车间生产调度问题中，子批批量的大小对生产系统性能指标(生产周期、负载平衡、能耗等)的影响如下：

(1) 在将批量工件进行分批生产时，子批的批量过大，不利于机器间的负载平衡，较大批量占有当前机器，导致后续机器长时间处于等待状态，降低了工作效率，延长了生产周期；考虑到批量准备时间的存在，过小的生产子批会导致过多的子批数，使得机器准备操作次数增加，生产周期和机器的准备能耗也增加。

(2) 在将批量任务进行分批传输时，过小的传输子批量会导致过多的子批数，使工件在工序间的传输次数增加，增加传输能耗；而过大的传输子批会导致后续工序等待时间过长，延长了生产周期。

可见，子批批量与生产系统的一些性能指标存在U形关系[15]，过大或过小的子批量都不利于缩短生产周期或节约能耗。分批优化调度问题中，批量划分与加工排序对系统性能起着同等重要的作用，因此应该与加工排序一样给予重视。

1.2.4 分批优化调度问题分类

根据机器数量的不同，分批优化调度问题可以分为单机问题和多机问题。前者指所有生产任务只在一台机器上完成；后者指有两台以上的机器可被使用，它根据加工流程的不同又可分为流水车间(Flow-shop)、作业车间(Job-shop)、开放式车间(Open-shop)和多机并行加工(并行机)问题[16,17]。其中，Job-shop问题是最一般情况下的问题类型，最有代表性，其他问题类型可以看作特殊情况下的Job-shop问题。

根据需求产品的种类(工件数)，可将分批优化调度分为单一产品和多产品分批优化调度。此外，根据问题的分批排序特点，分批优化调度问题还有以下分类方法：

(1) 根据批量划分策略的不同，有等量分批和非等量分批两种方式。对于多阶段作业，可进一步分为均等子批(equal sublots)、一致子批(consistent sublots)和可变子批(variable sublots)三种批量划分类型[18-21]。其中，均等子批划分策略表示将工件划分成均等批量的传输子批或生产子批，且一类工件在各道工序上保持相同的划分方案，如图1.2所示；一致子批划分策略表示工件各子批的批量可不同，但一类工件在各道工序上仍需保持相同的划分方案，如图1.3所示；可变子批划分策略表示工件的划分方案根据情况可灵活多变，在各道工序上不必保持相同，如图1.4所示。图1.4中，工件J_2在第三道工序上分成批量为40、10的两批，表示从第二道工序(加工机器E_2)传输到第三道工序(加工机器E_3)时，工件J_2分成批量为40、10的两批分别进行传输，其中批量为40的子批在第三道工序的开始加工时间为320(假设传输时间忽略不计)，此时正好是J_2在第二道工序上完成40个任务量的时间，满足子批的工序顺序约束。在这三种方式中，均等子批是一致子批划分策略的一种特例，可变子批划分策略涵盖的范围最广且灵活性最大，然而其生产管理比前两种策略复杂。

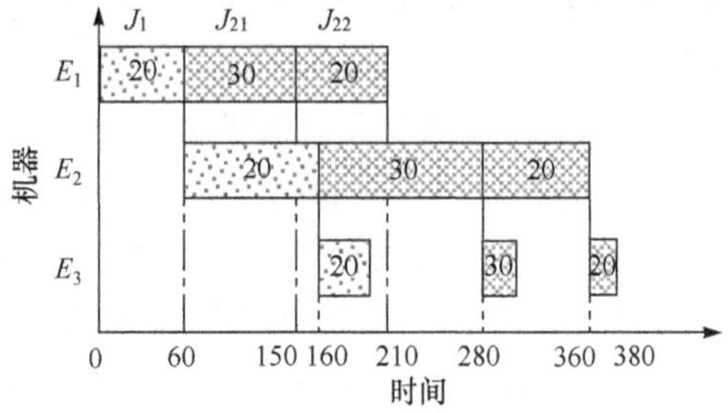

图 1.3　一致传输子批

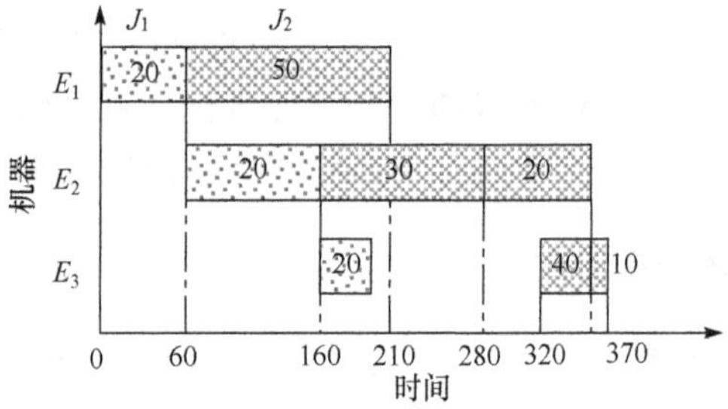

图 1.4　可变传输子批

(2) 根据子批加工排序类型，可分为混排(intermingling sublots)和非混排(non-intermingling sublots)两种[20-23]。混排的问题类型表示机器在加工一类工件的各个子批任务之间允许加工其他工件的子批，如图 1.5 所示。考虑到不同工件在各台机器上加工时间的不均衡性，对不同工件的生产子批进行混排加工能达到减少机器空闲时间的目的。非混排的问题类型表示机器在加工完一类工件的所有子批之后才能加工其他工件的子批，此时工件的子批表示传输子批，此类问题也即在整批工件的加工过程中采用分批传输策略的分批优化调度问题，如图 1.2～图 1.4 所示。在实际生产中，若机器的启动准备操作比较复杂或者比较耗时，采用

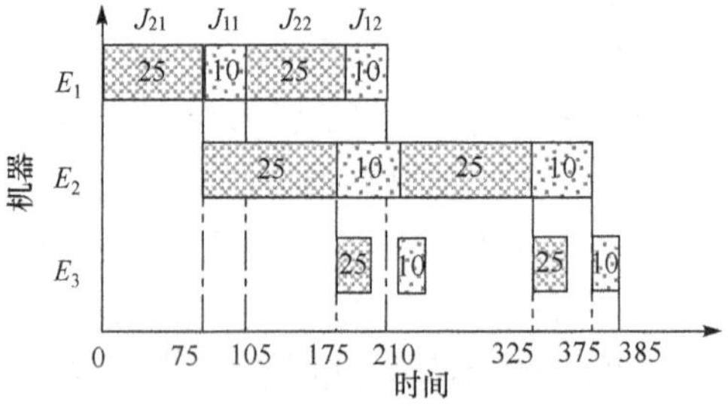

图 1.5　生产子批混排排序

非混排策略可减少启动准备操作次数，实现生产切换最少目标。

(3) 根据子批的批量是否为整数，可分为离散子批(discrete sublots)和连续子批(continuous sublots)两种类型[19-21]。在离散生产环境下，工件批量和划分所得子批量均要求满足整数约束；而在化工、食品等非离散型产品的生产过程中，允许工件子批的批量为实数，即连续子批。此外，根据子批的批量是否存在大小约束，分批优化调度问题可分为子批量无大小约束和子批量存在约束[24,25]两种类型。在实际生产中，子批量大小约束与加工设备的生产能力、缓冲区存储容量和传输设备的传输容量和传输能力等因素有关。

(4) 若分批优化调度问题中存在辅助操作，则可根据辅助操作类型进行分类。若要求对应的辅助操作在工件到来之后才能进行，如安装工件，则称为不可分离的准备操作(attached setups)；若辅助操作在工件到达之前就能进行，如安装模具、更换夹具等，则称为可分离的准备操作(detached setups)[11,19,20]。从准备时间与加工顺序的关联性角度，还可以分为与顺序相关、与顺序无关的准备操作两类。

(5) 可根据加工过程中的约束对问题进行分类。根据工件的各子批在同一机器上的加工过程之间是否允许存在空闲时间，分为机器无空闲(no-idling，如图1.6所示)和允许空闲两类；根据子批在各道工序之间是否允许等待，分为子批工序无等待(no-wait，如图1.7所示)和有等待作业约束；根据中间缓冲区类型，分为无缓冲区、有限缓冲区和无限缓冲区三种。

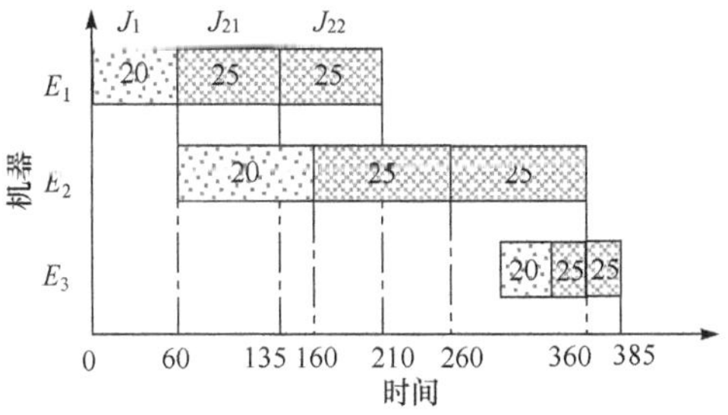

图1.6　机器无空闲

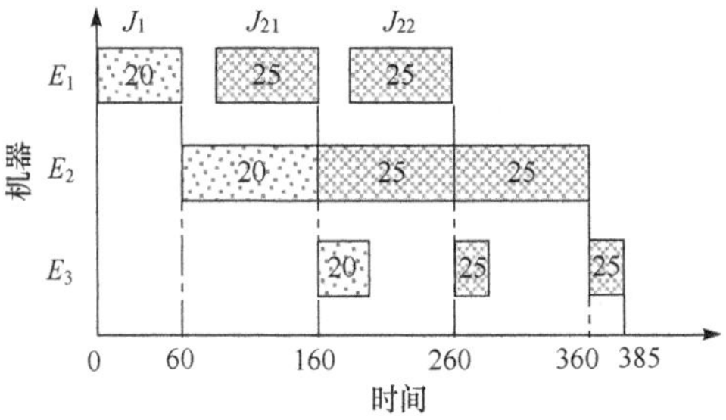

图1.7　子批无等待

1.2.5 分批优化调度方法

自 1966 年 Reiter 首次提出 Lot streaming 的概念[4]之后，在实际生产需求的驱动下，分批优化调度问题逐渐成为该领域的研究热点之一。表 1.2～表 1.4 分别列出了单一产品、流水车间和作业车间分批优化调度问题的研究情况。

表 1.2 单一产品分批优化调度问题的研究情况

调度问题	其他假设或约束	性能指标	文献
1/2/C/NI/AS	流水作业、第一阶段存在等同并行机、最小子批量约束	生产周期	Liu[26]
1/3/C/NI/NS	分别考虑了流水车间、作业车间和开放车间三种作业环境；连续子批；给定子批数	生产周期	Glass 等[27]
1/{2，3}/C/NI/NS；1/*M*/E/NI/NS	流水作业	生产周期	Potts 和 Baker[28]
{1，*N*}/M/C/NI/DS	流水作业、考虑连续子批和离散子批两种情况、工序无等待作业约束、给定子批数	生产周期	Kumar 等[29]
1/*M*/E/NI/AS	流水作业、考虑传输时间	生产周期、平均流程时间等指标的加权值	Sarin 等[30]
1/*M*/V/NI/{NS，AS，DS}	流水作业、最大子批数限制、交货期约束	生产周期、各机器完工时间之和、与交货期的偏差	Biskup 和 Feldmann[31]
1/*M*/V/NI/NS	流水作业、离散子批、给定子批数	生产周期	Liu[32]
1/*M*/{C，V}/NI/AS	流水作业	生产周期	谢琪[33]
1/*M*/V/NI/{AS，DS}	流水作业	生产周期	Defersha 和 Chen[34]

表 1.3 流水车间多产品分批优化调度问题的研究情况

调度问题	其他假设或约束	性能指标	文献
N/2/C/NI/AS	第一阶段存在多台等同并行机、最小子批量约束	工件的平均完工时间	Zhang 等[35]
N/*M*/E /NI/NS	交货期约束、批量划分方案已知	提前/拖期惩罚加权	Tseng 和 Liao[36]
N/*M*/E/NI/NS	有限缓冲区约束、阻塞约束、交货期约束、批量划分方案已知	提前/拖期惩罚	Ventura 和 Yoon[37]

续表

调度问题	其他假设或约束	性能指标	文献
N/M/E/NI/NS	多目标、交货期约束、批量划分方案已知	生产周期、总流程时间、机器空闲时间、提前完工时间	Han 等[38]
N/M/E/NI/AS	批量划分方案已知	生产周期、总流程时间	Marimuthu 等[39]
N/M/E/NI/NS	交货期约束、批量划分方案已知	提前/拖期惩罚	刘华和顾幸生[40]
N/M/E/NI/NS	分别考虑了机器无空闲作业和允许空闲两种情况、交货期约束、批量划分方案已知	提前/拖期惩罚加权	Pan 等[41]
N/M/E/NI/AS	分别考虑了机器无空闲作业和允许空闲两种情况、批量划分方案已知	总流程时间	Sang 等[42]
N/M/E/NI/NS	机器无空闲作业、交货期约束、批量划分方案已知	提前/拖期惩罚	潘玉霞等[43]
N/M/E/NI/DS	分别考虑了机器无空闲作业和允许空闲两种情况、准备时间与顺序相关、批量划分方案已知	生产周期	Davendra 等[44]
N/M/E/NI/AS	批量划分方案已知	生产周期、总流程时间	Chakaravarthy 等[45,46]
N/M/E/NI/—	子批数存在上下限约束	最大完工时间	桑红燕和潘全科[47]
N/M/{E, C}/{NI, I}/NS	考虑工序有等待和无等待作业约束、机器存在加工能力约束(时间)	加工成本、库存持有成本和生产周期时间成本之和	Mortezaei 和 Zulkifli[20]
N/M/C/NI/DS	各阶段可能存在并行机、工序无等待作业约束	生产周期	Kim 和 Jeong[48]
N/M/C/I/NS	—	生产周期	Feldmann 和 Biskup[22]
N/M/C/I/AS	考虑传输批量大小约束	生产周期	王海燕等[25]
N/M/C/I/AS	准备时间与顺序相关	生产周期	Martin[18]
N/M/C/I/AS	各阶段可能存在并行机、准备时间与顺序相关	生产周期	宋代立和张洁[49]
N/M/C/I/AS	各阶段可能存在等同并行机、考虑工作轮班信息、最小子批量约束、离散子批、准备时间与顺序相关	每个工作班内工件完工时间加权值	Nejati 等[50]

续表

调度问题	其他假设或约束	性能指标	文献
N/M/V/NI/DS	各阶段存在等同并行机、无限缓冲区；考虑与顺序相关、无关的两类准备操作	生产周期	Wang 等[51]
N/M/V/I/{AS, DS}	—	生产周期	Defersha 和 Chen [52]

表 1.4　作业车间多产品分批优化调度问题的研究情况

调度问题	其他假设或约束	性能指标	文献
N/M/E/I/DS	多工艺路线、给定最小加工批量	生产周期	潘全科和朱剑英[11]
N/M/E/NI/—	随机作业车间、传输设备约束、传输时间、传输规则	生产周期、子批的流程时间、工件的流程时间、延迟子批数、延迟工件数	Edis 和 Ornek [53]
N/M/E/NI/AS	多目标、批量划分方案已知	库存费用、机器空闲费用以及传输费用	Huang[54]
N/M/E/I/DS	多工艺路线	生产周期	孙志峻等[55]
N/M/E/NI/AS N/M/C/NI/AS	带装配工序、考虑不同产品的部件相似性	生产周期	Wong 和 Ngan[56]
N/M/C/I/AS	多目标、柔性作业车间、交货期约束	生产成本、生产周期、交货期满意度	屈新怀等[57]
N/M/C/NI/NS	传输设备约束、传输时间(含装载、卸载、传输时间)、批量划分方案已知	生产周期	Lei 和 Guo[58]
N/M/C/{I, NI}/{AS, DS}	考虑了工序无等待、机器无空闲等情况；给定子批数	生产周期	Buscher 和 Shen [59]
N/M/C/I/DS	多目标、柔性作业车间、交货期约束	生产周期、交货期满意度、生产成本、工件子批数量、机床利用率	白俊杰等[60]
N/M/C/I/DS	柔性作业车间、机器存在不可用时间段约束	生产周期	Zhao 等[61]
N/M/C/I/AS	多目标、柔性作业车间、子批量大小约束	生产周期、生产成本、交货期满意度和设备利用率	王万良等[62]
N/M/C/I/DS	多目标、柔性作业车间	制造工期、拖期惩罚、加工成本、批次数量和机器总负荷	王云等[63]
N/M/V/I/DS	柔性作业车间	生产周期	Zhao 等[64]
N/M/—/I/DS	多目标、柔性作业车间、交货期约束	生产周期、交货期满意度、生产成本、设备利用率	鞠全勇和朱剑英[65]

其中，问题类型用“工件种类数/工序数/子批类型/子批排序/准备操作”表示，各项的符号说明如下。①工件种类数：1 表示单一工件问题，N 表示多产品问题；②工序数：2、3 分别表示两阶段(机器)、三阶段(机器)作业，M 表示多阶段或多机器问题；③子批类型：E、C、V 分别表示均等、一致、可变子批划分，“—”表示子批类型未明确说明；④子批排序：NI、I 分别表示非混排、混排排序；⑤准备操作：AS 表示不可分离的准备操作，DS 表示可分离的准备操作，NS 表示未考虑准备操作或者准备时间包含在加工时间内，“—”表示准备操作的类型未明确说明。

从分批优化调度方法角度来看，现有的方法可以归纳为传统优化方法和现代智能优化方法两种。其中，现代智能优化方法是一类新颖、基于邻域搜索框架的全局优化方法，对各类复杂的优化问题有很强的适应性，通用性好，在分批优化调度问题中得到了广泛应用，具体如下。

1. 遗传算法

Kim 和 Jeong[48]考虑批量准备时间，在批量工件划分方案已知的情况下，提出自适应遗传算法(genetic algorithm，GA)求解零等待流水车间生产调度问题。Martin[18]基于一致子批划分策略，通过遗传算法和混合整数规划模型研究流水车间分批优化调度问题使最大完工时间最小化。Defersha 和 Chen[34,52]采用可变子批划分策略，将遗传算法用于流水车间分批优化调度问题。Ventura 和 Yoon[37]针对带有限缓冲区约束的流水车间分批优化调度问题，采用均等子批传输策略，提出基于新的选择和交叉算子的遗传算法以最小化提前/拖期惩罚。Han 等[38]采用均等子批划分策略，提出改进的非支配排序遗传算法求解多目标非混排流水车间分批优化调度问题。Nejati 等[50]在分批子批数给定的情况下，研究存在等同并行机的混合流水车间分批优化调度问题，考虑工作轮班信息、与顺序相关的准备时间，建立了混合整数非线性规划模型，采用遗传算法和模拟退火算法作为求解方法。潘全科和朱剑英[11]、孙志峻等[55]研究了多工艺路线作业车间分批优化调度问题，采用遗传算法为优化手段。董美曾和陈伟达[66]针对再制造系统调度问题，将回收品划分为不同的工件组类型，允许同一工件组内的工件分批次进行调度加工，由此将问题分解为工件分批次和调度顺序两个子问题，使用遗传算法进行求解。

2. 粒子群优化算法

Wong 和 Ngan[56]针对装配作业车间分批优化调度问题，分别提出了混合粒子群优化算法和混合遗传算法来优化生产周期，并在不分批、等量分批和非等量分批情况下对两种算法进行了比较。白俊杰等[60]采用分批生产策略，设计了基于“游标”的方法实现批量划分，通过粒子群优化(particle swarm optimization，PSO)算法求解多目标柔性作业车间分批优化调度问题。屈新怀等[57]提出多样性可控粒子群优化算法求解多目标柔性作业车间分批优化调度问题。

3. 蚁群优化算法

Marimuthu 等[39]研究了流水车间分批优化调度问题，采用均等子批传输策略，分别将门槛值接受法和蚁群优化(ant colony optimization，ACO)算法用于工件的排序优化。Huang[54]讨论了将批量工件分别划分成一个、二个、三个、四个均等子批情况下的多目标作业车间调度问题，采用蚁群优化算法进行排序优化。宋代立和张洁[49]将混合流水车间分批调度过程分为产品分批、设备指派和批次排序三个阶段，相应地提出一种三级递阶结构的蚁群优化算法来优化生产周期。

4. 人工蜂群算法

刘华和顾幸生[40]、Pan 等[41]在批量工件流水作业中考虑均等分批传输，将人工蜂群(artificial bee colony，ABC)算法用于流水车间分批优化调度问题。Sang 等[42]研究了流水车间分批优化调度问题，采用均等传输子批策略，分别针对机器在加工同一工件的各子批过程中是否允许存在空闲时间来建立问题模型，以最小化总流程时间为目标，采用人工蜂群算法优化工件的加工顺序。Lei 和 Guo[58]研究仅存在一台运输设备情况下的作业车间分批优化调度问题，采用一致子批划分策略，提出了改进的人工蜂群算法。

5. 差分进化算法

Wang 等采用分批生产策略缩短生产周期，利用差分进化(differential evolution，DE)算法变异操作具有保持个体上各维分量值总和不变的特性来满足批量划分约束，将算法应用于批量划分和加工排序的优化，分别求解并行机[67]、流水车间[25]、作业车间[61,64]的分批优化调度问题。王万良等[62]采用两级编码方式，提出多目标差分进化算法用来求解柔性作业车间分批优化调度问题。

6. 其他

Sarıçiçek 和 Çelik[68]分别采用禁忌搜索和模拟退火两种算法求解并行机分批优化调度问题。Chakaravarthy 等[45,46]在批量工件流水作业过程中采用均等子批传输策略，分别基于生产周期和总流程时间性能指标，采用差分进化算法、粒子群优化算法、改进的羊群遗传算法和人工蜂群算法求解工件排序问题。潘玉霞等[43]、Davendra 等[44]采用均等子批传输策略，分别将蛙跳算法、混沌离散自组织迁移算法用于优化流水作业车间的工件加工排序。桑红燕和潘全科[47]提出离散入侵杂草优化算法来求解流水车间分批优化调度问题，优化工件划分的子批数和工件的加工排序使最大完工时间最小化。鞠全勇和朱剑英[65]提出基于粒子群搜索的多种群混合遗传算法来求解多目标作业车间分批优化调度问题。王云等[63]采用基于"游标"的方法将工件分割成具有柔性数量的多个批次，提出一种改进的强度 Pareto 进化算法来求解柔性作业车间多目标分批优化调度问题。

1.2.6 现有研究分析

当前国内外对分批优化调度的研究已经取得了较大的进展，但与传统调度问题相比，分批优化调度的研究仍不够充分，现有的理论和方法还不够完善，目前尚需深入和完善的问题如下：

(1) 分批优化调度问题涉及批量划分，要求划分所得各子批任务的批量大小总和保持不变(批量划分约束)，使问题显得更为复杂，但它与加工排序一样对系统性能起着重要的作用。当前国内外对分批优化调度问题的研究主要侧重于排序优化，而对批量划分缺乏深入研究。

(2) 分批优化调度问题需要兼顾能耗、碳足迹、用能峰值和生产周期等多个指标，且节能与缩短生产周期两个目标之间会存在冲突关系，不能简单地采用单目标优化的方法来处理。此外，由于生产系统是综合人、材料、设备和能源的分布式系统，它存在着大量的不确定性。当前国内外对多约束、多目标和不确定等复杂环境下的分批优化调度问题缺乏深入研究。

(3) 无免费午餐定理(no free lunch)指出，没有普遍适用各个问题的高性能算法，因此，针对具体问题探索高效的优化算法将始终是一项具有科学意义和实用价值的工作。分批优化调度问题是比传统调度问题更加复杂的多项式时间复杂程度的非确定性(non-deterministic polynomial，NP)问题，更应从具体问题出发，注重提炼问题特征，有效利用特征信息来指导算法设计，通过基于特殊约束和问题特征的搜索操作或启发式方法辅助算法来求解，能达到事半功倍的效果。

1.3 差分进化算法

差分进化算法是由 Storn 和 Price[69] 于 1995 年首次提出、新近发展起来的一种简单、有效的群体搜索算法。差分进化算法具有原理简单、受控参数少、鲁棒性强等特点，目前已受到众多学者的关注。

1.3.1 差分进化算法流程及进化策略

DE 算法与实数编码的遗传算法相似，也包括变异、交叉和选择等操作，但在产生子代的方式上有所不同。DE 算法先在父代个体间的差向量基础上生成变异个体，然后按一定的概率对父代个体与变异个体进行交叉操作，最后采用"贪婪"选择策略产生子代个体。在本质上看，这是一种基于实数编码的具有保优思想的贪婪遗传算法。

1. 算法流程

记第 t 代种群为 $X^t=\{x_1^t, x_2^t, \cdots, x_{N_p}^t\}$，$x_h^t$ 表示第 t 代种群中的个体 h，$h=1,2,\cdots,N_p$，N_p 表示种群规模。$x_h^t=\{x_{h,1}^t, x_{h,2}^t, \cdots, x_{h,L}^t\}$，$x_{h,g}^t$ 表示第 t 代种群中的个体 h 上的第 g 维分量，$g=1,2,\cdots,L$，L 表示个体向量的长度，即问题解空间的维数。算法包含的三个步骤叙述如下。

1) 变异操作

对当前种群中的每一个体 x_h^t，执行如下变异操作生成变异个体，记为 $v_h^{t+1}=\{v_{h,1}^{t+1}, v_{h,2}^{t+1}, \cdots, v_{h,L}^{t+1}\}$：

$$v_{h,g}^{t+1}=x_{h_1,g}^t+F\times(x_{h_2,g}^t-x_{h_3,g}^t) \tag{1.1}$$

式中，h_1、h_2 和 h_3 表示$[1,N_p]$范围内互异且不等于 h 的随机自然数；$F\in[0,2]$表示缩放比例因子，是一个实常数，控制偏差向量的放大作用；$x_{h_1,g}^t$表示父代基向量 $x_{h_1}^t$ 上的第 g 维分量，$g=1,2,\cdots,L$。

式(1.1)所述的变异方式表示在随机选择的父代基向量基础上，采用一个差向量进行干扰得到变异个体。

2) 交叉操作

变异操作之后，在父代个体 x_h^t 和变异个体 v_h^{t+1}之间执行交叉操作，得到试验个体 $u_h^{t+1}=\{u_{h,1}^{t+1}, u_{h,2}^{t+1}, \cdots, u_{h,L}^{t+1}\}$：

$$u_{h,g}^{t+1}=\begin{cases} v_{h,g}^{t+1}, & r_g\leqslant \mathrm{CR} \text{ 或 } g=r\_h \\ x_{h,g}^t, & \text{其他} \end{cases} \tag{1.2}$$

式中，r_g 为第 g 个$[0,1]$范围内的随机实数；r_h 为$[1,L]$范围内的随机自然数，它确保 u_h^{t+1} 至少有一维分量是从 v_h^{t+1}获得；CR 为交叉概率，取值范围为$[0,1]$。

式(1.2)所述交叉方式为二项式交叉(bin)。

3) 选择操作

DE 算法采用贪婪准则在父代个体 x_h^t 和试验个体 u_h^{t+1} 之间进行选择，产生子代个体 x_h^{t+1}：

$$x_h^{t+1}=\begin{cases} u_h^{t+1}, & f(u_h^{t+1})>f(x_h^t) \\ x_h^t, & \text{其他} \end{cases} \tag{1.3}$$

式中，$f(\cdot)$表示适应度函数。式(1.3)是针对最大化问题而言的，若是最小化问题，那么选择试验个体作为子代个体的条件为 $f(u_h^{t+1})<f(x_h^t)$。

DE 算法流程如图 1.8 所示。

从上述三个步骤可见，DE 算法进化过程中试验个体的产生是按位进行判断决定各维分量是由变异而得还是继承自父代个体。因此，可将变异、交叉操作相融

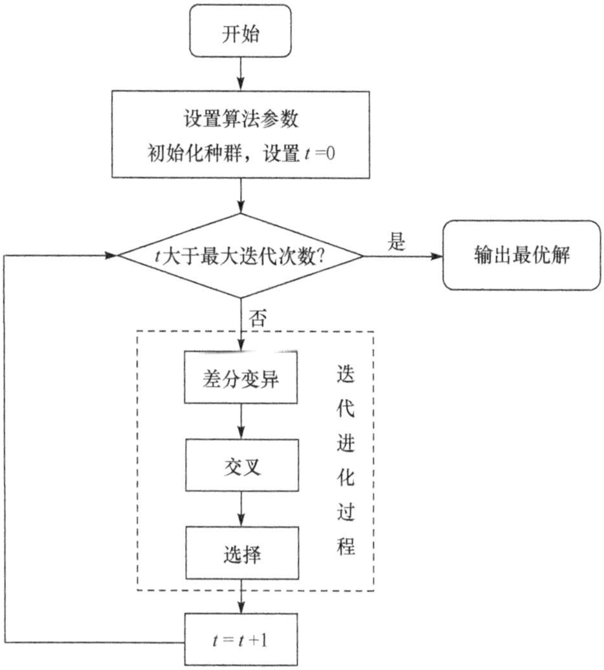

图 1.8 DE算法流程

合，根据式(1.2)的判断条件决定各维分量是否需要变异，从而节省计算时间。算法的整体流程如下：

步骤 1 设置算法控制参数 N_p、F、CR 以及最大迭代次数 t_{max}，其中，种群规模 N_p 必须满足 $N_p \geqslant 4$ 以确保算法具有足够的不同的变异向量。在问题的可行解空间初始化种群 $X^0=\{x_1^0, x_2^0, \cdots, x_{N_p}^0\}$，设置运行代数 $t=0$，执行步骤 2。

步骤 2 设置 $h=1$，执行步骤 3。

步骤 3 随机产生$[1, N_p]$区间内互异且不等于 h 的自然数 h_1、h_2 和 h_3。随机产生$[1, L]$范围内的自然数 r_h。设置 $g=1$，执行步骤 3.1～步骤 3.4 对当前种群中的个体 h 执行变异、交叉操作，按位决定试验个体 u_h^{t+1} 上的各维分量。

步骤 3.1 若 $g=r\_h$，则执行步骤 3.2；否则，执行步骤 3.3。

步骤 3.2 执行变异操作获得试验个体上的第 g 维分量：$u_{h,g}^{t+1}=x_{h_1,g}^t+F\times(x_{h_2,g}^t-x_{h_3,g}^t)$。执行步骤 3.4。

步骤 3.3 随机产生$[0,1]$范围内的实数 r。若 $r\leqslant \text{CR}$，返回步骤 3.2；否则，选择父代个体 x_h^t 上的第 g 维分量进入试验个体，即 $u_{h,g}^{t+1}=x_{h,g}^t$，执行步骤 3.4。

步骤 3.4 设置 $g=g+1$。若 $g\leqslant L$，则返回步骤 3.1；否则，此时试验个体已经是一个完整的个体，执行步骤 4。

步骤 4 在 x_h^t 与 u_h^{t+1} 之间采用贪婪准则进行选择，获得子代个体 x_h^{t+1}。

步骤 5　设置 $h=h+1$。若 $h\leqslant N_p$，则返回步骤 3；否则，执行步骤 6。

步骤 6　设置 $t=t+1$。若 $t\leqslant t_{max}$，则返回步骤 2；否则，结束进化过程，输出当前种群 X^t 中的最优解。

2. 进化策略

前面所阐述的是在随机选择的父代基向量基础上采用一个差向量进行干扰的变异方式和二项式交叉方式的差分进化算法，记为 DE/rand/1/bin。按照变异操作中差向量的个数、父代基向量的选取方式和交叉方案等，DE 算法的进化模式可用 DE/x/y/z 统一表示。x 表示父代基向量的选取方式，y 表示变异操作所使用的差向量的个数，z 表示交叉方案。事实上，Storn 和 Price 给出了 5 种变异策略、2 种交叉策略，共组成 10 种进化策略，除了 DE/rand/1/bin，还有另外 9 种进化策略：DE/best/1/bin、DE/rand/2/bin、DE/best/2/bin、DE/rand-to-best/1/bin、DE/rand/1/exp、DE/best/1/exp、DE/rand/2/exp、DE/best/2/exp、DE/rand-to-best/1/exp。其中，$z=\exp$ 表示交叉操作采用指数交叉方式。下面列出了这 10 种差分进化策略的变异过程：

(1) DE/rand/1/bin、DE/rand/1/exp：$v_{h,g}^{t+1}=x_{h_1,g}^t+F\times(x_{h_2,g}^t-x_{h_3,g}^t)$。

(2) DE/best/1/bin、DE/best/1/exp：$v_{h,g}^{t+1}=x_{\text{best},g}^t+F\times(x_{h_1,g}^t-x_{h_2,g}^t)$。

(3) DE/rand/2/bin、DE/rand/2/exp：$v_{h,g}^{t+1}=x_{h_1,g}^t+F\times((x_{h_2,g}^t-x_{h_3,g}^t)+(x_{h_4,g}^t-x_{h_5,g}^t))$。

(4) DE/best/2/bin、DE/best/2/exp：$v_{h,g}^{t+1}=x_{\text{best},g}^t+F\times((x_{h_1,g}^t-x_{h_2,g}^t)+(x_{h_3,g}^t-x_{h_4,g}^t))$。

(5) DE/rand-to-best /1/bin、DE/rand-to-best /1/exp：$v_{h,g}^{t+1}=x_{h,g}^t+\lambda\times(x_{\text{best},g}^t-x_{h,g}^t)+F\times(x_{h_1,g}^t-x_{h_2,g}^t)$。

其中，$x_{\text{best},g}^t$ 表示当前种群最优个体 x_{best}^t 上的第 g 维分量，h_1、h_2、h_3、h_4 和 h_5 表示随机产生的$[1,N_p]$范围内互异且不等于 h 的自然数。

另一种交叉方式——指数交叉(exp)的过程如下：

(1) 当 $g<r\_h$ 时：$u_{h,g}^{t+1}=x_{h,g}^t$。

(2) 当 $g=r\_h$ 时：$u_{h,g}^{t+1}=v_{h,g}^{t+1}$。

(3) 当 $g>r\_h$ 时：按位判断，若 $r_g\leqslant CR$，则 $u_{h,g}^{t+1}=v_{h,g}^{t+1}$；否则，试验个体上剩下的所有分量都从父代个体继承。

3. 算法特点

DE 算法保留了进化算法基于种群的全局搜索策略，采用实数编码、基于父代个体差向量的变异操作、按位进行的交叉操作和一对一的竞争生存策略，原理简单，容易实现。虽然本质上是一种基于实数编码的具有保优思想的贪婪遗传算法，但DE算法按位进行变异、交叉，从理论角度分析，相对于遗传算法而言，DE算法应具有更好的全局搜索性能。此外，DE算法还具有分散搜索、保优搜索、协同搜索、易于与其他算法混合等优点，且不需要借助问题的特征信息，可直接对结构对象进行操作，不存在对目标函数的限定，适于求解一些常规的数学规划方法所无法求解的复杂环境中的优化问题。

1.3.2 差分进化算法研究现状

DE算法是一种相对新兴的算法，鉴于其易实现、鲁棒性强等诸多优点，目前已经在许多领域得到了应用，如化工[70,71]、电力系统[72,73]、机械设计[74-76]、路径规划[77-79]和生产调度等领域。以下重点阐述DE算法在生产调度领域的相关研究。

(1) 单机调度。Nearchou和Omirou[80]针对离散排序调度问题，提出一种新的基于区间划分编码方式，将DE算法中实数编码的个体转化成为工件排序，并将算法用于求解单机调度问题和流水车间调度问题。Nearchou[81]采用DE算法求解提前/拖期指标下的单台机器多产品调度问题。Tasgetiren等[82]改进了DE算法的初始化步骤并在算法框架中嵌入局部搜索操作，考虑与顺序相关的启动准备时间，求解单台机器最小化加权延迟问题。Zhou等[83]针对并行批处理机调度问题，考虑各机器不同的处理容量和处理速度，建立了混合整数规划模型，并提出一种基于DE的混合算法来求解大规模问题。

(2) 流水车间调度。Tasgetiren等提出SPV(smallest position value)规则将DE连续个体转化为离散排序，将DE算法用于最小化完工时间的置换流水车间调度问题[84]和基于总流程时间性能指标的无等待流水车间调度问题[85]。Onwubolu和Davendra[86]针对最小化最大完成时间、流程时间和延迟时间指标下的流水车间调度问题，建立了带离散整数变量的非线性规划模型，采用DE算法作为求解方法，提出前向/后向转化机制来实现连续个体和离散个体之间的转换。Qian等采用LOV(largest-order-value)规则将DE算法连续个体映射为工件排序，并设计了局部搜索操作嵌入算法框架，将DE算法分别应用于置换流水作业[87]、零等待流水作业[88]以及多目标有限缓冲区流水车间调度问题[89]。Pan等将DE算法分别用于求解最小化最大完工时间的置换流水车间调度问题[90]、总流程时间性能指标下的问题[91]、生产周期(makespan)性能指标下有限缓冲区问题[92]、最小化生产周期和最大延迟双目标下的零等待流水车间调度问题[93]以及生产周期指标下的零空闲置换流水车间调度问题[94]。Shao和Pi[95]针对置换流水车间调度问题，提出一种基于概率模型的自引导DE算法来引导种群进行变异、交叉操作，并设计了邻域搜索来提高算法性能。Wang等[96]以优化生产周期为目标，采用基于工件排序的编码，设计了新的变异、交叉方法，将DE算法用于阻塞流水车间(blocking flow-shop)调度问题。胡蓉和钱斌[97]针对随机有限缓冲区流水车间调度问题，提出用混合 DE 算法来最小化提前/拖期和总体完成时间指标。Qian 等[98]、Li 和 Yin[99]将 DE 算法和文化基因算法(memetic algorithm,MA)结合并分别用于生产周期与最大延迟指标下的置换流水车间调度问题和多目标零等待流水车间调度问题。王海燕等[100]基于统一时间离散化方法,提出改进的 DE 算法求解带有限中间存储的连续生产过程和间歇生产过程混合的流程工业化工生产调度问题。

(3) 作业车间调度。Liu 等[101]采用基于排序信息的编码,对 DE 算法变异、交叉进化操作进行改进,提出一种离散 DE 算法用于求解作业车间调度问题。Yuan 和 Xu[102]针对柔性作业车间调度问题设计了一种转化方法将 DE 实数编码个体转化为机器分配和加工排序方案,设计基于关键路径的局部搜索操作,提出一种混合 DE 算法优化生产周期。Zhang 等[103]考虑工序加工时间不确定的作业车间调度问题,采用基于参数扰动法的局部搜索,提出一种混合 DE 算法以最小化总延迟性能指标。Ponsich 和 Coello[104]将差分进行和禁忌搜索(tabu search,TS)混合并用于生产周期指标下的作业车间调度问题。Qian 等[105]将 DE 算法和 MA 结合,设计了基于 Meta-Lamarckian 学习策略的自适应多邻域局部搜索,用于多目标作业车间调度问题的求解。

1.4 本书问题研究方法

1.4.1 问题研究思路

分批优化调度问题涉及批量划分和排序优化,其中批量划分过程要求划分所得各子批任务的批量大小总和保持不变——批量划分约束,如何有效地处理批量划分约束是成功解决问题的关键。考虑到在差分进化过程中,在种群初始化时要使每个个体上各维分量值总和相等,即

$$\sum_{g=1}^{L} x_{1,g}^{t} = \cdots = \sum_{g=1}^{L} x_{h,g}^{t} = \cdots = \sum_{g=1}^{L} x_{N_{\mathrm{p}},g}^{t} = \mathrm{const} \tag{1.4}$$

式中,const 表示某个常量。

经过式(1.1)的变异操作,可得

$$\sum_{g=1}^{L} v_{h,g}^{t} = \sum_{g=1}^{L} x_{h_1,g}^{t} + F \times \left(\sum_{g=1}^{L} x_{h_2,g}^{t} - \sum_{g=1}^{L} x_{h_3,g}^{t} \right) \tag{1.5}$$

由于 $\sum_{g=1}^{L} x_{h_1,g}^{t} = \sum_{g=1}^{L} x_{h_2,g}^{t} = \sum_{g=1}^{L} x_{h_3,g}^{t} = \mathrm{const}$,可以得到 $\sum_{g=1}^{L} v_{h,g}^{t} = \mathrm{const}$,即变异个体上的各维分量值总和仍然保持不变。这体现了 DE 算法变异操作的特殊性,也是本书选用 DE 算法作为问题求解方法的原因所在。

本书后续各章中,对于存在批量划分约束的问题提出了新的编码方法,要求各

队列内的分量值总和等于一常量，并设计了块变异、块交叉操作，利用算法变异操作的特殊性，使问题中的批量划分约束得到满足，保证了进化过程中个体的合法性。

1.4.2 混合算法框架

本书基于 DE 算法，介绍分别适用于并行机、流水车间和作业车间生产过程以及流程工业批处理生产过程的分批优化调度方法。在后续各章中，根据不同的问题提出相应的编解码方案，结合问题信息设计进化操作。所设计的算法大体上遵循图 1.9 所示的流程框架，算法迭代进化过程中包含全局搜索和局部搜索操作。

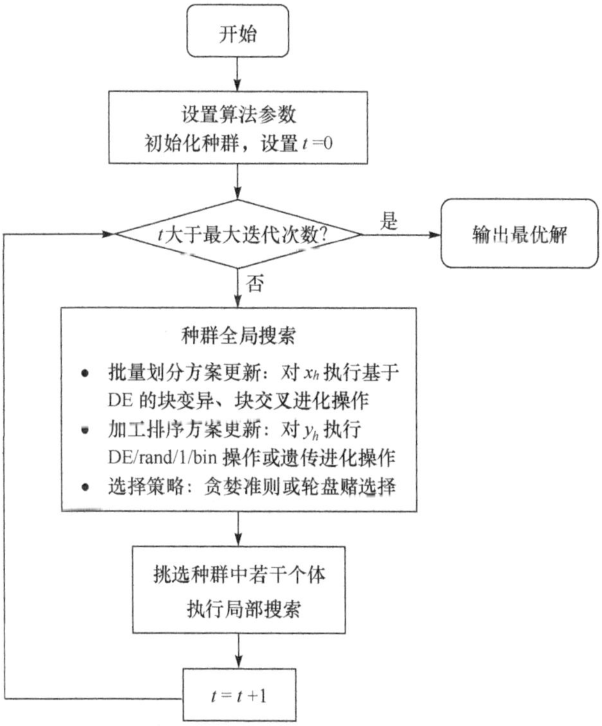

图 1.9　混合算法框架

对同时涉及批量划分和加工排序的问题，个体编码时采用 x_h 代表批量划分方案，用 y_h 代表加工排序方案，对两部分采用不同的进化方法：根据具体问题，对于 x_h 采用块变异、块交叉操作，利用 DE 变异操作的特殊性满足批量划分约束；对于 y_h 执行传统的位变异、位交叉操作或遗传进化操作（根据不同的问题编码而定）；采用贪婪准则或轮盘赌选择操作选择下一代。根据各章具体的分批优化调度问题，进一步设计相应的局部搜索操作，在搜索到的最好解和父代个体之间选择较优解。

1.5 本书主要内容

分批优化调度问题是NP问题，它源自实际背景和工程需要，已经受到广泛关注，成为当今研究热点之一。与经典调度问题相比，除了加工排序，它还多了批量划分子问题，是一类更复杂的组合优化问题。目前对于分批优化调度的研究已经取得了较大的进展，但还很不成熟，现有的求解方法一般侧重于加工排序子问题的求解，而忽略了对批量划分方案的优化。

考虑到DE算法存在的诸多优点，近几年来在生产调度领域的成功应用以及算法变异操作具有保持分量值总和不变的特性(前提是算法种群中各个体长度一致且分量值总和相等)，本书选用DE算法作为问题的求解方法，系统介绍DE算法在并行机、流水车间、作业车间生产过程分批优化调度和流程工业批处理过程生产调度问题中的应用，注重提炼问题的特征，结合问题信息进行算法设计，开发有效的优化求解方法。本书的内容源于作者在该领域的研究积累[25,61,64,67,100,106-109]，各章内容安排如下。

第1章　绪论。首先阐述课题的研究背景及意义，从问题的描述、调度策略及问题分类等方面介绍分批优化调度问题，综述问题的研究现状。然后介绍DE算法的流程、进化策略以及算法在生产调度领域的研究现状。最后给出本书问题的研究思路以及所采用的混合算法框架。

第2章　基于差分进化算法的并行机分批优化调度。针对生产周期性能指标下的并行机分批优化调度问题，采用基于任务分配队列的实数编码方式，设计基于块变异、块交叉的全局搜索操作以及基于问题的局部搜索操作，提出混合差分进化算法。兼顾等同、非等同以及带工艺约束并行机问题类型，通过算例仿真和算法比较分析验证算法的良好性能，将算法有效地应用于某钢铁厂的冷轧精整生产调度实例的求解。

第3章　基于差分进化算法的流水车间分批优化调度。在流水车间分批优化调度问题中考虑不允许子批混排加工以及允许混排加工两种情况，分别设计相应的优化求解方法，并通过实验仿真方式验证算法的有效性：针对非混排分批优化调度问题，在传输批量无约束的情况下，给出完工时间快速评价法，提出一种混合差分进化算法来优化确定工件的加工排序，并进一步采用启发式划分方法以减少工序间的传输次数；针对混排分批优化调度问题，考虑传输批量存在约束的情况，采用分批生产策略，提出一种混合算法来将各工件划分成若干个小生产子批并对子批进行混排排序，结合启发式划分方法，在算法解码过程中将小生产子批进行分批传输，使生产周期进一步缩短。

第4章　基于差分进化算法的作业车间分批优化调度。首先，分别介绍差分进化算法在均等子批、一致子批和可变子批划分策略下的作业车间分批优化调度问题中的应用，对不同划分策略下的问题建立数学模型，并提出相应的求解算法，通过仿真验证算法的有效性并对三种策略进行比较。然后，针对加工时间和交货期不确定情况下的多资源柔性作业车间分批优化调度问题，考虑各工序对制造资源的不同需求，采用批量划分与资源分配相结合的方法，设计求解算法以实现批量划分、资源分配和加工排序。最后，针对动态环境下的作业车间调度问题，基于周期和事件驱动的滚动窗口再调度策略，建立机器存在不可用时段约束的动态调度模型，提出混合差分进化算法作为再调度的优化方法。

第 5 章　基于差分进化算法的流程工业间歇批处理与连续混合生产过程调度。针对带有限中间存储的连续生产过程和间歇生产过程混合的化工生产调度问题，采用统一时间离散化方法，将调度范围划分成许多等长度的时间段，对各个时间段各道工序的处理量进行实数编码，提出改进的差分进化算法来优化确定生产线上各台连续生产设备在各个时间段内的流速以及各台间歇生产设备在各个时间段内的批量。通过化工算例仿真说明了模型和算法的有效性。

第 6 章　分批优化调度系统设计与实现。基于前面各章所介绍的分批优化调度理论与方法，区分车间类型，有效集成混合差分进化算法、基本差分进化算法和遗传算法，建立算法动态链接库，设计并实现了一个基于浏览器/服务器（browser/server，B/S）架构的分批优化调度系统。该系统由系统管理模块、基础信息模块和分批优化调度模块组成，其核心功能——分批优化调度功能通过调用算法库来实现。

第 7 章　研究展望。对分批优化调度的研究工作进行展望。

参考文献

[1] 周凯，刘成颖. 现代制造系统[M]. 北京：清华大学出版社，2005.

[2] 熊锐，吴澄. 车间生产调度问题的技术现状与发展趋势[J]. 清华大学学报，1998，38(10)：55-60.

[3] 何霆，刘飞，马玉林，等. 车间生产调度问题研究[J]. 机械工程学报，2006，36(5)：97-102.

[4] Reiter S. A system for managing job-shop production[J]. The Journal of Business，1966，39(3)：371-393.

[5] Baker K R，Pyke D F. Solution procedures for the lot-streaming problem[J]. Decision Sciences，1990，21(3)：475-491.

[6] Trietsch D，Baker K R. Basic techniques for lot streaming[J]. Operations Research，1993，41(6)：1065-1076.

[7] Lee C Y，Lei L，Pinedo M. Current trends in deterministic scheduling[J]. Annals of Operations Research，1997，70(1)：1-41.

[8] Kalir A A，Sarin S C. Evaluation of the potential benefits of lot streaming in flow-shop sys-

tems[J]. International Journal of Production Economics, 2000, 66(2): 131-142.

[9] 唐国春，张峰，罗守成，等. 现代排序论[M]. 上海：上海科学普及出版社，2003.

[10] 李歧强. 生产过程的智能决策与调度[D]. 杭州：浙江大学，1998.

[11] 潘全科，朱剑英. 多工艺路线的批量生产调度优化[J]. 机械工程学报，2004，40(4)：36-39.

[12] Almeder C, Klabjan D, Traxler R, et al. Lead time considerations for the multi-level capacitated lot-sizing problem[J]. European Journal of Operational Research, 2015, 241(3): 727-738.

[13] Tahar D N, Yalaoui F, Chu C, et al. A linear programming approach for identical parallel machine scheduling with job splitting and sequence-dependent setup times[J]. International Journal of Production Economics, 2006, 99(1): 63-73.

[14] 陈进，王荣. Job-Shop 调度问题的分批和最优化策略[J]. 机械工程学报，2010，46(21)：165-171.

[15] Karmarkar U S, Kekre S, Kekre S. Lotsizing in multi-item multi-machine job shops[J]. IIE Transactions, 1985, 17(3): 290-298.

[16] 陈荣秋. 排序的理论和方法[M]. 武汉：华中科技大学出版社，1987.

[17] 徐俊刚，戴国忠，王宏安. 生产调度理论和方法研究综述[J]. 计算机研究与发展，2004，41(2)：257-267.

[18] Martin C H. A hybrid genetic algorithm/mathematical programming approach to the multi-family flowshop scheduling problem with lot streaming[J]. Omega, 2009, 37(1): 126-137.

[19] Chang J H, Chiu H N. A comprehensive review of lot streaming[J]. International Journal of Production Research, 2005, 43(8): 1515-1536.

[20] Mortezaei N, Zulkifli N. Integration of lot sizing and flow shop scheduling with lot streaming[J]. Journal of Applied Mathematics, 2013, 2013: 1-9.

[21] Gómez-Gasquet P, Segura-Andrés R, Andrés-Romano C. A review of lot streaming in a flow shop environment with makespan criteria[J]. Journal of Industrial Engineering and Management, 2013, 6(3): 761-770.

[22] Feldmann M, Biskup D. Lot streaming in a multiple product permutation flow shop with intermingling[J]. International Journal of Production Research, 2008, 46(1): 197-216.

[23] 车延华. 多阶段多产品流水车间 Lot Streaming 调度问题研究[D]. 沈阳：东北大学，2004.

[24] Mosheiov G, Oron D. A single machine batch scheduling problem with bounded batch size[J]. European Journal of Operational Research, 2008, 187(3): 1069-1079.

[25] 王海燕，赵燕伟，张景玲，等. 基于混合差分进化的混排 Flow-shop 分批优化调度[J]. 计算机集成制造系统，2013，19(7)：1613-1625.

[26] Liu J Y. Single-job lot streaming in m-1 two-stage hybrid flowshops[J]. European Journal of Operational Research, 2008, 187(3): 1171-1183.

[27] Glass C A, Gupta J N D, Potts C N. Lot streaming in three-stage production processes[J]. European Journal of Operational Research, 1994, 75(2): 378-394.

[28] Potts C N, Baker K R. Flow shop scheduling with lot streaming[J]. Operations Research Letters, 1989, 8(6): 297-303.

[29] Kumar S, Bagchi T P, Sriskandarajah C. Lot streaming and scheduling heuristics for m-machine no-wait flowshops[J]. Computers & Industrial Engineering, 2000, 38(1): 149-172.

[30] Sarin S C, Kalir A A, Chen M. A single-lot, unified cost-based flow shop lot-streaming problem[J]. International Journal of Production Economics, 2008, 113(1): 413-424.

[31] Biskup D, Feldmann M. Lot streaming with variable sublots: An integer programming formulation[J]. The Journal of the Operational Research Society, 2006, 57(3): 296-303.

[32] Liu S C. A heuristic method for discrete lot streaming with variable sublots in a flow shop[J]. The International Journal of Advanced Manufacturing Technology, 2003, 22(9/10): 662-668.

[33] 谢琪. 多台机器流水作业中存在调整时间的 Lot-streaming 问题[J]. 运筹学学报, 2001, 5(2): 70-78.

[34] Defersha F M, Chen M. A genetic algorithm for one-job m-machine flowshop lot streaming with variable sublots[J]. International Journal of Operational Research, 2011, 10(4): 458-468.

[35] Zhang W, Yin C, Liu J, et al. Multi-job lot streaming to minimize the mean completion time in m-1 hybrid flowshops[J]. International Journal of Production Economics, 2005, 96(2): 189-200.

[36] Tseng C T, Liao C J. A discrete particle swarm optimization for lot-streaming flowshop scheduling problem[J]. European Journal of Operational Research, 2008, 191(2): 360-373.

[37] Ventura J A, Yoon S H. A new genetic algorithm for lot-streaming flow shop scheduling with limited capacity buffers[J]. Journal of Intelligent Manufacturing, 2013, 24(6): 1185-1196.

[38] Han Y Y, Gong D, Sun X Y, et al. An improved NSGA-II algorithm for multi-objective lot-streaming flow shop scheduling problem[J]. International Journal of Production Research, 2014, 52(8): 2211-2231.

[39] Marimuthu S, Ponnambalam S G, Jawahar N. Threshold accepting and ant-colony optimization algorithms for scheduling m-machine flow shops with lot streaming[J]. Journal of Materials Processing Technology, 2009, 209(2): 1026-1041.

[40] 刘华, 顾幸生. 改进的混沌蜂群算法在流水线调度中的应用[J]. 华东理工大学学报(自然科学版), 2013, 39(3): 345-350.

[41] Pan Q K, Tasgetiren M F, Suganthan P N, et al. A discrete artificial bee colony algorithm for the lot-streaming flow shop scheduling problem[J]. Information Sciences, 2011, 181(12): 2455-2468.

[42] Sang H Y, Gao L, Pan Q K. Discrete artificial bee colony algorithm for lot-streaming flowshop with total flowtime minimization[J]. Chinese Journal of Mechanical Engineering, 2012, 25(5): 990-1000.

[43] 潘玉霞，潘全科，桑红燕. 批量流水线调度问题的混合离散蛙跳算法[J]. 计算机集成制造系统，2010，16(6)：1265-1271.

[44] Davendra D, Senkerik R, Zelinka I, et al. Utilising the chaos-induced discrete self organising migrating algorithm to solve the lot-streaming flowshop scheduling problem with setup time[J]. Soft Computing, 2014, 18(4): 669-681.

[45] Chakaravarthy G V, Marimuthu S, Sait A N. Performance evaluation of proposed differential evolution and particle swarm optimization algorithms for scheduling m-machine flow shops with lot streaming[J]. Journal of Intelligent Manufacturing, 2013, 24(1): 175-191.

[46] Chakaravarthy G V, Marimuthu S, Ponnambalam S G, et al. Improved sheep flock heredity algorithm and artificial bee colony algorithm for scheduling m-machine flow shops lot streaming with equal size sub-lot problems[J]. International Journal of Production Research, 2014, 52(5): 1509-1527.

[47] 桑红燕，潘全科. 求解流水车间批量流集成调度的离散入侵杂草优化算法[J]. 控制理论与应用，2015，32(2)：246-250.

[48] Kim K W, Jeong I J. Flow shop scheduling with no-wait flexible lot streaming using an adaptive genetic algorithm[J]. The International Journal of Advanced Manufacturing Technology, 2009, 44(11/12): 1181-1190.

[49] 宋代立，张洁. 蚁群算法求解混合流水车间分批调度问题[J]. 计算机集成制造系统，2013，19(7)：1640-1647.

[50] Nejati M, Mahdavi I, Hassanzadeh R, et al. Multi-job lot streaming to minimize the weighted completion time in a hybrid flow shop scheduling problem with work shift constraint[J]. The International Journal of Advanced Manufacturing Technology, 2014, 70(1): 501-514.

[51] Wang L C, Chen Y Y, Chen T L, et al. A hybrid flowshop scheduling model considering dedicated machines and lot-splitting for the solar cell industry[J]. International Journal of Systems Science, 2014, 45(10): 2055-2071.

[52] Defersha F M, Chen M. A hybrid genetic algorithm for flowshop lot streaming with setups and variable sublots[J]. International Journal of Production Research, 2010, 48(6): 1705-1726.

[53] Edis R S, Ornek A. Simulation analysis of lot streaming in job shops with transportation queue disciplines[J]. Simulation Modelling Practice and Theory, 2009, 17(2): 442-453.

[54] Huang R H. Multi-objective job-shop scheduling with lot-splitting production[J]. International Journal of Production Economics, 2010, 124(1): 206-213.

[55] 孙志峻，安进，黄卫清. 作业车间多工艺路线批量作业计划优化[J]. 中国机械工程，2008，19(2)：183-187.

[56] Wong T C, Ngan S C. A comparison of hybrid genetic algorithm and hybrid particle swarm optimization to minimize makespan for assembly job shop[J]. Applied Soft Computing, 2013, 13(3): 1391-1399.

[57] 屈新怀，刘栋，丁必荣. 柔性作业车间分批调度的多样性可控粒子群优化算法[J]. 计算机辅助设计与图形学学报，2014，26(1)：121-130.

[58] Lei D, Guo X. Scheduling job shop with lot streaming and transportation through a modified artificial bee colony[J]. International Journal of Production Research, 2013, 51(16): 4930-4941.

[59] Buscher U, Shen L. An integer programming formulation for the lot streaming problem in a job shop environment with setups[C]. Proceedings of the International Multi Conference of Engineers and Computer Scientists, Hong Kong, 2011: 1343-1348.

[60] 白俊杰，龚毅光，王宁生，等. 多目标柔性作业车间分批优化调度[J]. 计算机集成制造系统，2010，16(2)：396-403.

[61] Zhao Y W, Wang H Y, Xu X L, et al. A new hybrid parallel algorithm for consistent-sized batch splitting job shop scheduling on alternative machines with forbidden intervals[J]. The International Journal of Advanced Manufacturing Technology, 2010, 48(9/10/11/12): 1091-1105.

[62] 王万良，范丽霞，徐新黎，等. 多目标差分进化算法求解柔性作业车间批量调度问题[J]. 计算机集成制造系统，2013，19(10)：2481-2492.

[63] 王云，冯毅雄，谭建荣，等. 柔性作业车间分批调度多目标优化方法[J]. 浙江大学学报(工学版)，2011，45(4)：719-726.

[64] Zhao Y W, Wang H Y, Wang W L, et al. New hybrid parallel algorithm for variable-sized batch splitting scheduling with alternative machines in job shops[J]. Chinese Journal of Mechanical Engineering, 2010, 23(4): 484-495.

[65] 鞠全勇，朱剑英. 多目标批量生产柔性作业车间优化调度[J]. 机械工程学报，2007，43(8)：148-154.

[66] 董美曾，陈伟达. 模糊环境下再制造系统批量调度研究[J]. 工业工程与管理，2012，17(6)：34-40.

[67] Wang W L, Wang H Y, Zhao Y W, et al. Parallel machine scheduling with splitting jobs by a hybrid differential evolution algorithm[J]. Computers & Operations Research, 2013, 40(5): 1196-1206.

[68] Sarıçiçek İ, Çelik C. Two meta-heuristics for parallel machine scheduling with job splitting to minimize total tardiness[J]. Applied Mathematical Modelling, 2011, 35(8): 4117-4126.

[69] Storn R, Price K. Differential evolution—A simple and efficient adaptive scheme for global optimization over continuous spaces[R]. Berkeley: International Computer Science Institute, 1995.

[70] 方强. 基于优进策略的差分进化算法及其化工应用[D]. 杭州：浙江大学，2004.

[71] Huang H J, Wang F S. Fuzzy decision-making design of chemical plant using mixed-integer hybrid differential evolution[J]. Computers & Chemical Engineering, 2002, 26(12): 1649-1660.

[72] Chiou J P, Chang C F, Su C T. Variable scaling hybrid differential evolution for solving network reconfiguration of distribution systems[J]. IEEE Transactions on Power Systems, 2005, 20(2): 668-674.

[73] Crutchley D A, Zwolinski M. Globally convergent algorithms for DC operating point analy-

sis of nonlinear circuits[J]. IEEE Transactions on Evolutionary Computation, 2003, 7(1): 2-10.

[74] 杨晓明，邱清盈，冯培恩，等. 盘式制动器的全性能优化设计[J]. 中国机械工程，2005，16(7)：630-633.

[75] Doyle S, Corcoran D, Connell J. Automated mirror design using an evolution strategy[J]. Optical Engineering, 1999, 38(2): 323-333.

[76] 宋立明，李军，丰镇平. 跨音速透平扭叶片的气动优化设计研究[J]. 西安交通大学学报，2005,39(11)：1277-1281.

[77] Tasgetiren M F, Suganthan P N, Pan Q K. An ensemble of discrete differential evolution algorithms for solving the generalized traveling salesman problem[J]. Applied Mathematics and Computation, 2010, 215(9): 3356-3368.

[78] Lai M Y, Cao E B. An improved differential evolution algorithm for vehicle routing problem with simultaneous pickups and deliveries and time windows[J]. Engineering Applications of Artificial Intelligence, 2010, 23(2): 188-195.

[79] Cao E B, Lai M Y. A hybrid differential evolution algorithm to vehicle routing problem with fuzzy demands[J]. Journal of Computational and Applied Mathematics, 2009, 231(1): 302-310.

[80] Nearchou A C, Omirou S L. Differential evolution for sequencing and scheduling optimization[J]. Journal of Heuristics, 2006, 12(6): 395-411.

[81] Nearchou A C. A differential evolution approach for the common due date early/tardy job scheduling problem[J]. Computers & Operations Research, 2008, 35(4): 1329-1343.

[82] Tasgetiren M F, Pan Q K, Liang Y C. A discrete differential evolution algorithm for the single machine total weighted tardiness problem with sequence dependent setup times[J]. Computers & Operations Research, 2009, 36(6): 1900-1915.

[83] Zhou S, Liu M, Chen H, et al. An effective discrete differential evolution algorithm for scheduling uniform parallel batch processing machines with non-identical capacities and arbitrary job sizes[J]. International Journal of Production Economics, 2016, 179: 1-11.

[84] Tasgetiren M F, Liang Y C, Sevkli M, et al. Differential evolution algorithm for permutation flowshop sequencing problem with makespan criterion[C]. Proceedings of the 4th International Symposium on Intelligent Manufacturing Systems, Sakarya, 2004.

[85] Tasgetiren M F, Pan Q K, Suganthan P N, et al. A discrete differential evolution algorithm for the no-wait flowshop scheduling problem with total flowtime criterion[C]. Proceedings of the 2007 IEEE Symposium on Computational Intelligence in Scheduling, Hawaii, 2007: 251-258.

[86] Onwubolu G, Davendra D. Scheduling flow shops using differential evolution algorithm[J]. European Journal of Operational Research, 2006, 171(2): 674-692.

[87] Qian B, Wang L, Hu R, et al. A hybrid differential evolution method for permutation flowshop scheduling[J]. The International Journal of Advanced Manufacturing Technology, 2008, 38(7/8): 757-777.

[88] Qian B, Wang L, Hu R, et al. A DE-based approach to no-wait flow-shop scheduling[J]. Computers & Industrial Engineering, 2009, 57(3): 787-805.

[89] Qian B, Wang L, Huang D X, et al. An effective hybrid DE-based algorithm for multi-objective flow shop scheduling with limited buffers[J]. Computers & Operations Research, 2009, 36(1): 209-233.

[90] Pan Q K, Tasgetiren M F, Liang Y C. A discrete differential evolution algorithm for the permutation flowshop scheduling problem[C]. Proceedings of the 9th Annual Conference on Genetic and Evolutionary Computation, London, 2007: 126-133.

[91] Pan Q K, Tasgetiren M F, Liang Y C. A discrete differential evolution algorithm for the permutation flowshop scheduling problem[J]. Computers & Industrial Engineering, 2008, 55(4): 795-816.

[92] Pan Q K, Wang L, Gao L, et al. An effective hybrid discrete differential evolution algorithm for the flow shop scheduling with intermediate buffers[J]. Information Sciences, 2011, 181(3): 668-685.

[93] Pan Q K, Wang L, Qian B. A novel differential evolution algorithm for bi-criteria no-wait flow shop scheduling problems[J]. Computers & Operations Research, 2009, 36(8): 2498-2511.

[94] Tasgetiren M F, Pan Q K, Suganthan P N, et al. A variable iterated greedy algorithm with differential evolution for the no-idle permutation flowshop scheduling problem[J]. Computers & Operations Research, 2013, 40(7): 1729-1743.

[95] Shao W, Pi D. A self-guided differential evolution with neighborhood search for permutation flow shop scheduling[J]. Expert Systems with Applications, 2016, 51: 161-176.

[96] Wang L, Pan Q K, Suganthan P N, et al. A novel hybrid discrete differential evolution algorithm for blocking flow shop scheduling problems[J]. Computers & Operations Research, 2010, 37(3): 509-520.

[97] 胡蓉，钱斌. 一种求解随机有限缓冲区流水线调度的混合差分进化算法[J]. 自动化学报，2009，35(12)：1580-1586.

[98] Qian B, Wang L, Huang D X, et al. Multi-objective no-wait flow-shop scheduling with a memetic algorithm based on differential evolution[J]. Soft Computing, 2009, 13(8/9): 847-869.

[99] Li X, Yin M. An opposition-based differential evolution algorithm for permutation flow shop scheduling based on diversity measure[J]. Advances in Engineering Software, 2013, 55: 10-31.

[100] 王海燕，赵燕伟，徐新黎，等. 改进差分进化算法求解化工间歇与连续混合生产过程调度问题[J]. 系统工程理论与实践，2009，29(11)：157-167.

[101] Liu F, Qi Y T, Xia Z C, et al. Discrete differential evolution algorithm for the job shop scheduling problem[C]. Proceedings of the 1st ACM/SIGEVO Summit on Genetic and Evolutionary Computation, Shanghai, 2009: 879-882.

[102] Yuan Y, Xu H. Flexible job shop scheduling using hybrid differential evolution algorithms[J]. Computers & Industrial Engineering, 2013, 65(2): 246-260.

[103] Zhang R, Song S, Wu C. A hybrid differential evolution algorithm for job shop scheduling problems with expected total tardiness criterion[J]. Applied Soft Computing, 2013, 13(3): 1448-1458.

[104] Ponsich A, Coello C A C. A hybrid differential evolution—Tabu search algorithm for the solution of job-shop scheduling problems[J]. Applied Soft Computing, 2013, 13(1): 462-474.

[105] Qian B, Wang L, Huang D X, et al. Scheduling multi-objective job shops using a memetic algorithm based on differential evolution[J]. The International Journal of Advanced Manufacturing Technology, 2008, 35(9/10): 1014-1027.

[106] 王万良,王磊,王海燕,等. 基于混合差分进化算法的作业车间动态调度[J]. 计算机集成制造系统, 2012,18(3):531-539.

[107] 王海燕,赵燕伟,王万良,等. 两级差分进化算法求解多资源作业车间批量调度问题[J]. 控制与决策,2010,25(11):1635-1644.

[108] 王海燕. 基于混合差分进化算法的制造过程分批优化调度研究[D]. 杭州:浙江工业大学,2011.

[109] 王海燕,王万良,黄风立,等. 分批优化调度问题综述及面向节能研究展望[J]. 计算机集成制造系统,2017,23(3):542-556.

第 2 章 基于差分进化算法的并行机分批优化调度

2.1 引 言

在并行机生产过程中，每个工件只有一道工序，可以在多台机器中任选一台完成加工。并行机调度(parallel machine scheduling，PMS)作为机器调度问题的一个重要分支，是实际生产过程中的一类典型调度问题[1]。它研究 N 个工件在 M 台并行机上的生产过程，若并行机器加工能力完全相同，则称为等同并行机调度问题；否则，称为非等同并行机调度问题。

对 PMS 问题的求解方法主要包括启发式算法[2,3]和智能优化方法(禁忌搜索、遗传算法等)。其中，智能优化方法以其近优、快速、易实现等优点，被广泛用于求解 PMS 问题。傅珏生[4]、Liu 和 Wu[5]均采用遗传算法求解最小化完工时间的等同并行多机调度问题，实验结果表明给出的遗传算法优于传统启发式算法。Cheng 和 Gen[6]、刘民和吴澄[7]、赵骅等[8]分别提出解决带交货期约束的并行多机提前/拖期调度问题的混合遗传算法。黄德才和郭海东[9]提出了求解多目标并行多机作业调度问题的混合遗传算法。Schaller[10]、Mensendiek 等[11]将禁忌搜索和遗传算法用于求解总延迟时间性能指标下的等同并行机调度问题。Vincent 等[12]基于模拟退火方法提出一种有效的启发式算法用来求解总延迟时间指标下的等同并行机调度问题。Janiak 等[13]针对优化交货期窗口的等同并行机调度问题，分析问题最优解的性质，提出用动态规划算法来优化确定各工件统一的交货期窗口，使提前/拖期成本最小。

这些对 PMS 问题的研究一般集中在并行机器加工能力相同的问题类型上，而实际生产企业一般都是非等同并行多机情况，特别是钢铁、化工和纺织生产中经常遇到并行机器加工能力不完全相同的情况，且每台机器可加工的任务种类受工艺约束，这类生产调度问题称为带工艺约束的并行机调度问题。从问题本质上看，它也是一类非等同并行机调度问题。Tavakkoli-Moghaddam 等[14]、Vallada 和 Ruiz[15]、Joo 和 Kim[16]考虑与加工顺序相关的准备时间，将遗传算法用于求解非等同并行机调度问题。刘民等[17]、尹文君等[18]分别以完工时间、拖期时间、超库存时间的惩罚量之和最小以及拖期任务数最小为目标，研究了带特殊工艺约束的并行机调度方法。Lin 和 Ying[19]提出一种基于人工蜂群的混合算法求解非等同并行机调度问题。Lin 等[20]将禁忌搜索算法用于双目标非等同并行机调度问题。

Fang 和 Lin[21]针对机器处理速度可调的并行机调度问题，提出一种粒子群算法来优化确定机器分配、工件排序和机器处理速度，使延期惩罚和电耗成本最小化。Torabi 等[22]考虑加工时间和交货期的不确定性，研究模糊多目标非等同并行机调度问题，提出一种多目标粒子群优化算法，优化总加权流程时间、总加权延迟以及机器负荷变化指标。

上述文献研究的 PMS 问题中的工件批量大小为 1、作为一个整体不可分割，而实际生产中，在中小批量生产模式下，一个工件可以是一批产品。例如，在纺织企业生产车间，1000 只相同类型的袜子可以作为调度问题中的一个工件。针对这样的生产线，工件可以划分成若干较小的子批，分别分配到不同的机器上同时加工，如此可达到缩短完工时间、提高生产效率的目的。这样的调度问题称为并行机分批优化调度(PMS problem with splitting jobs)[23]，它有着更重要的实际意义。

Xing 和 Zhang[23]、Serafini[24]分别以最大完工时间和最大延迟时间为性能指标，研究了等同并行机分批优化调度问题。Beraldi 等[25]从纺织企业生产实际出发，研究工件可划分的并行机调度问题。Kim 等[26]针对最小化总延迟时间的等同并行机分批优化调度问题，提出两阶段启发式算法：首先，采用 Koulamas[27]所提出的启发式方法，以最小化总延迟时间为目标进行预排序；然后，在预排序所得结果的基础上进行批量划分和子批任务的分配，直到工件的完工时间最短。Shim 和 Kim[28]提出一种分支定界法用于求解最小化总延迟时间的等同并行机分批优化调度问题，采用 Kim 等[26]提出的两阶段启发式算法获得初始上界解。Logendran 和 Subur[29]在工件的批量划分情况已知的前提下，针对非等同并行机调度问题给出局部搜索启发式算法以使加权延迟最小。这些现有的研究为并行机分批优化调度问题的深入研究提供了重要基础。

并行机分批优化调度问题涉及将批量生产任务进行划分，并将子批任务分配到不同的加工机器上，这就要求有效处理问题中存在的复杂约束——划分所得各子批任务的批量大小总和需保持不变(批量划分约束)。本章利用差分进化(DE)算法变异操作具有保持个体上各维分量值总和不变的特性(前提是算法种群中各个体长度一致且分量值总和相等)，将 DE 算法应用到并行机分批优化调度问题中，使问题中的批量划分约束得到满足，以保证进化过程中不会出现非法解。

2.2 问题描述与模型

记 N 为车间内待加工的工件总数，组成调度任务集 $\mathrm{JB}=\{J_i \mid 1\leqslant i\leqslant N\}$，$J_i$ 表示工件 i，其加工批量大小为 BS_i(需求产量)。车间内共有 M 台并行机，组成机器集 $\mathrm{EC}=\{E_l \mid 1\leqslant l\leqslant M\}$，$E_l$ 表示机器 l，$l=1,2,\cdots,M$。工件 i 可在任一台机器 l 上完成加工，单件加工时间为 WT_{il}，$l=1,2,\cdots,M$，$i=1,2,\cdots,N$；若同一工件 i 在所

有并行机上的加工时间都相同，即 $WT_{i1}=WT_{i2}=\cdots=WT_{iM}$，$i=1,2,\cdots,N$，则该问题属于等同并行多机调度问题。若同一工件在不同的机器上的加工时间可能不同，则属于非等同并行多机调度问题。

生产实际中，各机器可加工的工件类型往往受限，即并非 EC 中所有机器都可用于加工工件 i，这类问题就称为带工艺约束的并行机调度问题。记 $EQ_i=\{EQ_{ij}\mid 1\leqslant j\leqslant EB_i\}$ 为可加工工件 i 的机器集，EB_i 表示集合内的元素个数，显然，$EQ_i\subseteq EC$，$EB_i\leqslant M$，$i=1,2,\cdots,N$。

本章对并行机分批优化调度问题所追求的目标是最小化最大完工时间，即优化生产周期。由于每个工件仅包含一道工序，且工件之间没有先后顺序约束，在该问题中最大完工时间仅取决于各机器上的任务安排，而与机器上所安排任务的排序无关。要求优化确定各工件最优的批量划分方案以及机器分配方案，即优化确定各工件经过批量划分后分配到各并行机上的任务量，以使最大完工时间最小。

假设在零时刻，所有机床和工件毛坯均准备就绪。定义决策变量 BN_{il} 为通过批量划分工件 i 分配到机器 l 上的任务量大小（批量），C_{max} 为最大完工时间。建立并行机分批优化调度问题模型如下：

$$\min Z=C_{\max} \tag{2.1}$$

$$C_{\max}=\max_{l=1}^{M}\sum_{i=1}^{N}(BN_{il}\times WT_{il}) \tag{2.2}$$

$$\sum_{l=1}^{M}BN_{il}=BS_i,\quad BN_{il}\in\mathbb{Z} \tag{2.3}$$

式(2.1)为目标函数，表示该调度问题以最小化生产周期为目标。式(2.2)表示整个加工过程的最大完工时间的计算方法。式(2.3)为批量划分约束，表示在进行批量划分时应使同一工件分配到各并行机上的批量总和不变，保持为该工件的加工批量大小。

2.3　$N=1$ 问题的分析

考虑一个简单的问题：$N=1$，$M=2$，工件加工批量为 10，工件在机器 1、机器 2 上的单件加工时间相同，都为 2 个时间单位。显然，对这样一个简单的等同并行机分批优化问题，将工件划分成均等的两批并分别分配到两台并行机上即可获得问题最优解。可以得到算例的最优批量划分结果：工件划分后在机器 1、机器 2 上分配的任务量都为 5，则每台机器上的任务完工时间都为 10，从而获得最优生产周期（最大完工时间）为 10 个时间单位。

从这样一个简单的问题推导可得，对 $N=1$ 的并行机分批优化问题，基于使各并行机上的完工时间基本相等原则的批量划分方案，就是问题的最优批量划分方案。如图 2.1 所示，对工件进行批量划分后分配到各并行机上，使各机器上的完工时间 $FT_1=FT_2=FT_3$，这时的生产周期达到最小化。考虑到批量数值为整数，划分后各并行机上的完工时间不一定完全相等。例如，在上述等同并行机分批优化算例中，若 $M=3$，则基于使各并行机上的完工时间基本相等原则的单工件批量划分策略，可以得到最优批量划分方案：工件划分后在三台机器上分配的任务量分别为 3、3、4，对应机器上的任务完工时间分别为 6、6、8，则最优生产周期为 8 个时间单位。

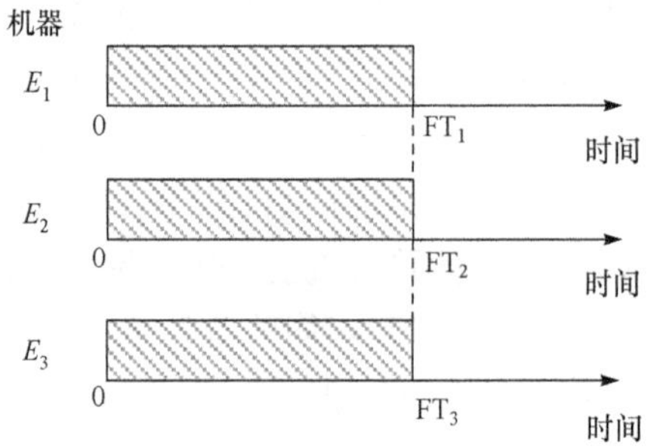

图 2.1　并行机单工件批量划分

以上结论对生产周期性能指标下的非等同并行机分批优化问题同样适用。根据上述单工件最优批量划分策略以及批量数值为整数的约束，本节对 $N=1$ 情况下的并行机分批优化问题设计了如下启发式算法来确定工件分配到各并行机上的最优任务量 BN_{il}，$i=1,l=1,2,\cdots,M$。

步骤 1　根据式(2.4)计算得到各台并行机上的任务量 BN_{il}，[ ]表示取整操作：

$$BN_{il}=\left[\frac{\dfrac{1}{WT_{il}}}{\sum\limits_{l'=1}^{M}\left(\dfrac{1}{WT_{il'}}\right)}\times BS_i\right],\quad i=1,l=1,2,\cdots,M \tag{2.4}$$

式(2.4)表示按各并行机的单件处理速度(单件加工时间的倒数)的比例进行任务分配。由于采用了取整操作，工件可能还有一些批量未被分配到任何一台机器上，即可能存在 $\sum\limits_{l=1}^{M}BN_{il}<BS_i$ 的情况，$i=1$。执行步骤 2。

步骤 2　若 $\left(BS_i-\sum\limits_{l=1}^{M}BN_{il}\right)=0$，则执行步骤 4；否则，$\left(BS_i-\sum\limits_{l=1}^{M}BN_{il}\right)\geqslant 1$，执行步骤 3。

步骤 3　根据目前并行机上已经安排的任务，计算当各台并行机上都增加一个批量为 1 的任务时各并行机上的任务完工时间 $FT_l=(BN_{il}+1)\times WT_{il}$，$i=1$，

$l=1,2,\cdots,M$。将机器号 l 根据对应的 FT_l 值从小到大进行排列，并取前 $(\mathrm{BS}_i-\sum_{l=1}^{M}\mathrm{BN}_{il})$ 台机器进入机器集 Q。对集合 Q 内的机器，执行 $\mathrm{BN}_{il}=\mathrm{BN}_{il}+1$，$i=1,l\in Q$。执行步骤 4。

步骤 4　此时，工件包含的所有批量都已被分配完成。根据各并行机上的任务分配情况计算机器上的任务完工时间，可以得到机器 l 上的任务完工时间为 $\mathrm{FT}_l=\mathrm{BN}_{il}\times\mathrm{WT}_{il}$，$i=1$，$l=1,2,\cdots,M$。进而，可获得最大完工时间为 $C_{\max}=\max_{l=1}^{M}\{\mathrm{FT}_l\}$。

通过上述步骤可以获得问题的最优解，计算得到的 BN_{il} 就是工件分配到各并行机上的最优分配量，对应的最大完工时间 $C_{\max}$ 为最优生产周期。

2.4　$N>1$ 问题的混合 DE 算法设计

对 $N>1$ 情况下的并行机分批优化问题，设计混合 DE 算法优化决策变量 BN_{il}，从而获得所有工件在各机器上的批量分配方案。显然，对于带工艺约束的并行机调度问题，当 $l\notin\mathrm{EQ}_i$ 时，必定存在关系 $\mathrm{BN}_{il}=0$。因此，只需要确定各工件 i 在 EQ_i 中各台机器上分配的批量 BN_{il}，$i=1,2,\cdots,N$，$l\in\mathrm{EQ}_i$。下面介绍详细的算法设计。

2.4.1　编码解码方案

鉴于上述分析，问题的解取决于 BN_{il} 的取值。算法采用[0,1]范围内的实数编码，通过一定方法转化成为各工件划分后分配到各并行机上的任务量 BN_{il}。

种群初始化时，对工件 i，随机产生 EB_i 个[0,1]范围内的实数，使这 EB_i 个实数总和为 1，组成工件 i 的批任务分配队列。N 个工件的批任务分配队列组成问题的候选解（种群中的个体），代表了各工件批量划分及分配方案。按此方法随机产生 N_{p} 个个体组成初始种群，N_{p} 为种群规模。记种群中个体 h（第 h 个解，$h=1,2,\cdots,N_{\mathrm{p}}$）为 $x_h=\{x_{h,1},x_{h,2},\cdots,x_{h,L}\}$，个体长度 $L=\sum_{i=1}^{N}\mathrm{EB}_i$。$x_{h,m+1},x_{h,m+2},\cdots,x_{h,m+\mathrm{EB}_i}$ 为个体 h 上工件 i 的批任务分配队列，满足 $\sum_{j=1}^{\mathrm{EB}_i}x_{h,m+j}=1$，$m$ 的取值如式(2.5)所示；$x_{h,m+j}$ 为工件 i 队列中第 j 维分量，代表工件 i 经过批量划分后分配到机器 EQ_{ij} 上的任务量占工件批量 BS_i 的比例，$i=1,2,\cdots,N$，$j=1,2,\cdots,\mathrm{EB}_i$。

$$m=\begin{cases}0, & i=1\\ \sum_{i'=1}^{i-1}\mathrm{EB}_{i'}, & i>1\end{cases}\tag{2.5}$$

采用式(2.6)～式(2.8)确定工件 i 划分后分配到各并行机上的批量大小,[]表示取整操作,m 的取值同式(2.5):

$$\mathrm{BN}_{il}=0,\quad l\notin \mathrm{EQ}_i \tag{2.6}$$

$$\mathrm{BN}_{il}=[x_{h,m+j}\times \mathrm{BS}_i],\quad l=\mathrm{EQ}_{ij},j=1,2,\cdots,(\mathrm{EB}_i-1) \tag{2.7}$$

$$\mathrm{BN}_{il}=\mathrm{BS}_i-\sum_{j'=1}^{\mathrm{EB}_i-1}[x_{h,m+j'}\times \mathrm{BS}_i],\quad l=\mathrm{EQ}_{ij},j=\mathrm{EB}_i \tag{2.8}$$

个体上各工件的批任务分配队列满足队列内分量值总和为 1 的约束,经式(2.6)～式(2.8)转换后,满足对应问题模型中所述的批量划分约束。

解码时,根据个体 x_h 获得各工件分配到各机器上的任务量 BN_{il},进而计算得到机器 l 上的任务完工时间为 $\sum_{i=1}^{N}(\mathrm{BN}_{il}\times \mathrm{WT}_{il})$,$l=1,2,\cdots,M$,取各台机器上的最大完工时间即可得到目标值——生产周期。

2.4.2 适应度函数

以目标函数作为适应度函数,要求使目标函数最小化:

$$\min f=Z \tag{2.9}$$

目标函数 Z 的计算式如式(2.1)和式(2.2)所示,表示以优化生产周期为调度目标。

2.4.3 基于 DE 算法的全局搜索

考虑到个体上存在的队列内分量值总和为 1 的约束,若直接采用 DE 算法的变异、交叉操作对种群进行进化,则会产生非法解。本节针对批量划分约束,设计了基于块变异、块交叉操作的差分进化过程,利用 DE 算法变异操作能够保持个体分量值总和不变的特性(见 1.4 节),使变异后个体仍然满足各工件的批任务分配队列内分量值总和为 1 的约束。

记 $x_h^t=\{x_{h,1}^t,x_{h,2}^t,\cdots,x_{h,L}^t\}$ 为第 t 代种群中的个体 h,$h=1,2,\cdots,N_{\mathrm{p}}$,$N_{\mathrm{p}}$ 为种群规模。每一次迭代过程中,按如下步骤对种群执行全局搜索操作。

步骤 1　设置 $h=1$。

步骤 2　随机产生$[1,N_{\mathrm{p}}]$范围内互异且不等于 h 的自然数 h_1、h_2 和 h_3。随机产生$[1,N]$范围内的自然数 r_1,设置 $i=1$。

步骤 3　若 $i=r_1$,则执行步骤 4;否则,执行步骤 5。

步骤 4　对 x_h^t 上工件 i 的批任务分配队列执行块变异、块交叉操作。

步骤 4.1　按式(2.10)执行块变异操作:

$$x'_{h,g}=x_{h_1,g}^t+F_i\times(x_{h_2,g}^t-x_{h_3,g}^t),\quad g=m+1,m+2,\cdots,m+\mathrm{EB}_i \tag{2.10}$$

式中,$x'_{h,g}$表示变异产生的第 g 维分量;$x_{h_1,g}^t$、$x_{h_2,g}^t$和 $x_{h_3,g}^t$分别表示第 t 代种群中父

代个体 h_1、h_2 和 h_3 上的第 g 维分量；m 的取值同式(2.5)；F_i 表示对 x_h^t 上工件 i 的批任务分配队列进行块变异操作时的缩放比例因子。

为了保证产生的 $x'_{h,g}$ 符合[0,1]范围约束，F_i 的取值需满足式(2.11)和式(2.12)，这里采用随机产生该范围内的数值作为 F_i 的取值：

$$F_i \geqslant \max\left\{0, \max_{g=m+1}^{m+\mathrm{EB}_i}\left\{\min\left\{\frac{1-x_{h_1,g}^t}{x_{h_2,g}^t - x_{h_3,g}^t}, \frac{-x_{h_1,g}^t}{x_{h_2,g}^t - x_{h_3,g}^t}\right\}\right\}\right\} \tag{2.11}$$

$$F_i \leqslant \min\left\{2, \min_{g=m+1}^{m+\mathrm{EB}_i}\left\{\max\left\{\frac{1-x_{h_1,g}^t}{x_{h_2,g}^t - x_{h_3,g}^t}, \frac{-x_{h_1,g}^t}{x_{h_2,g}^t - x_{h_3,g}^t}\right\}\right\}\right\} \tag{2.12}$$

采用上述块变异操作，得到变异产生的新队列 $x'_{h,m+1}, x'_{h,m+2}, \cdots, x'_{h,m+\mathrm{EB}_i}$ 仍然满足 $\sum_{g=m+1}^{m+\mathrm{EB}_i} x'_{h,g} = 1$ 的约束，且只要 F_i 满足式(2.11)和式(2.12)，新队列中的各维分量 $x'_{h,g}$ 仍符合[0,1]范围约束。

步骤 4.2　执行块交叉操作：选择新产生的队列进入试验个体 x'_h，执行步骤 6。

步骤 5　随机产生[0,1]范围内的实数 r_2。若 $r_2 \leqslant \mathrm{CR}$，则返回步骤 4；否则，选择原个体 x_h^t 上工件 i 的批任务分配队列进入试验个体 x'_h，执行步骤 6。

步骤 6　执行 $i=i+1$。若 $i \leqslant N$，返回步骤 3；否则，此时试验个体 x'_h 已经是包含所有工件划分后的批任务分配信息的完整个体，执行步骤 7。

步骤 7　执行选择操作：对 x'_h 进行解码，若 $f(x'_h) < f(x_h^t)$，则 $x_h^t = x'_h$，即选择试验个体 x'_h 作为个体 h 替换原个体 x_h^t；否则，保留原个体 x_h^t。$f(\cdot)$ 表示适应度函数。

步骤 8　执行 $h=h+1$。若 $h \leqslant N_{\mathrm{p}}$，返回步骤 2。

从上述进化步骤可见，在 2.4.1 节个体编、解码方案的基础上，针对分批优化调度问题存在的批量划分约束，全局搜索操作以各工件的批任务分配队列为单元进行块变异、块交叉操作，它包含了块变异、块交叉和贪婪选择操作三个步骤。

2.4.4 基于问题特征的局部搜索

为了进一步改进算法性能，在每一次迭代中，执行全局搜索操作后，可对种群中的最优个体执行局部搜索操作。考虑到生产周期性能指标下并行机分批优化问题仅与各机器上的任务安排量有关而与机器上所安排任务的排序无关，这里根据问题的具体特征，结合 2.3 节 $N=1$ 情况下的最优批量划分策略，设计了基于问题特征的局部搜索操作。

1. 设计思路

在 2.3 节对单工件分批优化问题分析的基础上，考虑这样一种情况：假定 N

$(N>1)$个工件中有$(N-1)$个工件在各并行机上的任务分配情况已经确定不变，需要确定剩下的一个工件(称为待分配工件 i')分配到各并行机上的任务量，使最大完工时间最小化。

根据各并行机上已经分配的任务情况，计算得到机器 $l(l=1,2,\cdots,M)$ 上已安排任务的完工时间为 $\mathrm{FT}_l=\sum_{i=1,\ i\neq i'}^{N}(\mathrm{BN}_{il}\times \mathrm{WT}_{il})$，并将此完工时间作为该机器的释放时间，即机器的开始空闲时间，在此基础上进行工件 i' 的批量划分和机器分配。如图 2.2 所示(并行机数 $M=3$)，机器上灰色的虚线方块表示已经安排确定不变的加工任务，这些任务的完工时间作为对应机器的释放时间。如此，将问题简化为带释放时间的并行机单工件分批优化问题。

待分配工件 i'的批量划分遵循 2.3 节所述的基于使各并行机上的完工时间基本相等原则的策略，如图 2.2(a)所示，斜纹填充的实线方块表示待分配工件 i'在各并行机上的任务分配。显然，在其他任务安排不变的情况下，将待分配工件进行划分使各机器上的完工时间相等，这时的生产周期达到了最小化。对于带释放时间的并行机单工件分批优化问题，采用 2.3 节所述的批量划分策略，也能获得最优的批量划分方案。由于机器释放时间的存在，待分配工件有可能只需在其中的两台机器上分配即可，如图 2.2(b)所示。

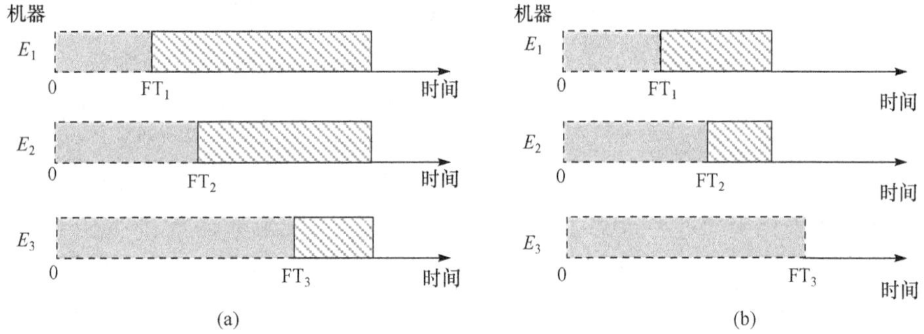

图 2.2　带机器释放时间的并行机单工件批量划分策略

基于这样的思路，在设计局部搜索操作时，对完工时间最大的机器，选择其上所安排的某个任务作为待分配任务，保持该机器上的其他任务以及其他机器上的所有任务安排不变，将问题简化为带释放时间的并行机单工件分批优化问题，对待分配任务采用上述最优批量划分策略重新在各并行机之间进行批量分配来达到缩短完工时间的目的。

假定 $N=3$，$M=3$，加工批量 $\mathrm{BS}_1=\mathrm{BS}_2=\mathrm{BS}_3=10$，各工件在机器上的单件加工时间如表 2.1 所示。

表 2.1　工件在机器上的单件加工时间表

机器	单件加工时间		
	J_1	J_2	J_3
E_1	2	3	4
E_2	2	2	1
E_3	3	1	2

若产生的个体为{0.5, 0.0, 0.5, 0.3, 0.3, 0.4, 0.0, 0.2, 0.8}(各阴影方块代表相应工件的批量分配队列,各队列满足分量值总和为 1 约束),则解码可得到各工件在并行机上分配的任务量:

$BN_{11}=5$　　$BN_{21}=3$　　$BN_{31}=0$

$BN_{12}=0$　　$BN_{22}=3$　　$BN_{32}=2$

$BN_{13}=5$　　$BN_{23}=4$　　$BN_{33}=8$

对应的机器甘特图如图 2.3(a)所示,生产周期为 35 个时间单位,完工时间最大的机器为 E_3。若选择工件 3 分配到 E_3 上的任务作为待分配任务(对应批量 $BN_{33}=8$),则对应图 2.3(a)中的灰色方块。将待分配任务单独取出后,机器 1、机器 2、机器 3 的释放时间分别为 19、8、19,在此基础上采用最优批量划分策略重新进行分配。由于机器释放时间的存在,待分配任务只需分配到一台机器 E_2 上即可,如图 2.3(b)中的灰色方块所示,生产周期从原来的 35 缩短到 19 个时间单位。重新分配后,工件 1、工件 2 在各并行机上的任务分配不变,只有工件 3 在各并行机上的任务分配情况发生变动:$BN_{31}=0$,$BN_{32}=2+8=10$,$BN_{33}=0$。

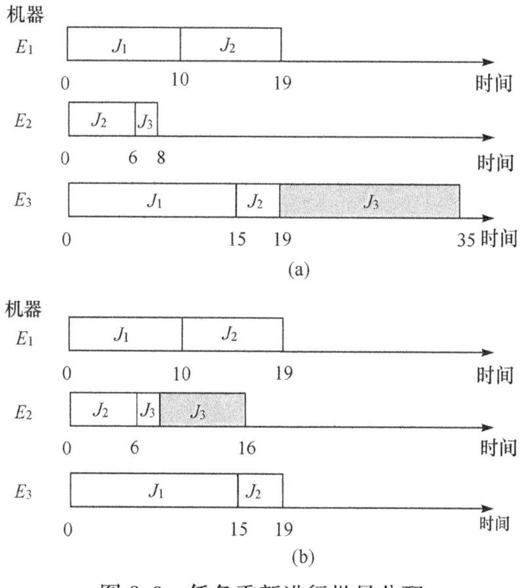

图 2.3　任务重新进行批量分配

2. 局部搜索操作

根据上述设计思路，对选中的个体 x_h^t 执行如下局部搜索操作。

步骤 1　设置 $x_h'=x_h^t$，$g=1$。执行步骤 2。

步骤 2　对 x'_h 进行解码，获得各工件分配到各机器上的任务量 BN_{il}，并计算各并行机上的任务完工时间 $\mathrm{FT}_l=\sum_{i=1}^{N}(\mathrm{BN}_{il}\times \mathrm{WT}_{il})$，$l=1,2,\cdots,M$，$i=1,2,\cdots,N$。得到最大完工时间 $C_{\max}=\max_{l\in \mathrm{EC}}\{\mathrm{FT}_l\}$，选择完工时间最大的机器，记对应的机器号为 l^*，即存在关系 $\mathrm{FT}_{l^*}=C_{\max}$。设置 $i=1$，执行步骤 3。

步骤 3　若 $\mathrm{BN}_{il^*}>0$，则设置 $\mathrm{BN}=\mathrm{BN}_{il^*}$，并执行步骤 4；否则，执行步骤 6。

步骤 4　将工件 i 在机器 l^* 上分配的任务(批量为 BN)单独取出，那么 $\mathrm{BN}_{il^*}=0$，且机器 l^* 的完工时间也发生改变，$\mathrm{FT}_{l^*}=\mathrm{FT}_{l^*}-\mathrm{BN}\times \mathrm{WT}_{il^*}$。将单独取出的属于工件 i、批量为 BN 的任务作为待分配任务，各机器的完工时间 FT_l 作为该机器的释放时间，$l=1,2,\cdots,M$。定义机器集 $Q=\mathrm{EC}-\mathrm{EQ}_i$，将待分配任务按步骤 4.1～步骤 4.5 重新进行批量划分和分配。

步骤 4.1　根据式(2.13)计算 RBN_l 值，其中 $\mathrm{FT}=\min_{l\notin Q}\{\mathrm{FT}_l\}$。执行步骤 4.2。

$$\mathrm{RBN}_l=\frac{\dfrac{1}{\mathrm{WT}_{il}}}{\sum_{l'=1,\ l'\notin Q}^{M}\left(\dfrac{1}{\mathrm{WT}_{il'}}\right)}\times\left(BN+\sum_{l'=1,\ l'\notin Q}^{M}\frac{\mathrm{FT}_{l'}-\mathrm{FT}}{\mathrm{WT}_{il'}}\right)-\frac{\mathrm{FT}_l-\mathrm{FT}}{\mathrm{WT}_{il}},\quad l\notin Q \tag{2.13}$$

步骤 4.2　若根据步骤 4.1 得到的所有 RBN_l 值($l\notin Q$)都大于 0，则执行步骤 4.3；否则，将符合 $\mathrm{RBN}_l<0$ 条件的机器 l 纳入集合 Q，并返回步骤 4.1。

步骤 4.3　对所有 $l\notin Q$，设置 $\mathrm{BN}_{il}=\mathrm{BN}_{il}+[\mathrm{RBN}_l]$。若 $\mathrm{BN}-\sum_{l=1,\ l\notin Q}^{M}[\mathrm{RBN}_l]=0$，则执行步骤 4.5；否则，对所有 $l\notin Q$，设置 $\mathrm{FT}_l=\mathrm{FT}_l+[\mathrm{RBN}_l]\times \mathrm{WT}_{il}$，执行步骤 4.4 进行剩余任务的分配。[] 表示取整操作。

步骤 4.4　根据目前并行机上已经安排的任务，对所有 $l\notin Q$，计算当机器 l 上增加一个属于工件 i、批量大小为 1 的任务时，机器上的任务完工时间 $\mathrm{FT}_l=\mathrm{FT}_l+\mathrm{WT}_{il}$，$l\notin Q$。将机器号 l 根据对应的 FT_l 值从小到大进行排列，并取前 $\mathrm{BN}-\sum_{l=1,\ l\notin Q}^{M}[\mathrm{RBN}_l]$ 台机器进入机器集 Q'。对集合 Q' 内的机器，执行 $\mathrm{BN}_{il}=\mathrm{BN}_{il}+1$，$l\in Q'$。执行步骤 4.5。

步骤 4.5　此时，待分配任务包含的所有批量都已被分配完成。重新分配结

果影响了工件 i 的批任务分配队列，需要对个体进行调整。对个体 x'_h 上的各维分量执行 $x'_{h,m+j}=\dfrac{\mathrm{BN}_{il}}{\mathrm{BS}_i}$，$l=\mathrm{EQ}_{ij}$，$j=1,2,\cdots,\mathrm{EB}_i$，$m$ 的取值见式(2.5)。

步骤 5　对重新分配后的个体 x'_h 进行解码，若 $f(x'_h)<f(x^t_h)$，则设置 $x^t_h=x'_h$。若 x'_h 解码后，机器 l^* 不再是完工时间最大的机器，则执行步骤 7；否则，执行步骤 6。

步骤 6　设置 $i=i+1$。若 $i\leqslant N$，则返回步骤 3。

步骤 7　设置 $g=g+1$。若 $g\leqslant M$，则返回步骤 2；否则，结束对个体 h 的局部搜索。

上述局部搜索操作中步骤 4.1～步骤 4.4 是在 2.3 节算法的基础上设计而成的，表示生产周期性能指标下带机器释放时间的并行机单工件分批优化问题的启发式算法，该算法对 $N=1$ 问题能获得最优的批量划分方案。具体设计思路如下：

以并行机上最小释放时间作为基准开始时间 FT，若某台机器的释放时间 FT_l 大于基准开始时间，则看成该机器在$[\mathrm{FT},\mathrm{FT}_l]$时段内已经安排了批量为 $\dfrac{\mathrm{FT}_l-\mathrm{FT}}{\mathrm{WT}_{il}}$ 的任务(与待安排任务同种类)，那么问题就转化为将总批量为 $\mathrm{BN}+\sum\limits_{l'=1,\,l'\notin Q}^{M}\dfrac{\mathrm{FT}_{l'}-\mathrm{FT}}{\mathrm{WT}_{il'}}$ 的待安排任务在各并行机之间按机器的单件处理速度的比例进行分配，将此方法分配到机器 l 上的任务量减去已安排的任务量 $\dfrac{\mathrm{FT}_l-\mathrm{FT}}{\mathrm{WT}_{il}}$(虚拟的任务)，就得到了还需在该机器上安排的量，这就是式(2.13)的由来。若根据式(2.13)计算得到负值，则表示由于该机器释放时间相对比较大，不需要在该机器上再安排任务。

对于图 2.3(a)所示的例子，根据式(2.13)计算可以得到：

$$\mathrm{RBN}_1=\frac{1}{4}\div\left(\frac{1}{4}+\frac{1}{1}+\frac{1}{2}\right)\times\left(8+\frac{19-8}{4}+\frac{8-8}{1}+\frac{19-8}{2}\right)-\frac{19-8}{4}=-\frac{3}{7}$$

$$\mathrm{RBN}_2=\frac{1}{1}\div\left(\frac{1}{4}+\frac{1}{1}+\frac{1}{2}\right)\times\left(8+\frac{19-8}{4}+\frac{8-8}{1}+\frac{19-8}{2}\right)-\frac{8-8}{1}=\frac{65}{7}$$

$$\mathrm{RBN}_3=\frac{1}{2}\div\left(\frac{1}{4}+\frac{1}{1}+\frac{1}{2}\right)\times\left(8+\frac{19-8}{4}+\frac{8-8}{1}+\frac{19-8}{2}\right)-\frac{19-8}{2}=-\frac{6}{7}$$

由于存在 $\mathrm{RBN}_1<0$、$\mathrm{RBN}_3<0$，不需要在 E_1、E_3 上再安排任务。虽然 $\mathrm{RBN}_2>0$，但这是在三台机器之间进行任务分配的前提下计算所得的值，故此时 RBN_2 不能作为分配到 E_2 上具体批量大小的参考，需要将 E_1、E_3 纳入机器集 Q，再根据式(2.13)重新计算。这时容易得到 $\mathrm{RBN}_2=8$，结果如图 2.3(b)所示。

本节所设计的基于问题特征的局部搜索操作，采用在完工时间最大的机器上选择任务重新进行批量分配的方法，每重新分配一次，都必定会缩短最大完工时间（至少不会大于原方案的生产周期，也即在步骤 5 必定存在 $f(x_h') \leqslant f(x_h^t)$ 关系），可获得更好的批量分配方案，使问题的解朝着更优的方向发展。

2.4.5　算法流程

综合上述的分析和讨论，可得到如下算法流程。

步骤 1　设置算法控制参数，包括种群规模 N_p、交叉概率 CR 和最大迭代次数 t_{max}。初始化种群 $X^0=\{x_1^0, x_2^0, \cdots, x_{N_p}^0\}$，设置运行代数 $t=0$。

步骤 2　对当前种群 $X^t=\{x_1^t, x_2^t, \cdots, x_{N_p}^t\}$ 执行 2.4.3 节基于 DE 的全局搜索操作。

步骤 3　找到种群中最优个体 x_{best}，并对最优个体执行 2.4.4 节所设计的局部搜索操作。

步骤 4　设置 $t=t+1$。若 $t \leqslant t_{max}$，则返回步骤 2；否则，结束迭代进化过程，输出最优解。

其中，算法参数缩放比例因子在满足式(2.11)和式(2.12)的范围内随机产生。步骤 2～步骤 4 为迭代进化过程，基于 DE 的全局搜索操作包括了块变异、块交叉和贪婪选择步骤。

2.4.6　算法复杂度分析

算法的计算时间主要花费在迭代进化过程中。对于种群规模为 N_p、个体长度为 L、最大迭代次数为 t_{max} 的问题，每次迭代进化过程都经过基于 DE 的全局搜索和基于问题特征的局部搜索两大步骤，其中全局搜索操作主要包括基于 DE 的进化操作和贪婪选择操作（含解码），各部分的时间复杂度均为 $O(N_p \times L)$；而在局部搜索操作中，每进行一次任务重新分配都需要对新生成的个体进行解码操作，其时间复杂度为 $2 \times O(M \times N \times M)$。由于 $L=N \times M$（当 $\forall \mathrm{EQ}_i=\mathrm{EC}$），算法的时间复杂度为

$$
\begin{aligned}
O(t_{max}, N_p, N, M) &= t_{max} \times (2 \times O(N_p \times L) + 2 \times O(M \times N \times M)) \\
&= 2 \times t_{max} \times (O(N_p \times N \times M) + O(N \times M^2))
\end{aligned} \tag{2.14}
$$

从式(2.14)可以看出，算法计算量主要与最大迭代次数、种群规模、工件数和机器数成正比。

2.5　仿真及分析

2.5.1　算例仿真

1. 传统并行机调度

在并行机调度问题中，如果所有工件的加工批量 $BS_i=1(i=1,2,\cdots,N)$，那么 2.2 节所描述的问题就是传统并行机调度问题，它是分批优化调度问题的特例。此时，本章所设计的算法就是解决各工件的机器分配问题。

为了测试算法性能，取傅珏生[4]、Liu 和 Wu[5]所采用的四个算例，对 $BS_i=1$ $(i=1,2,\cdots,N)$的传统并行机调度问题进行测试。加工数据如表 2.2～表 2.5 所示，同一工件在所有并行机上的加工时间相同，为等同并行机调度问题。

表 2.2　10×2 并行机调度问题加工数据($N=10,M=2$)

工件	J_1	J_2	J_3	J_4	J_5	J_6	J_7	J_8	J_9	J_{10}
单件加工时间	3	2	6	4	5	7	8	6	2	6

表 2.3　7×3 并行机调度问题加工数据($N=7,M=3$)

工件	J_1	J_2	J_3	J_4	J_5	J_6	J_7
单件加工时间	6	6	4	4	4	3	3

表 2.4　18×12 并行机调度问题加工数据($N=18,M=12$)

工件	J_1	J_2	J_3	J_4	J_5	J_6	J_7	J_8	J_9	J_{10}	J_{11}	J_{12}	J_{13}	J_{14}	J_{15}	J_{16}	J_{17}	J_{18}
单件加工时间	4	5	3	4	7	3	5	6	6	3	7	6	3	7	4	3	5	3

表 2.5　30×10 并行机调度问题加工数据($N=30,M=10$)

工件	J_1	J_2	J_3	J_4	J_5	J_6	J_7	J_8	J_9	J_{10}	J_{11}	J_{12}	J_{13}	J_{14}	J_{15}
单件加工时间	3	2	6	4	5	7	9	13	4	12	10	8	22	11	8
工件	J_{16}	J_{17}	J_{18}	J_{19}	J_{20}	J_{21}	J_{22}	J_{23}	J_{24}	J_{25}	J_{26}	J_{27}	J_{28}	J_{29}	J_{30}
单件加工时间	26	14	6	17	27	11	17	26	16	7	23	15	18	15	13

采用遗传算法(GA)和本章所提的混合差分进化(HDE)算法对这些算例进行求解，并与傅珏生[4]、Liu 和 Wu[5]所得结果进行比较。其中，GA 的编码、解码和目标函数与 HDE 算法相同，选择算子采用轮盘赌选择与最佳个体保存相结合的方法；交叉算子采用块交叉方法，即随机产生[1,N]范围内的自然数 i，将两条父代染色体上工件 i 的批任务分配队列互换；变异时，先随机产生[1,N]范围内的自然

数 i,然后随机产生工件 i 的批任务分配队列,将变异个体上工件 i 的队列替换成新产生的队列。

算法采用 Visual C++.NET 2003 语言编程,程序运行环境为 Inter Q9400 CPU、主频 2.66GHz、内存 3.49GB。GA、HDE 算法的参数设置与文献[5]一致:种群规模为 20、最大迭代次数为 77、交叉概率为 0.92、变异概率为 0.05。四个算例分别随机运行 50 次,所得结果如表 2.6 所示。其中,F_B、F_A、F_W、G_A、T_T 分别表示算法 50 次运行结果中所得的最优生产周期、平均生产周期、最差生产周期、平均收敛代数和 50 次运行所消耗的 CPU 时间(s)。C^* 表示问题的最优解,该项值已经在文献[4]中被验证。

表 2.6 传统并行机调度算例测试结果比较

问题	C^*[4]	HDE 算法					GA					SA[5]	改进 GA[5]
		F_B	F_A	F_W	G_A/代	T_T/s	F_B	F_A	F_W	G_A/代	T_T/s	F_B	F_B
10×2	25	25	25	25	7.7	0.37	25	25	25	2.9	0.70	25	25
7×3	10	10	10	10	4.1	0.49	10	10.3	11	13.5	0.58	10	10
18×12	8	8	8.4	9	1.8	2.18	21	26.0	30	33.2	2.72	—	—
30×10	39	39	43.8	53	16.6	2.65	106	125.0	147	50.4	2.96	44	41

从表 2.6 可见,对于较小规模的问题,GA、改进 GA[5]和 SA(simulated annealing,模拟退火)算法均能获得最优解;但随着问题规模的增大,这三种算法的性能也相应变差,特别是 GA,其寻优性、稳定性和收敛性大大降低。而 HDE 表现优秀,特别是对前三个中小规模问题,每次运行均能以很快的收敛速度获得问题最优解,且每次运行所消耗的平均 CPU 时间几乎可以忽略(<1s)。

可见,对分批优化调度问题的特例——传统并行机调度问题,本章所设计的 HDE 算法能以较小的代价(较小规模的种群、较少的迭代次数),在较快的时间内获得令人满意的结果,运行过程中所体现出来的寻优性、稳定性和收敛性明显优于其他算法。同时,通过与 GA 所得结果的比较可以得到,HDE 算法的优越性随着问题规模的增大、并行机数的增加表现得越明显。算法所得最优解对应各工件的机器分配结果如表 2.7 所示。

表 2.7 各工件的机器分配结果

问题	J_1	J_2	J_3	J_4	J_5	J_6	J_7	J_8	J_9	J_{10}	J_{11}	J_{12}	J_{13}	J_{14}	J_{15}
10×2	1	1	1	1	2	1	2	2	1	2	—	—	—	—	—
7×3	2	1	2	3	1	3	3	—	—	—	—	—	—	—	—
18×12	8	5	5	8	10	11	7	4	9	7	3	6	2	12	11
30×10	10	7	10	5	3	6	6	4	4	9	8	10	6	10	7

续表

问题	J_{16}	J_{17}	J_{18}	J_{19}	J_{20}	J_{21}	J_{22}	J_{23}	J_{24}	J_{25}	J_{26}	J_{27}	J_{28}	J_{29}	J_{30}
18×12	1	1	2	—	—	—	—	—	—	—	—	—	—	—	—
30×10	9	7	5	3	8	5	3	1	2	4	2	4	5	7	1

为了分析参数 CR 对 HDE 算法性能的影响，将 CR 取值从 0 以每次 0.1 的增幅增加到 1，采用 HDE 算法对每个算例均独立运行 50 次，并统计不同 CR 值下所得的平均相对误差百分比 ARE=$(F_A-C^*)/C^*\times100\%$。所得 ARE 的变化如图 2.4 所示。

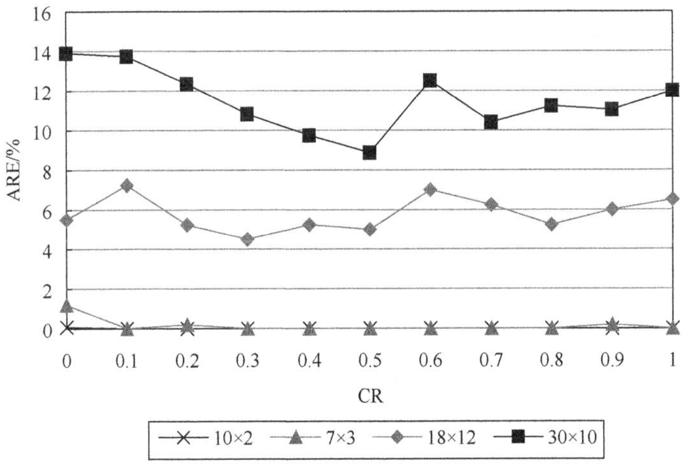

图 2.4　不同 CR 值下 ARE 的变化

交叉概率 CR 控制着一个试验个体上各维分量来于变异个体的概率，它影响着算法的全局搜索能力。显然，当 CR 值越小时，HDE 算法的性能越依赖于局部搜索。从图 2.4 可见，对于 10×2、7×3 问题，CR 取值对算法性能影响不明显，算法仍然体现出了较好的寻优性和稳定性，几乎每次都能获得最优解。这也从侧面说明了本章所设计的基于问题特征的局部搜索的有效性。而随着问题规模的增大，对于 18×12、30×10 问题，算法性能受 CR 影响而波动。从测试结果可见，对这四个算例来说，CR 的一个较好选择是 0.5。

2. 并行机分批优化调度

为了测试 HDE 算法求解并行机分批优化调度问题的性能，并验证本章基于启发式方法所设计的局部搜索操作的有效性，采用 HDE 算法和 DE 算法对 $BS_i>1$ 情况下的并行机调度问题进行求解。其中，DE 算法表示在 HDE 算法的基础上不使用局部搜索的算法。由于表 2.2～表 2.5 所述问题都为等同并行机调度问题，这里增加两个不同类型的算例，如表 2.8 和表 2.9 所示，分别为非等同并行机调度和带工艺约束的并行机调度问题，“—”表示工件无法在对应的机器上加工。

表 2.8　30×3 非等同并行机调度问题加工数据(N=30,M=3)

工件		J_1	J_2	J_3	J_4	J_5	J_6	J_7	J_8	J_9	J_{10}	J_{11}	J_{12}	J_{13}	J_{14}	J_{15}
单件加工时间	E_1	3	2	6	4	5	7	9	13	4	12	10	18	22	11	8
	E_2	4	3	5	4	6	6	8	12	4	11	10	15	23	13	6
	E_3	2	1	7	4	3	8	10	14	2	10	9	16	20	11	8
工件		J_{16}	J_{17}	J_{18}	J_{19}	J_{20}	J_{21}	J_{22}	J_{23}	J_{24}	J_{25}	J_{26}	J_{27}	J_{28}	J_{29}	J_{30}
单件加工时间	E_1	26	14	6	17	27	11	17	26	16	7	23	15	18	15	13
	E_2	27	15	5	18	28	13	18	28	15	7	23	16	19	16	14
	E_3	24	14	6	19	26	12	16	27	14	9	24	14	18	15	15

表 2.9　8×4 带工艺约束的并行机调度问题加工数据(N=8,M=4)

工件		J_1	J_2	J_3	J_4	J_5	J_6	J_7	J_8
单件加工时间	E_1	3	8	4	3	—	3	5	7
	E_2	2	6	3	9	3	4	4	5
	E_3	6	3	—	4	5	8	4	4
	E_4	—	5	7	6	3	5	5	3

设置 N_p=20、CR=0.5、t_{max}=300，对表 2.2～表 2.5、表 2.8 和表 2.9 中的算例，在 BS_i=8 和 BS_i=15(i=1,2,…,N)的情况下，采用 HDE 算法和 DE 算法分别随机运行 50 次，所得结果如表 2.10 所示。图 2.5 和图 2.6 为 HDE 算法、DE 算法针对 18×12、30×10 问题 50 次独立求解所得的历次最优生产周期曲线图，其中 18×12(8)表示 BS_i=8 情况下的 18×12 并行机分批优化调度问题。

表 2.10　并行机分批优化调度结果比较

问题	BS_i	HDE					DE				
		F_B	F_A	F_W	G_A/代	T_T/s	F_B	F_A	F_W	G_A/代	T_T/s
10×2	8	196	196	196	4.40	1.14	196	196	196	5.66	0.94
	15	368	368	368	1.22	1.16	368	368	368	4.78	0.94
7×3	8	80	80.10	81	37.9	1.31	80	80.1	81	75.60	0.95
	15	150	150.26	151	42.8	1.32	150	150.3	151	96.82	0.96
18×12	8	57	57.38	59	16.26	9.29	131	153.40	170	220.68	4.94
	15	106	106.38	107	12.76	9.93	250	286.12	313	222.26	4.92

续表

问题	BS_i	HDE					DE				
		F_B	F_A	F_W	G_A/代	T_T/s	F_B	F_A	F_W	G_A/代	T_T/s
30×10	8	309	311.0	318	5.56	11.39	630	718.54	770	218.58	6.72
	15	578	580.4	586	6.90	12.35	1049	1329.10	1445	234.18	6.76
30×3	8	968	981.5	994	164.3	6.19	984	995.16	1009	219.10	3.52
	15	1822	1848.5	1893	176.6	6.31	1839	1870.98	1892	222.68	3.49
8×4	8	48	50.9	59	140.3	2.11	48	53.84	59	205.14	1.48
	15	91	97.8	115	222.1	2.16	92	101.56	117	240.0	1.48

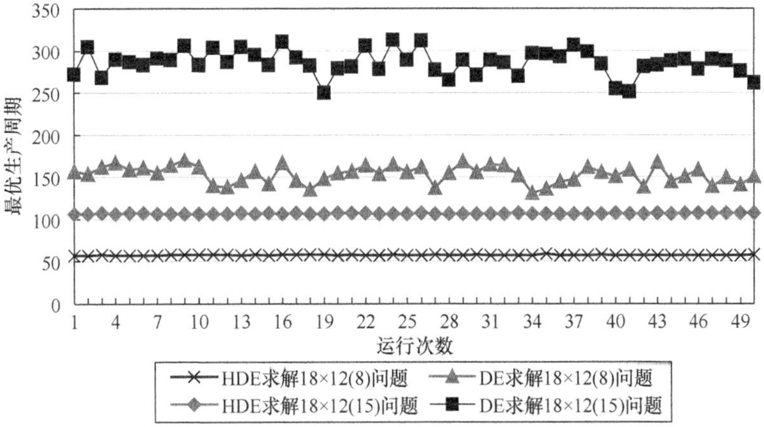

图 2.5　50 次独立求解 18×12 问题所得历次最优生产周期

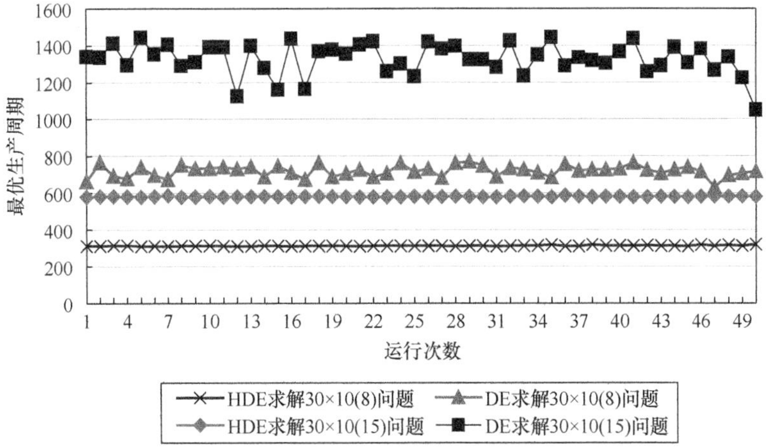

图 2.6　50 次独立求解 30×10 问题所得历次最优生产周期

从表 2.10、图 2.5 和图 2.6 可见，HDE 算法在求解并行机分批优化调度问题过程中所表现出的寻优性、稳定性和收敛性都要优于 DE 算法，且 HDE 算法的优越性随着问题规模的增大而表现得越明显，这说明了本章基于启发式方法所设计的局部搜索操作的有效性。从算法消耗的 CPU 时间来看，HDE 算法和 DE 算法都能以较快的速度完成计算过程，尽管局部搜索操作使 HDE 算法比 DE 算法消耗了更多的计算时间，但从算法单次运行的角度，HDE 算法所消耗的平均 CPU 时间与 DE 算法相比并没有明显增加，其单次运行的时间增量几乎可以忽略不计。

在本章所设计的求解方法下，问题的求解难度与加工批量 BS_i 的大小无关。除了问题规模，问题本身也会影响求解难度。对于非等同并行机问题，由于并行机器加工能力的不同，工件批量划分后分配到各机器上的任务量稍有不同，有时得到的生产周期会相差很大。这也就是 HDE 算法求解 30×3、8×4 问题所表现出的稳定性、收敛性不如在求解等同并行机调度问题时的性能表现的原因，如表 2.10 所示。

表 2.11 为 HDE 算法求解 10×2、7×3、8×4 并行机分批优化调度问题所得的最优批量划分方案，其中，第一、二、三、…个大括号分别表示工件 J_1、J_2、J_3、…的划分方案，大括号内第一、二、三、…位数分别表示对应工件经批量划分后分配到 E_1、E_2、…上的任务量。大括号内数据满足批量划分约束，即数据总和等于工件的加工批量大小。对应的机器甘特图如图 2.7～图 2.11 所示，图中方块代表工件的加工，方块上的数字代表工件号。其中，图 2.7 中 10×2(15)表示 $BS_i=15$ 情况下的 10×2 并行机分批优化调度问题，其他依次类推。本章问题中工件的加工顺序不影响机器的完工时间，因此甘特图中工件的加工顺序默认为按工件号从小到大的顺序。因篇幅关系，这里不再列出其他问题的批量划分方案及甘特图。

表 2.11 HDE 算法求解所得工件批量划分方案

问题	BS_i	工件批量划分分配到各机器上的任务量
10×2	8	{0,8},{7,1},{0,8},{5,3},{0,8},{6,2},{3,5},{7,1},{3,5},{8,0}
	15	{15,0},{11,4},{1,14},{15,0},{8,7},{3,12},{15,0},{4,11},{0,15},{5,10}
7×3	8	{1,2,5},{0,3,5},{6,0,2},{2,6,0},{6,2,0},{5,0,3},{1,6,1}
	15	{2,11,2},{5,1,9},{0,10,5},{12,1,2},{0,4,11},{7,4,4},{13,2,0}
8×4	8	{0,8,0,0},{0,0,8,0},{0,8,0,0},{8,0,0,0}, {0,0,0,8},{8,0,0,0},{0,2,6,0},{0,0,0,8}
	15	{0,15,0,0},{0,0,15,0},{0,15,0,0},{15,0,0,0}, {0,0,0,15},{15,0,0,0},{0,4,11,0},{0,0,0,15}

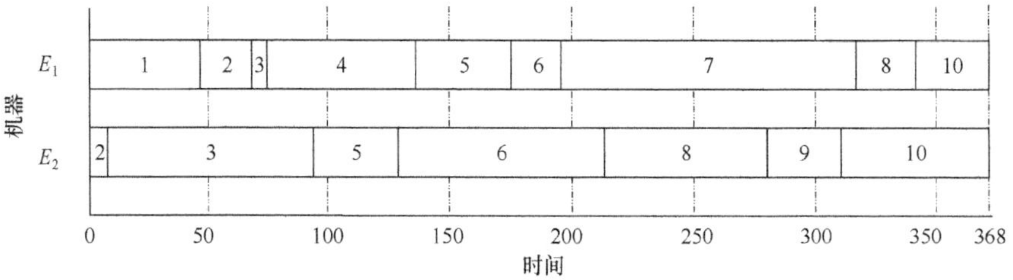

图 2.7　10×2(15)问题机器甘特图

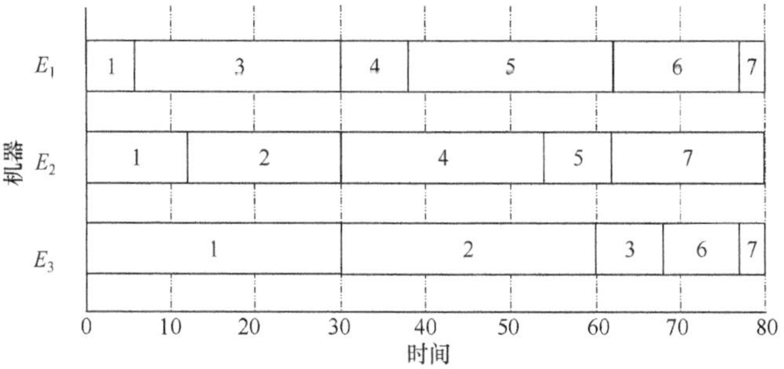

图 2.8　7×3(8)问题机器甘特图

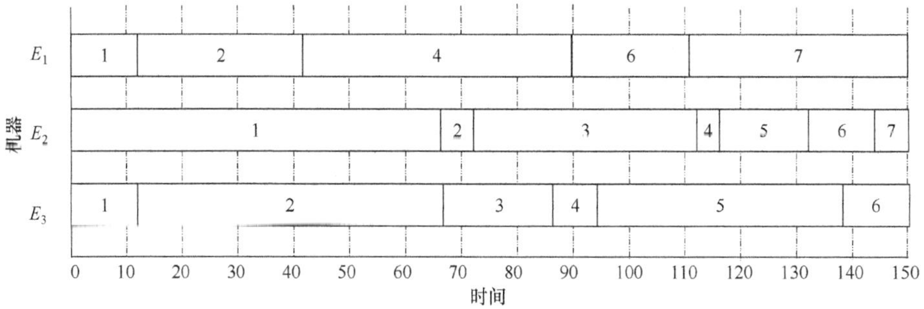

图 2.9　7×3(15)问题机器甘特图

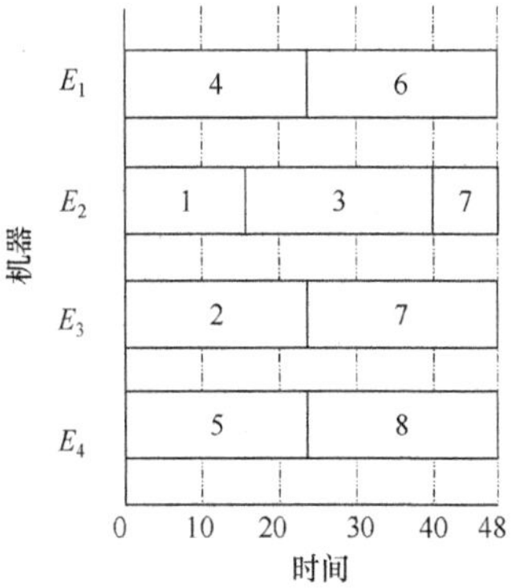

图 2.10　8×4(8)问题机器甘特图

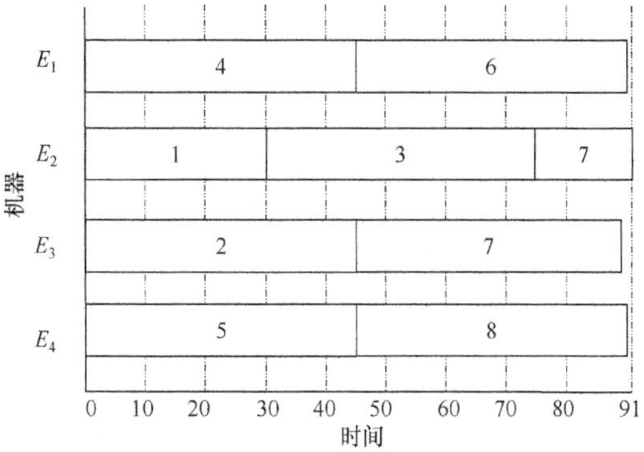

图 2.11　8×4(15)问题机器甘特图

2.5.2　实例求解

某钢铁厂的冷轧精整生产中，横切机组内共有四台机器，各机器可加工的钢卷类型受钢卷宽度限制[30]：一台只能加工宽度小于 1.0m 的钢卷，一台可加工 1.5m 以下的钢卷，一台可加工 2.0m 以下的钢卷，另一台可加工所有宽度的钢卷。显然，该问题为带工艺约束的并行机调度问题，加工数据如表 2.12 所示。

表 2.12　冷轧精整生产问题加工数据

工件		J_1	J_2	J_3	J_4	J_5	J_6	J_7	J_8	J_9	J_{10}	J_{11}	J_{12}	J_{13}	J_{14}	J_{15}	J_{16}	J_{17}	J_{18}	J_{19}	J_{20}
批量		50	20	80	30	30	10	60	55	25	60	70	75	70	15	20	20	35	10	15	25
加工时间	E_1	1	1	1	1	1	1	1	1	1	1	1	1	1	1	1	1	1	1	1	1
	E_2	1	1	1	1	1	1	1	1	—	1	1	1	1	1	1	1	1	1	—	1
	E_3	1	1	1	1	1	1	—	—	—	1	1	1	1	1	1	1	—	—	—	1
	E_4	1	1	—	1	—	—	—	—	—	1	1	1	—	1	—	—	—	—	—	1

采用 DE 算法和 HDE 算法进行求解，参数设置见 2.5.1 节，随机运行 50 次得到结果如表 2.13 所示，其中给出了所得的最优批量划分方案，对应的机器甘特图如图 2.12 所示。从表 2.13 中可见，HDE 算法能在较短的时间内以较快的收敛速度获得令人满意的结果。取两种算法获得最优值的那次运行过程，得到最优值收敛图如图 2.13 所示。

表 2.13　实例求解结果

算法	F_B	F_A	F_W	G_A/代	T_T/s	工件批量划分分配到各机器上的任务量
DE	194	203.5	253	217.28	2.67	{0,0,0,50},{0,0,0,20},{15,0,65,0},{0,0,0,30},{0,0,30,0},{0,0,10,0},{45,15,0,0},{5,50,0,0},{25,0,0,0},{0,0,32,28},
HDE	194	194	194	10.66	3.69	{0,0,12,58},{18,42,8,7},{2,59,9,0},{13,2,0,0},{14,4,2,0},{0,4,16,0},{18,17,0,0},{9,1,0,0},{15,0,0,0},{15,0,10,0}

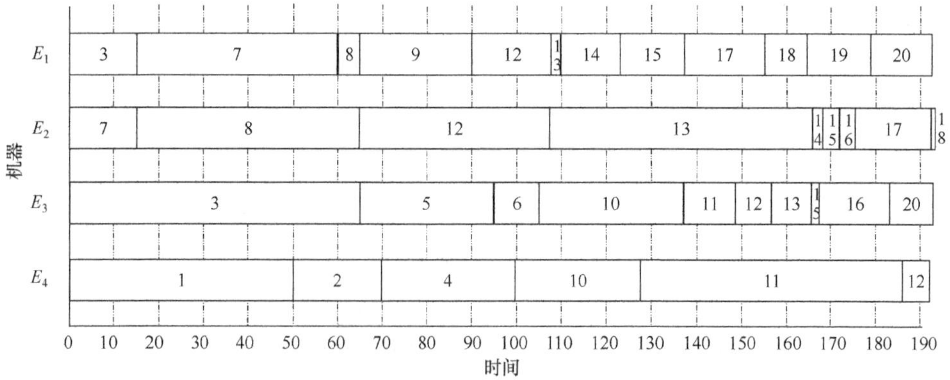

图 2.12　机器甘特图

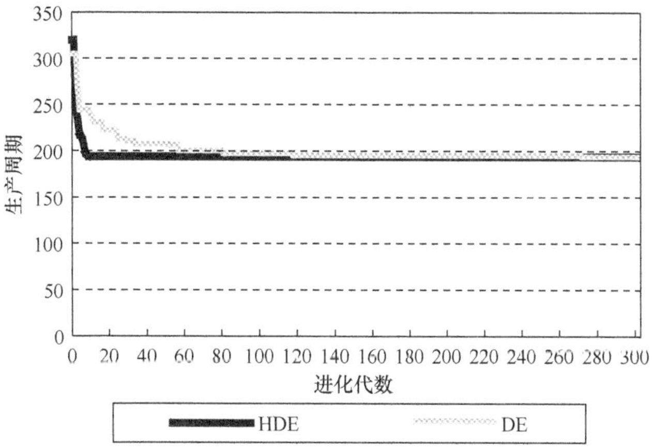

图 2.13　最优值收敛图

2.6　本章小结

生产周期性能指标下的 PMS 问题已被证明为 NP 完全问题，它是实际生产过程中的一类典型调度问题。考虑到实际环境中工件往往由一批产品组成即存在工件批量大于 1 的情况，本章介绍并行机分批优化调度问题。针对问题中存在的批量划分约束，以及 DE 算法变异操作的特殊性，选择 DE 算法作为问题的求解算法。首先，对 $N=1$ 问题的最优批量划分策略进行分析，设计了相应的启发式算法。其次，针对 $N>1$ 问题，根据问题特征，采用基于任务分配队列的实数编码方式，设计了基于块变异、块交叉的全局进化操作，使批量划分约束得到满足，保证了解的合法性和有效性；借鉴 $N=1$ 问题的求解思路，进一步设计了基于问题特征的局部搜索操作，提出一种混合差分进化(HDE)算法。最后，兼顾等同 PMS、非等同 PMS 以及带工艺约束 PMS 问题类型，通过算例仿真和算法比较分析验证了算法的良好性能，将算法有效地应用于某钢铁厂的冷轧精整生产调度实例的求解。

参 考 文 献

[1] Cheng T C E, Sin C C S. A state-of-the-art review of parallel-machine scheduling research[J]. European Journal of Operational Research, 1990, 47(3): 271-292.

[2] Süer G A, Báez E, Czajkiewicz Z. Minimizing the number of tardy jobs in identical machine scheduling[J]. Computers & Industrial Engineering, 1993, 25(1-4): 243-246.

[3] Glover F. Future paths for integer programming and links to artificial intelligence[J]. Computers & Operations Research, 1986, 13(5): 533-549.

[4] 傅珏生. 并行多机调度问题的一种遗传算法[J]. 数理统计与管理, 1998, 17(6): 13-19.

[5] Liu M, Wu C. A genetic algorithm for minimizing the makespan in the case of scheduling identical parallel machines[J]. Artificial Intelligence in Engineering, 1999, 13(4): 399-403.

[6] Cheng R, Gen M. Parallel machine scheduling problems using memetic algorithms[J]. Computers & Industrial Engineering, 1997, 33(3/4): 761-764.

[7] 刘民，吴澄. 解决并行多机提前/拖后调度问题的混合遗传算法方法[J]. 自动化学报，2000，26(2)：258-262.

[8] 赵骅，文仁俊，陈晓慧. 基于个性化生产模式的并行机调度问题研究[J]. 中国机械工程，2007，18(17)：2058-2061.

[9] 黄德才，郭海东. 基于 JIT 的非等同并行多机调度问题的混合遗传算法[J]. 计算机集成制造系统，2004，10(3)：298-302.

[10] Schaller J E. Minimizing total tardiness for scheduling identical parallel machines with family setups[J]. Computers & Industrial Engineering, 2014, 72: 274-281.

[11] Mensendiek A, Gupta J N D, Herrmann J. Scheduling identical parallel machines with fixed delivery dates to minimize total tardiness[J]. European Journal of Operational Research, 2015, 243(2): 514-522.

[12] Vincent B, Duhamel C, Ren L, et al. An efficient heuristic for scheduling on identical parallel machines to minimize total tardiness[J]. IFAC-PapersOnLine, 2016, 49(12): 1737-1742.

[13] Janiak A, Janiak W A A, Kovalyov M Y, et al. Parallel machine scheduling and common due window assignment with job independent earliness and tardiness costs[J]. Information Sciences, 2013, 224: 109-117.

[14] Tavakkoli-Moghaddam R, Taheri F, Bazzazi M, et al. Design of a genetic algorithm for biobjective unrelated parallel machines scheduling with sequence-dependent setup times and precedence constraints[J]. Computers & Operations Research, 2009, 36(12): 3224-3230.

[15] Vallada E, Ruiz R. A genetic algorithm for the unrelated parallel machine scheduling problem with sequence dependent setup times[J]. European Journal of Operational Research, 2011, 211(3): 612-622.

[16] Joo C M, Kim B S. Hybrid genetic algorithms with dispatching rules for unrelated parallel machine scheduling with setup time and production availability[J]. Computers & Industrial Engineering, 2015, 85: 102-109.

[17] 刘民，吴澄，尹文君. 带特殊工艺约束的并行机器生产线调度问题的一种遗传算法[J]. 自动化学报，2001，27(3)：381-386.

[18] 尹文君，刘民，吴澄. 带工艺约束并行机调度问题的一种新的遗传算法[J]. 电子学报，2001，29(11)：1482-1485.

[19] Lin S W, Ying K C. ABC-based manufacturing scheduling for unrelated parallel machines with machine-dependent and job sequence-dependent setup times[J]. Computers & Operations Research, 2014, 51: 172-181.

[20] Lin Y K, Lin H C. Bicriteria scheduling problem for unrelated parallel machines with release dates[J]. Computers & Operations Research, 2015, 64: 28-39.

[21] Fang K T, Lin B M T. Parallel-machine scheduling to minimize tardiness penalty and power cost[J]. Computers & Industrial Engineering, 2013, 64(1): 224-234.

[22] Torabi S A, Sahebjamnia N, Mansouri S A, et al. A particle swarm optimization for a fuzzy multi-objective unrelated parallel machines scheduling problem[J]. Applied Soft Computing, 2013, 13(12): 4750-4762.

[23] Xing W X, Zhang J W. Parallel machine scheduling with splitting jobs[J]. Discrete Applied Mathematics, 2000, 103(1/2/3): 259-269.

[24] Serafini P. Scheduling jobs on several machines with the job splitting property[J]. Operations Research, 1996, 44(4): 617-628.

[25] Beraldi P, Ghiani G, Gricco A, et al. Rolling-horizon and fix-and-relax heuristics for the parallel machine lot-sizing and scheduling problem with sequence-dependent set-up costs[J]. Computers & Operations Research, 2008, 35(11): 3644-3656.

[26] Kim Y D, Shim S O, Kim S B, et al. Parallel machine scheduling considering a job-splitting property[J]. International Journal of Production Research, 2004, 42(21): 4531-4546.

[27] Koulamas C. Decomposition and hybrid simulated annealing heuristics for the parallel-machine total tardiness problem[J]. Naval Research Logistics, 1997, 44(1): 109-125.

[28] Shim S O, Kim Y D. A branch and bound algorithm for an identical parallel machine scheduling problem with a job splitting property[J]. Computers & Operations Research, 2008, 35(3): 863-875.

[29] Logendran R, Subur F. Unrelated parallel machine scheduling with job splitting[J]. IIE Transactions, 2004, 36(4): 359-372.

[30] 董斌, 李颢, 邵惠鹤, 等. 基于遗传算法的一类 Job-shop 调度[J]. 控制与决策, 1998, 13(1): 71-74.

第3章　基于差分进化算法的流水车间分批优化调度

3.1　引　　言

流水车间生产过程中，每个工件的生产工艺路径一致，车间内机器按流水线方式进行布局。流水车间调度问题(Flow-shop scheduling problem，FSP)，又称为同序作业调度问题，尽管问题的工艺约束比较简单，但仍然属于比较复杂的组合优化问题，已经被证明是NP问题[1]。很多实际生产过程可以归结为此类问题[2-5]，尤其是单件大批量生产背景的企业。考虑到实际生产环境中调度问题中的工件往往存在批量性，进行Flow-shop分批优化调度的研究具有重要的意义和广泛的应用背景。

在分批优化调度问题的研究中，通常采用分批生产和分批传输两种调度策略来达到缩短完工时间的目的。通过批量划分，将每一种工件划分成若干较小批量，每一小批任务称为子批。对于多阶段作业问题，除了分批加工，还涉及任务在工序间的分批传输，因此，子批任务可分为加工子批和传输子批两种。根据子批排序是否受成组技术的限制，Flow-shop分批优化调度问题可分为混排和非混排两种类型[6-9]。其中，混排的问题类型表示机器在加工一类工件的各个子批任务之间允许加工其他工件的子批，非混排的问题类型表示机器在加工完一类工件的所有子批之后才能加工其他工件的子批。

一般将Potts和Baker[10]针对两阶段和三阶段单一产品Flow-shop分批优化调度问题所进行的研究视为分批优化调度领域首先获得的实质性成果。此后许多学者对此类问题进行了研究，且取得了一定的成果。Biskup和Feldmann[11]、Edis和Ornek[12]、Defersha和Chen[13]等分别采用整数规划方法、启发式算法和遗传算法(GA)研究了单一产品Flow-shop分批优化调度问题。Glass和Possani[14]针对Flow-shop分批优化调度问题，利用关键路径法分别研究了各工件的子批数以及加工时间相同情况下的多机器问题、子批数确定情况下的两机器问题。Marimuthu等[15]研究了非混排Flow-shop分批优化调度问题，采用均等单元子批划分策略，将遗传算法用于工件的排序优化。Pan等[16,17]通过将工件划分成若干均等子批来提高Flow-shop调度性能，在给定的批量划分方案下，分别将和声搜索(harmony search，HS)算法和人工蜂群算法用于求解工件排序问题。潘玉霞等[18]采用均等小批量策略，研究了非混排Flow-shop分批优化调度问题，在给定的批量划分方案下，采用蛙跳算法获得工件加工排序序列。

上述研究大多是针对非混排问题，适用于生产切换较费时或较耗费成本的情况。而当不同产品之间的生产切换耗费较少时，对不同工件的生产子批进行混排加工能达到减少机器空闲时间的目的。Martin[19]针对混排 Flow-shop 分批优化调度问题，分别通过混合整数规划方法来确定子批的批量、通过遗传算法优化子批的加工排序，使完工时间最小化。Bukchin 等[20]通过混合整数规划方法获得各子批批量及混排加工排序。Defersha 和 Chen[21]分别考虑可分离和不可分离的准备时间，在总子批数预先设定的情况下，提出混合遗传算法用于混排 Flow-shop 分批优化调度。宋代立和张洁[22]研究了混合 Flow-shop 分批优化调度问题，允许不同工件的子批进行混排加工，提出一种三级递阶结构的蚁群优化算法来优化生产周期。Nejati 等[23]在调度问题中考虑工作轮班信息、与顺序相关的准备时间，建立混合 Flow-shop 分批优化调度问题模型，采用遗传算法和模拟退火算法作为问题求解方法。

这些研究说明了在 Flow-shop 成批生产过程中，采用批量划分能缩短交货期、减少库存、降低成本、提高资源利用率、提升企业竞争力。已有研究或存在适用问题规模受限的缺点，或从计算效率、效果上有待改进，因此对 Flow-shop 分批优化调度的研究有进一步深入的必要。

本章分别介绍非混排和混排 Flow-shop 分批优化调度问题。首先，针对不同工件的子批任务不允许混排加工的情况，采用分批传输的策略，区分准备时间与加工时间，介绍基于 DE 算法的非混排 Flow-shop 分批优化调度方法；其次，在允许不同工件的子批混排加工的情况下，采用分批生产和分批传输相结合的策略，介绍 DE 算法在混排 Flow-shop 分批优化调度问题中的应用。

3.2　非混排 Flow-shop 分批优化调度

3.2.1　问题描述

Flow-shop 分批优化调度问题(Flow-shop scheduling problem with lot-streaming)研究 N 种含有一定批量的工件在 M 台机器上的流水加工过程，问题可以描述为：N 种待加工工件组成调度任务集，工件 i 的加工批量为 BS_i(需求产量)，$i=1,2,\cdots,N$；每种工件需要经过 M 道工序，每道工序要求在一台机器上完成加工；M 台机器按流水线方式布置，工件的各道工序按流水线顺序进行加工，即各工件的第 l 道工序要求在机器 l 上加工($l=1,2,\cdots,M$)，同时每台机器上工件的加工顺序相同；工件 i 在机器 l 上的准备(set-up)时间和单件加工时间分别为 PT_{il}、WT_{il}，$i=1,2,\cdots,N$，$l=1,2,\cdots,M$；为缩短完工时间，可将各工件划分成若干较小的子批量,按子批量分别组织加工和工序间的传输。要求进行排序优化和分批传输,以确定最优加工顺序以及工件的分批传输方案使最大完工时间最小化。

本节介绍非混排 Flow-shop 分批优化调度,即在加工一个工件的各个子批任务之间不允许加工其他工件的任务。问题遵循以下条件:

(1) 在零时刻,所有机器可用,且所有工件都在第一台机器上就绪。

(2) 批量划分后,按子批分别组织加工和工序间的传输,假设传输时间忽略不计。

(3) 对一个子批任务,机器在对其进行加工操作之前,需要进行一次准备操作,且准备时间与顺序无关;而若属于同一工件的两子批连接加工,机器不再需要为后一子批进行准备操作。

(4) 对于可分离的准备操作(detached setup),允许机器提前进行准备,当子批任务到达该机器时可立即进行工序的加工操作,缩短完工时间。

(5) 批量任务(工件或工件的子批)在某台机器上加工时,其中已完工的部分根据需要可迅速组成传输子批并传输至下台机器进行加工,而无须等待其余加工批量的完工。

(6) 传输批量无大小约束,且子批的加工时间和它的批量大小成正比,等于单件加工时间乘以批量大小。

(7) 允许任务在工序之间等待,允许机器在任务未到达时闲置。

针对非混排 Flow-shop 分批优化调度问题,需要确定工件的最优加工顺序以及此加工顺序下的分批传输方案。

3.2.2 数学模型

显然,在传输批量无大小约束的情况下,可采用单元子批的划分策略,即所有传输子批批量为 1 时,生产周期达到最小。在此基础上,定义决策变量:$\sigma=\{\sigma_1,\sigma_2,\cdots,\sigma_N\}$表示工件的加工排序,$\sigma_m\in[1,N]$为工件号,代表被安排在第 m 位加工的工件;SPT_{ikl}、CPT_{ikl}分别表示工件 i 的第 k 子批在机器 l 上的开始、结束准备时间,SWT_{ikl}、CWT_{ikl}分别表示工件 i 的第 k 子批在机器 l 上的开始、结束加工时间,$i=1,2,\cdots,N$,$k=1,2,\cdots,\mathrm{BS}_i$,$l=1,2,\cdots,M$。建立单元传输子批下非混排 Flow-shop 分批优化调度问题模型如下。

1. 目标函数

以最小化最大完工时间(生产周期)为优化目标,如式(3.1)所示。式(3.2)给出了最大完工时间的计算方法,等于最后安排加工的工件的最后一子批在最后一台机器 M 上的结束加工时间:

$$\min Z=C_{\max} \tag{3.1}$$

$$C_{\max}=\mathrm{CWT}_{i^*k^*M},\quad i^*=\sigma_N;\ k^*=\mathrm{BS}_{i^*} \tag{3.2}$$

2. 工序约束

对于与加工任务(加工对象)可分离的准备操作,机器可提前进行准备,但机器在对各子批进行加工操作时要求满足工序约束,即同一子批的各道工序之间按工艺顺序进行加工,在子批的上一道工序完工之后才能开始该子批下一道工序的加工:

$$\mathrm{SWT}_{ikl}\geqslant\mathrm{CWT}_{ik(l-1)},\quad \forall i,\forall k=1,2,\cdots,\mathrm{BS}_i,\forall l=2,3,\cdots,M \tag{3.3}$$

对于与加工任务不可分离的准备操作,则要求机器在进行准备时也满足工序约束,即在子批的上一道工序完工之后才能开始该子批下一道工序的准备工作:

$$\mathrm{SPT}_{ikl}\geqslant\mathrm{CWT}_{ik(l-1)},\quad \forall i,\forall k=1,2,\cdots,\mathrm{BS}_i,\forall l=2,3,\cdots,M \tag{3.4}$$

3. 机器约束

准备操作和加工操作均在机器上进行,对同一子批任务,机器在完成准备操作后再进行加工操作。在安排各子批时需要考虑机器约束,同一台机器上的子批任务根据排序依次进行处理,一台机器不能同时处理多个任务。不同工件的任务按排序序列σ中规定的顺序处理,即当$m>m'$时,要求机器在处理完σ中排在第m'位的工件的所有子批(该工件最后一子批)之后才能开始处理排在第m位的工件的第一个子批,$m,m'=1,2,\cdots,N$,即

$$\mathrm{SPT}_{ikl}\geqslant\mathrm{CWT}_{i'k'l},\quad \forall l,m>m',i=\sigma_m,i'=\sigma_{m'},k=1,k'=\mathrm{BS}_{i'} \tag{3.5}$$

对于同一工件的各子批,由于各子批为相同的单元子批,这里记同一工件的各子批按子批号顺序进行处理,即先加工第一子批,然后第二子批,……,依次类推。因此,同一工件的各子批先后关系约束为

$$\mathrm{SPT}_{ikl}\geqslant\mathrm{CWT}_{i(k-1)l},\quad \forall i,\forall l,\forall k=2,3,\cdots,\mathrm{BS}_i \tag{3.6}$$

4. 准备操作

机器在加工各工件的第一个子批之前需要进行准备,如式(3.7)所示;之后对同一工件的后续子批则无须再进行准备操作,见式(3.8):

$$\mathrm{CPT}_{ikl}=\mathrm{SPT}_{ikl}+\mathrm{PT}_{il},\quad \forall i,\forall l,k=1 \tag{3.7}$$

$$\mathrm{CPT}_{ikl}=\mathrm{SPT}_{ikl},\quad \forall i,\forall l,\forall k=2,3,\cdots,\mathrm{BS}_i \tag{3.8}$$

5. 加工操作

各工件各子批加工操作的开始、结束时间如式(3.9)和式(3.10)所示。式(3.9)表示机器完成准备操作后立即开始加工操作。式(3.10)表示子批任务(单元子批)在经过一个单件加工时间之后完成加工,且子批的加工操作一旦开始则不

能中断：

$$\mathrm{SWT}_{ikl}=\mathrm{CPT}_{ikl},\quad \forall i,\forall l,\forall k=1,2,\cdots,\mathrm{BS}_i \tag{3.9}$$

$$\mathrm{CWT}_{ikl}=\mathrm{SWT}_{ikl}+\mathrm{WT}_{il},\quad \forall i,\forall l,\forall k=1,2,\cdots,\mathrm{BS}_i \tag{3.10}$$

3.2.3　$N=1$ 问题的分析

1. 完工时间快速评价法

假设 $N=1$，工件的加工批量为 4；$M=3$，按流水线布置后机器的顺序为 E_1、E_2、E_3；不考虑准备时间，工件在机器 1、2、3 上的单件加工时间分别为 3、1、1 个时间单位。对于这样一个简单的问题，生产周期只与分批传输方案有关。显然，当将批量工件所含的每一个都单独对待，即将工件划分成 4 个批量为 1 的传输子批时，生产周期达到最小，如图 3.1 所示。从整个工件的角度，可以得到工件在机器 1、2、3 上的开始加工时间分别为 0、3、4，结束加工时间分别为 12、13、14，其中工件在机器 2、3 上的加工过程中都存在 6 个时间单位的空闲时间。

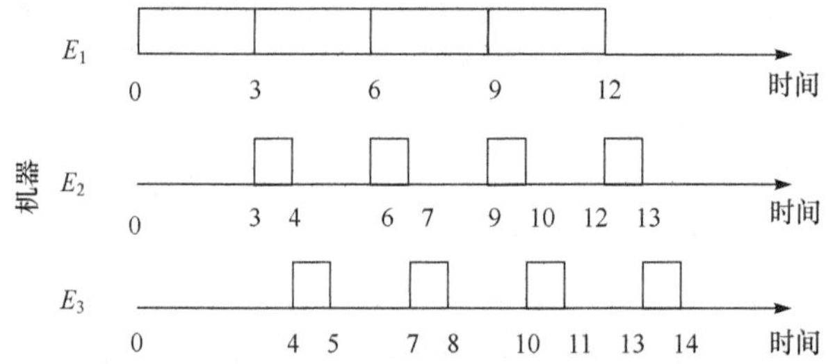

图 3.1　Flow-shop 分批优化调度

显然，对 $N=1$ 情况下的 Flow-shop 分批优化问题，假定各机器皆在零时刻可用，若不考虑准备时间，且工件在各机器上的划分情况相同、所划分的各子批批量相等（均等子批），那么，工件在各机器上的加工过程具有如下特点。

(1) 流水线上的第一台机器和拥有最大单件加工时间的机器上工件的加工过程中不存在空闲时间。

(2) 若流水线上某台机器 l 的单件加工时间大于前一台机器的单件加工时间，且前一台机器上工件的加工过程不存在空闲时间，那么机器 l 上工件的加工过程也不存在空闲时间。

(3) 工件在机器 l 上的开始加工时间 ST_l 存在两种情况，或者等于流水线上前一台机器完成工件第一个子批的时间，或者为 0（当机器 l 为流水线上第一台机器，即 $l=1$ 的情况时）。

(4) 获得工件在机器 l 上的开始加工时间 ST_l 后，工件在该机器上的结束加

工时间 CT_l 也存在两种情况：一种是机器 l 从 ST_l 开始对整个工件所含批量进行无空闲加工所得的完工时间；另一种是工件在流水线上前一台机器的结束加工时间 CT_{l-1} 加上机器 l 加工该工件的一个子批所需的时间。当 $l=1$ 时，取前一种情况所得完工时间作为 CT_l；否则，取两种情况所得完工时间的最大值作为 CT_l。

基于上述特点，考虑存在机器释放时间 FT_l（$l=1,2,\cdots,M$）和准备时间的 $N=1$情况下的 Flow-shop 分批优化问题，若准备操作在任务到达之前就能进行，则允许机器提前进行准备。此时，工件在各机器上的开始加工时间受到影响，但特点(1)、(2)、(4)仍然适用。设置 $i=1$，$BS=BS_1$（BS_1 表示工件 1 的批量大小），根据如下步骤可以获得工件在各机器 l 上的开始、结束加工时间，分别用 ST_l、CT_l 表示，$l=1,2,\cdots,M$。

步骤 1　设置 $l=1$。

步骤 2　若 $l=1$，则任务在机器 l 上的开始加工时间 $ST_l=FT_l+PT_{il}$、结束时间 $CT_l=ST_l+BS\times WT_{il}$；若 $l>1$，且准备操作在任务到达之前就能进行，则$ST_l=\max\{FT_l+PT_{il},ST_{(l-1)}+WT_{i(l-1)}\}$，若准备操作与任务不可分离，则 $ST_l=\max\{FT_l,ST_{(l-1)}+WT_{i(l-1)}\}+PT_{il}$，$CT_l=\max\{ST_l+BS\times WT_{il},CT_{(l-1)}+WT_{il}\}$。

步骤 3　设置 $l=l+1$。若 $l\leqslant M$，则返回步骤 2。

对于生产周期性能指标下传输批量无约束的问题，遵循上述三个步骤即可获得最大完成时间 $C_{\max}=CT_M$（此计算过程计算量为 M），而不需要将批量工件拆分成每一个进行计算（采用单元子批时，计算过程的计算量为 $BS\times M$），如此减少了计算量。对于 $N=1$ 的情况，上述 3 个步骤中，$i=1$。当 $l>1$ 且准备操作与任务可分离时，步骤 2 中任务的开始加工时间的计算已经考虑了允许机器提前准备的情况。需要注意的是，这里 ST_l、CT_l 是针对加工操作而言的，是从批量工件整体的角度代表开始、结束加工时间，实际上分别对应工件第一子批的开始加工时间以及最后一子批的完工时间。相应地，工件在机器 l 上的开始准备时间为（ST_l-PT_{il}），结束准备时间为 ST_l。

2. 分批传输方案调整

单元传输子批的划分方法属于均等子批划分策略的特例，虽然能获得最优生产周期，但要求加工对象在工序间的传输采取平行移动方式[24]，该移动方式虽然适应流水线作业，但是大大增加了工序间的传输次数。下面在本节“完工时间快速评价法”的步骤 1～步骤 3 所得的工件完工时间基础上，以不影响该完工时间为前提，适当调整机器上各子批任务的加工操作，使得一些子批能一起传输，以减少工序间的传输次数。

以图 3.1 所述的问题为例，在不影响工件完工时间的前提下，E_3 上前三个子批的加工操作可以尽量往后挪，如图 3.2(a)中三个灰色方块所示。调整之后，E_3 上第一个子批在第 10 个时间单位开始加工，此时 E_2 上已经有三个子批完成加工，因此，这三个子批在完成第二道工序后可一起从 E_2 传输至 E_3 上进行第三道工序的加工。即工件在 E_3 上的划分方案可调整成两批，两子批批量分别为 3 和 1，开始加工时间分别为 10、13，结束加工时间分别为 13 和 14。

接下来，在图 3.2(a)的基础上，以不影响工件在 E_3 上划分的两子批任务的开始加工时间为前提，适当调整 E_2 上各子批的加工操作：E_2 上前两个子批的加工操作还可以往后挪，如图 3.2(b)中 2 个灰色方块所示，第一个子批在第 7 个时间单位开始加工，此时 E_1 上已经有两个子批任务完成加工，因此，这两个子批任务可一起从 E_1 传输至 E_2，而第三、第四个子批在完成第一道工序后都需要单独进行传

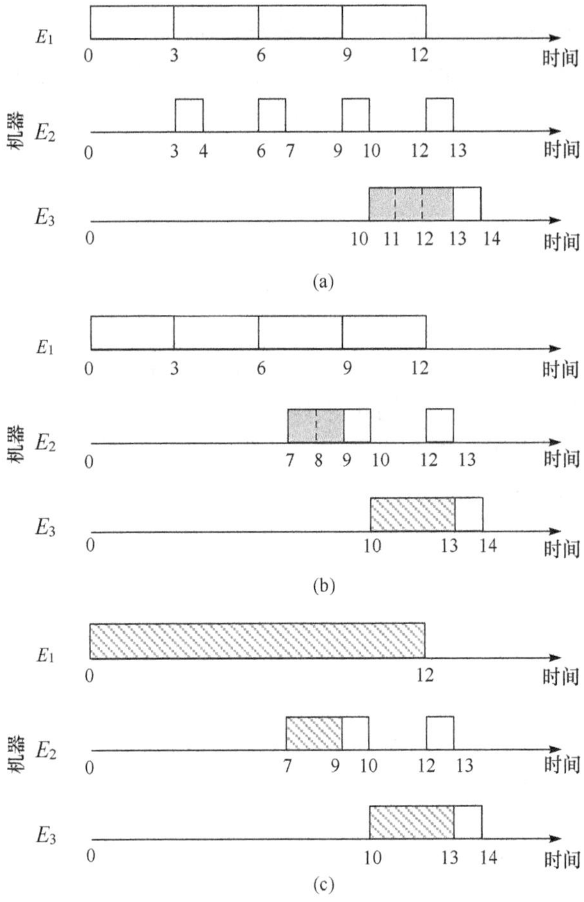

图 3.2 分批传输方案调整

输。如此可以得到，工件在 E_2 上的划分方案可调整成三批，批量分别为 2、1、1，开始加工时间分别为 7、9、12，结束加工时间分别为 9、10、13。假定零时刻所有工件都在第一台机器上就绪，因此工件在 E_1 上无须进行划分。调整后得到的划分方案如图 3.2(c)所示，斜纹填充的方块表示调整后的子批。调整后工件批量划分方式转变成可变子批划分方法，工件在各机器上的完工时间不受影响，但是传输次数从原来的 8 次减少到 5 次。

3.2.4　$N>1$ 问题的混合 DE 算法设计

基于上述对 $N=1$ 问题的分析，对于 $N>1$ 情况下非混排 Flow-shop 分批优化调度问题的求解思路为：①通过算法优化确定工件的加工顺序，解码时，将 DE 连续个体转换成为离散加工排序序列后，按此工件加工顺序，采用 3.2.3 节的完工时间快速评价法获得各工件在各台机器上的开始、结束加工时间，进而得到生产周期，通过迭代进化过程获得最优加工排序；②算法迭代进化过程结束后，在所得解的基础上，在不影响各工件完工时间的前提下，以尽可能减少工序间的传输次数为原则，采用 3.2.3 节的分批传输方案调整方法进行工件组内分批传输方案调整。算法框图如图 3.3 所示。

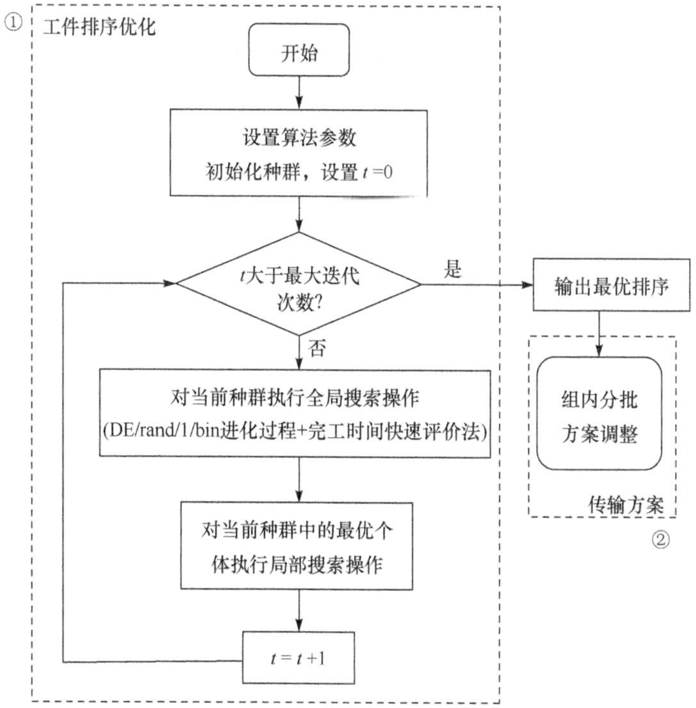

图 3.3　算法框图

1. 编码解码方案

算法采用[0,1]范围内的实数编码，用 $y_h=\{y_{h,1},y_{h,2},\cdots,y_{h,L}\}$表示个体 h，$h=1,2,\cdots,N_p$，N_p 为种群规模，$L=N$ 表示个体长度。根据如下操作将 y_h 转化成工件排序序列：首先，将个体上从左到右第 i 维分量 $y_{h,i}$赋工件号 i，$i=1,2,\cdots,L$；然后，将 y_h 上各维分量对应的工件号根据分量值 $y_{h,i}(i=1,2,\cdots,L)$的大小按从左到右降序排列，如此得到了工件排序序列 σ。σ 上值为 i 的元素表示工件 i，工件 i 在 σ 上所处的位置越靠左表示该工件优先加工的级别越高。图 3.4 为 $N=4$ 时问题的连续个体转换成工件排序序列的一个示例。

y_h ⇒ σ

0.31 0.40 0.75 0.28

[工件 1 2 3 4] 3 2 1 4

图 3.4 连续个体转换成工件排序序列的示例

解码时，根据 y_h 获得工件排序序列 σ，并执行以下步骤计算得到最大完工时间。

步骤 1 设置 $FT_l=0$，表示机器 l 的释放时间，$l=1,2,\cdots,M$。设置 $m=1$，执行步骤 2。

步骤 2 选择 σ 上从左到右第 m 位任务，获得其工件号 i。执行步骤 3 为批量工件 i 进行排产。

步骤 3 设置 $BS=BS_i$，执行 3.2.3 节完工时间快速评价法的步骤 1～步骤 3，获得工件 i 在各机器 l 上的结束加工时间 CT_l。设置 $FT_l=CT_l$，$l=1,2,\cdots,M$。执行步骤 4。

步骤 4 设置 $m=m+1$，若 $m\leqslant L$，则返回步骤 2；否则，此时所有的工件都已被安排，得到最大完工时间（生产周期）为 FT_M。

采用上述解码方法，按排序序列顺序对各工件采用 3.2.3 节的完工时间快速评价法，获得整个批量工件的开始、结束加工时间，最终得到生产周期。如此，每个个体的解码计算量都从传统方法的$\sum_{i=1}^{N}BS_i\times M$减少到了$N\times M$。因此，在此快速评价法下，各工件的批量值大小不影响算法解码计算时间。

2. 全局搜索操作

算法每一次迭代进化过程都包含全局搜索和局部搜索。在全局搜索阶段，对当前种群采用 DE/rand/1/bin 进化机制（第 1 章）的搜索操作。记差分变异、交叉产生的试验个体为 $y'_h=\{y'_{h,1},y'_{h,2},\cdots,y'_{h,L}\}$，将 y'_h上溢出数值范围的分量 $y'_{h,m}$通过式(3.11)映射到[0,1]内，$m=1,2,\cdots,L$，[]为取整操作：

$$y'_{h,m}=\begin{cases}-y'_{h,m}+[y'_{h,m}], & y'_{h,m}<0\\ 2-y'_{h,m}+[y'_{h,m}-1], & y'_{h,m}>1\end{cases} \tag{3.11}$$

对试验个体进行数值调整后，进行解码，通过完工时间快速评价法获得生产周期。根据生产周期目标值采用贪婪准则在试验个体 y'_h 和原个体 y_h 之间进行选择。

3. 局部搜索操作

执行全局搜索操作后，对当前种群中的最优个体执行局部搜索操作。记最优个体为 y_{best}，在对应工件排序序列 σ 的基础上，执行基于 Inscrt 邻域结构的搜索操作。

步骤1 对于最优个体 y_{best}，获得其对应的工件排序序列 σ，设置 $\sigma'=\sigma$。σ' 上含有排序后的 N 个工件。

步骤2 随机选择 σ' 上共[0.2×N]个工件，按选择顺序依次存入序列 s，并将其在 σ' 上删除，[]表示取整操作。如此，σ' 上剩下共($N-[0.2\times N]$)个工件，而序列 s 中则有[0.2×N]个工件，表示待重新排序的任务。设置 $g=1$，$m=1$。

步骤3 设置 $\sigma''=\sigma'$，将序列 s 中排在第 g 位的工件插入 σ'' 上第 m 位，表示该工件排在第 m 位加工，σ'' 上原第 m 位及排在后面的工件依次往后挪。

步骤4 若 $m=1$，则设置 $\sigma'''=\sigma''$；否则，若 $f(\sigma'')<f(\sigma''')$，则设置 $\sigma'''=\sigma''$。

步骤5 设置 $m=m+1$。若 $m\leqslant(N-[0.2\times N]+g)$，则返回步骤3；否则，设置 $\sigma'=\sigma'''$。

步骤6 设置 $g=g+1$。若 $g\leqslant[0.2\times N]$，则设置 $m=1$，并返回步骤3。

步骤7 若 $f(\sigma')<f(\sigma)$，则设置 $\sigma=\sigma'$，并根据 σ 将 y_{best} 上各维分量进行重新调整。结束对最优个体的局部搜索。

上述步骤中 $f(\cdot)$ 表示目标函数，计算所得即生产周期。

4. 组内分批方案调整

算法迭代进化过程结束后，将算法的输出解转化成为工件排序序列，按工件加工顺序，将各工件拆分成批量为1的子批(单元子批)，按传统解码方法获得工件各子批的开始、结束准备及加工时间。在此基础上，对各工件分别采用3.2.3节的分批传输方案调整方法，以保持工件最后一子批的完工时间不变为前提，进行工件组内分批传输方案调整，尽可能减少工序间的传输次数，从而获得最终的传输方案。

5. 算法流程

综合上述的分析和讨论，算法流程如下。

步骤1 设置算法控制参数 N_{p}、F、CR 和最大迭代次数 $t_{\max}$，初始化种群 $Y^0=$

$\{y_1^0, y_2^0, \cdots, y_{N_p}^0\}$，设置运行代数 $t=0$。

步骤 2　对当前种群 $Y^t=\{y_1^t, y_2^t, \cdots, y_{N_p}^t\}$ 执行基于 DE/rand/1/bin 的全局搜索操作。

步骤 3　对种群中的最优个体 y_{best} 执行基于 Insert 邻域结构的局部搜索操作。

步骤 4　设置 $t=t+1$。若 $t\leqslant t_{\max}$，则返回步骤 2；否则，结束迭代进化过程，输出最优解。

步骤 5　在所得最优解的基础上，按加工排序序列规定的工件顺序的逆序顺序，逐一对各工件进行组内分批传输方案调整，获得最终的传输方案。

其中，步骤 2～步骤 4 为迭代进化过程。

6. 算法复杂度分析

算法的计算时间主要花费在迭代进化过程中。对于种群规模为 N_p、个体长度为 L、最大迭代次数为 $t_{\max}$ 的问题，迭代进化过程包含种群的全局搜索和最优个体的局部搜索：全局搜索操作主要包括 DE/rand/1/bin 策略下的变异交叉操作和贪婪选择操作（含快速评价解码方法），各部分的时间复杂度分别为 $O(N_p\times L)$、$O(N_p\times N\times M)$；而在局部搜索操作中，每执行一次 Insert 操作都需要对新生成的序列进行解码，其时间复杂度为 $O(0.2\times L\times L\times N\times M)$。由于 $L=N$，算法的时间复杂度为

$$\begin{aligned}O(t_{\max}, N_p, N, M) &= t_{\max}\times(O(N_p\times L)+O(N_p\times N\times M)+O(0.2\times L\times L\times N\times M)) \\ &= t_{\max}\times(O(N_p\times N\times M)+O(0.2\times N^3\times M)) \end{aligned} \tag{3.12}$$

若不采用快速评价解码方法，而是传统的解码方法，由于 $\sum_{i=1}^{N}\text{BS}_i\geqslant N$，则算法复杂度为

$$\begin{aligned}O(t_{\max}, N_p, N, M, \text{BS}_i) &= t_{\max}\times\Big(O(N_p\times L)+O\big(N_p\times\sum_{i=1}^{N}\text{BS}_i\times M\big) \\ &\quad +O\big(0.2\times L\times L\times\sum_{i=1}^{N}\text{BS}_i\times M\big)\Big) \\ &= t_{\max}\times\Big(O\big(N_p\times\sum_{i=1}^{N}\text{BS}_i\times M\big) \\ &\quad +O\big(0.2\times N^2\times\sum_{i=1}^{N}\text{BS}_i\times M\big)\Big)\end{aligned} \tag{3.13}$$

从式(3.12)可见，算法计算量与最大迭代次数、种群规模、工件数和机器数成正比。与式(3.13)传统解码方法复杂度相比，所设计的完工时间快速评价法能减少算法计算量，使算法计算时间与各工件的批量大小无关。

3.2.5 仿真及分析

1. 传统 Flow-shop 调度

传统 Flow-shop 调度问题是本节所述问题在所有工件加工批量 $BS_i=1(i=1,2,\cdots,N)$ 情况下的特例，此时，本节所设计的算法仍然适用。采用 Carlier[25] 和 Reeves[26] 所设计的 FSP 基准(benchmark)问题作为算法测试算例，来测试和验证算法在求解传统 Flow-shop 调度问题上所表现出的性能，包括参数对性能的影响，以及全局、局部搜索性能。

将所设计的混合 DE 算法标记为 HDE，DE 则表示在 HDE 基础上去除局部搜索步骤的算法，即基本差分进化算法。从算法设计可见，算法参数 CR 和 F 仅影响全局搜索性能，本节在 DE 算法基础上分析参数对算法性能的影响。在 DE 变异操作过程中，缩放比例因子 F 仅决定父代差向量的放大比例，且若变异产生的分量值溢出数值范围则需要通过式(3.11)进行调整，因此它不能直接影响产生的变异个体上分量值的大小，导致较难通过实验获得 F 对算法性能的影响规律并加以有效利用。这里仅分析交叉概率 CR 对 DE 算法求解 Flow-shop 排序优化问题的性能影响。

设置 DE 算法参数 $N_p=2\times N, F=0.7, t_{max}=300$，将 CR 取值从 0 以每次 0.1 的增幅增加到 1，采用 DE 算法对 Car1～Car8、Rec01～Rec41 共 29 个基准算例中的每个问题均独立运行 50 次，并统计不同 CR 值下所得的平均相对误差百分比 $ARE=(F_A-C^*)/C^*\times100\%$，$C^*$ 表示问题的已知最优解，F_A 表示算法 50 次运行所得的平均生产周期。所得结果如表 3.1 和图 3.5 所示，其中，图 3.5 显示了 30×15、50×10、75×20 规模问题的 ARE 在不同 CR 取值下的变化曲线。ARE 值越小，说明算法全局搜索性能越好。

表 3.1　不同 CR 取值下 DE 算法求解 FSP 基准问题所得的 ARE 结果

问题	N,M	C^*	CR										
			0	0.1	0.2	0.3	0.4	0.5	0.6	0.7	0.8	0.9	1.0
Car1	11，5	7038	0	0	0	0	0	0	0	0	0	0	0
Car2	13，4	7166	0	0	0	0	0	0	0	0	0	0	0.57
Car3	12，5	7312	0.68	0.22	0.11	0.09	0.14	0.06	0.10	0.12	0.13	0.19	0.92
Car4	14，4	8003	0	0	0	0	0	0	0	0	0	0	0
Car5	10，6	7720	0.20	0.18	0.15	0.35	0.36	0.61	0.64	0.59	0.63	0.78	0.76
Car6	8，9	8505	0.03	0.12	0.17	0.39	0.28	0.34	0.42	0.46	0.50	0.71	0.75
Car7	7，7	6590	0	0	0	0.02	0	0.03	0.03	0	0.10	0.36	0.52

续表

问题	N,M	C^*	CR										
			0	0.1	0.2	0.3	0.4	0.5	0.6	0.7	0.8	0.9	1.0
Car8	8, 8	8366	0	0	0	0	0	0	0.04	0	0.14	0.12	0.71
Rec01	20, 5	1247	1.39	0.99	1.14	1.18	1.68	1.60	1.91	2.13	2.10	2.42	2.21
Rec03	20, 5	1109	0.65	0.40	0.53	0.64	0.57	0.88	0.95	1.13	1.30	1.17	1.17
Rec05	20, 5	1242	0.45	0.32	0.32	0.36	0.43	0.55	0.72	0.71	1.01	0.90	0.87
Rec07	20, 10	1566	1.49	1.17	1.21	1.15	1.24	1.19	1.24	1.40	1.30	1.56	1.76
Rec09	20, 10	1537	2.50	2.27	2.92	3.07	3.49	3.96	4.54	4.38	4.81	4.81	4.28
Rec11	20, 10	1431	2.28	2.68	3.00	3.50	3.98	4.14	4.79	4.96	5.18	5.15	4.56
Rec13	20, 15	1930	2.60	2.63	3.01	3.31	3.75	4.03	4.37	4.70	4.63	4.83	4.57
Rec15	20, 15	1950	2.35	2.31	2.60	2.90	3.12	3.53	3.83	3.99	4.08	4.20	4.03
Rec17	20, 15	1902	3.58	4.02	4.48	5.10	5.37	5.88	6.10	6.32	6.60	6.48	5.85
Rec19	30, 10	2093	4.49	4.84	5.55	5.94	6.51	6.60	7.19	7.37	7.69	7.89	8.38
Rec21	30, 10	2017	3.58	3.87	4.86	5.30	5.71	6.03	6.57	6.78	7.12	7.45	7.34
Rec23	30, 10	2011	4.61	4.81	5.32	6.15	6.39	6.80	7.33	7.28	7.76	8.13	8.00
Rec25	30, 15	2513	5.28	5.76	6.37	6.92	7.31	7.61	7.87	8.14	8.34	8.48	8.64
Rec27	30, 15	2373	4.80	5.07	5.70	6.24	6.62	7.07	7.38	7.86	8.09	8.18	8.73
Rec29	30, 15	2287	6.70	7.28	7.98	8.49	9.00	9.40	9.94	10.05	10.32	10.78	10.85
Rec31	50, 10	3045	7.21	7.67	8.30	8.98	9.36	9.61	9.98	10.41	10.70	11.00	11.39
Rec33	50, 10	3114	3.85	3.63	4.26	4.76	5.26	5.50	5.92	6.20	6.80	7.17	7.85
Rec35	50, 10	3277	2.27	1.64	1.96	2.55	2.74	3.15	3.24	3.68	3.95	4.30	4.78
Rec37	75, 20	4951	10.74	11.73	12.49	13.11	13.48	13.80	14.24	14.49	14.80	15.21	15.60
Rec39	75, 20	5087	9.09	9.92	10.68	11.29	11.81	12.26	12.44	12.77	13.04	13.42	13.94
Rec41	75, 20	4960	11.18	12.09	12.89	13.45	13.91	14.29	14.59	14.96	15.42	15.66	16.21

从表 3.1 可得,对于部分较小规模的问题,如 Car3、Car5 问题,随着 CR 取值的增加,所得的 ARE 上下曲折变化,且变化趋势并不规则;而对于较大规模的问题,ARE 的取值变化趋势基本一致,如图 3.5 所示,ARE 基本上随着 CR 的增加而增加。同时,从问题 Car1、Car2、Car4、Car7 和 Car8 结果可知,除了问题规模,问题本身也会影响问题的求解难度。

如此可知,DE 算法求解较小规模问题所表现出的全局搜索性能较少地依赖于参数 CR 的取值,而对于较大规模的问题,CR 取值则显得较为重要。从表 3.1 可知,除了 Car3、Car5 问题,剩余的其他 27 个问题基本上是在 CR 取 0 或 0.1 时,对应 ARE 值最小。根据 DE/rand/1/bin 进化机制,在 CR=0 的情况下,试验个体

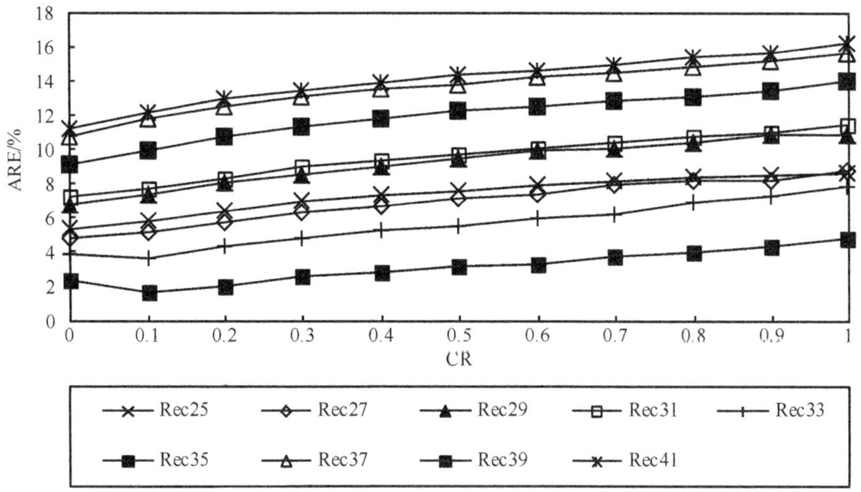

图 3.5　ARE 在不同 CR 取值下的变化曲线

上仍然至少有一维分量通过变异产生，而其余分量与父代个体保持一致。根据算法编码、解码方案，从工件排序序列 σ 角度考虑，当 CR 取 0 或 0.1 时的进化方式相当于是将父代个体对应的工件排序序列 σ 上的若干个工件(数量较少)插入其他位置上，从而获得新的工件排列(即试验个体对应的工件排序序列)。相对来说，在 CR 取值较小的情况下，DE 算法在初始种群基础上，在解空间中会进行更为细致的搜索。

设置 DE、HDE、DE1、DE2 算法参数 $N_p=2\times N$，$F=0.7$，$CR=0.1$，$t_{max}=300$，对上述 29 个 benchmark 问题进行求解，各算法对每个问题分别随机运行 50 次。其中，DE1 表示 Qian 等[27]提出的算法，DE2 表示 Onwubolu 和 Davendra[28]提出的算法。所得结果如表 3.2 所示，$BRE=(F_B-C^*)/C^*\times 100\%$表示 50 次运行所得最优结果的标准偏差，$F_B$ 表示算法运行所得最优生产周期，G_A 表示算法 50 次运行平均收敛代数，T_A 表示算法单次运行所消耗的平均 CPU 时间(s)。

比较 HDE 算法与 DE 算法的求解结果可得，对于部分小规模问题 Car1、Car2、Car4、Car7 和 Car8，HDE 算法和 DE 算法每次运行均能获得问题最优解，而在求解其他问题上，HDE 算法表现出比 DE 算法更好的寻优性能。同时，在获得最优解基本相同的情况下，HDE 算法的收敛速度要快于 DE 算法。显然，HDE 算法相比较 DE 算法所表现出的优越性得益于所设计的局部搜索操作。而在 HDE 算法、DE1 算法和 DE2 算法三者之中，前两者的寻优性能明显优于后者，DE1 算法的寻优性能最好，然而它花费的计算时间要比 HDE 算法长，特别是在问题规模增大的情况下。

在 HDE、DE1、DE2 和 DE 四种算法中，只有前两者在算法框架中加入了局部搜索，由表 3.2 可知，局部搜索操作能有效地提高算法性能，但它必定会使算法消耗更多的计算时间，如何设计有效的局部搜索操作使算法既能获得较好的寻优性能又不会增加过多的计算时间，是今后需要进一步研究的问题。

表 3.2　FSP 基准问题求解结果比较

问题	HDE				DE			DE1			DE2	
	BRE/%	ARE/%	G_A/代	T_A/s	BRE/%	ARE/%	G_A/代	BRE/%	ARE/%	T_A/s	BRE/%	ARE/%
Car1	0	0	6.34	0.22	0	0	16.94	0	0	0.28	0	0
Car2	0	0	27.58	0.23	0	0	55.66	0	0	0.31	0	1.95
Car3	0	0.07	127.84	0.23	0	0.30	156.40	0	0	0.31	0.74	1.47
Car4	0	0	12.76	0.24	0	0	41.86	0	0	0.35	0	0.29
Car5	0	0.03	70.04	0.21	0	0.12	140.62	0	0	0.26	0	0.40
Car6	0	0.12	45.2	0.18	0	0.08	70.62	0	0	0.22	0	0.70
Car7	0	0	23.04	0.17	0	0	28.32	0	0	0.19	0	0.60
Car8	0	0	21.12	0.18	0	0	51.56	0	0	0.22	0	1.06
Rec01	0.16	0.19	107.62	0.31	0.16	0.88	239.24	0	0.15	0.66	4.89	6.04
Rec03	0	0.15	124.42	0.32	0.18	0.49	227.98	0	0.01	0.67	0.72	3.57
Rec05	0.24	0.24	64.64	0.32	0.24	0.30	197.52	0.24	0.24	0.67	1.21	2.29
Rec07	0	0.93	72.54	0.58	0	1.18	206.62	0	0.09	1.26	2.11	3.97
Rec09	0	0.73	157.88	0.58	0.46	2.23	241.12	0	0.01	1.26	3.58	5.87
Rec11	0	0.49	138.32	0.58	1.40	2.58	249.14	0	0.06	1.27	4.40	6.91
Rec13	0.10	1.02	144.6	0.68	1.76	2.59	246.70	0	0.36	1.71	4.30	5.71
Rec15	0	0.90	152.5	0.68	1.18	2.35	248.80	0	0.30	1.72	4.00	5.01
Rec17	0	1.91	129.82	0.68	2.47	3.80	253.52	0	0.65	1.71	5.57	7.39
Rec19	0.29	1.47	187.1	1.33	3.68	4.88	261.80	0.29	0.69	3.59	6.55	8.05
Rec21	0.74	1.62	92.82	1.34	2.53	4.02	262.30	0.15	1.35	3.62	5.21	6.90
Rec23	0.50	1.67	181.68	1.35	3.43	4.95	244.16	0.15	0.55	3.65	5.92	7.62
Rec25	0.96	2.39	198.6	1.66	3.62	5.63	256.00	0.44	1.13	5.09	6.92	8.16
Rec27	0.97	1.61	190.8	1.67	3.41	4.99	261.94	0.25	0.96	5.15	5.48	8.19
Rec29	0.57	2.13	179.74	1.67	4.85	7.18	251.76	0.13	0.89	5.14	7.91	10.46
Rec31	2.04	2.88	191.48	4.15	6.63	7.64	258.34	0.26	0.67	14.66	8.08	8.95
Rec33	0.39	1.06	161.9	4.03	2.67	3.62	258.74	0	0.58	14.13	4.66	5.60
Rec35	0	0.01	85.3	4.10	0.82	1.71	262.82	0	0	14.48	2.41	3.19
Rec37	3.53	4.66	198.86	22.75	10.46	11.68	254.24	1.41	2.61	94.27	10.83	11.82
Rec39	2.54	3.33	208.22	23.21	8.94	9.94	257.86	0.87	1.20	96.26	8.94	10.00
Rec41	3.81	4.77	215.96	22.84	11.15	12.04	261.40	1.43	2.35	95.26	11.00	12.27

2. 非混排 Flow-shop 分批优化调度

为了测试 HDE 算法求解非混排 Flow-shop 分批优化调度问题的性能，取 Marimuthu 等[15]所采用的 5 个数据集进行测试。其中，每个数据集代表 $N=50$、$M=7$ 问题，而任何 $N'\times M'$规模的问题均可由数据集上前 N'列（$N'\leqslant 50$）和前 M'行（$M'\leqslant 7$）的数据构成。对于任一 $N'\leqslant 50$、$M'\leqslant 7$，从 5 个数据集中可以获得共 5 个 $N'\times M'$问题。加工数据见文献[15]，所涉及的准备操作需要等待加工对象到达后才能进行（即不可分离的准备操作）。

采用 HDE 算法和 DE 算法对 5 个数据集中两机器情况下的问题进行求解，并与 BA 方法所得结果进行比较。其中，BA 表示 Baker[29]针对 $M=2$ 情况下的问题给出的计算最优解的方法。设置 HDE 算法和 DE 算法参数 $N_p=2\times N$，$F=0.7$，$CR=0.1$，$t_{max}=300$，对每个问题分别随机运行 50 次，所得结果如表 3.3 所示。从表中求解结果可知，对于两机器情况下的分批优化调度问题，DE 算法和 HDE 算法每次运行均能以较快的收敛速度获得最优解，这也从实验角度验证了所设计的完工时间快速评价法的有效性。

对于 15×2 规模问题，HDE 算法求解所得结果如表 3.4 和表 3.5 所示。由于篇幅问题，其他规模问题的结果这里不再列出。表 3.4 为工件最优加工顺序，其中，源自数据集 1 的 15×2 问题最优加工顺序为{2,15,1,11,8,14,3,9,5,12,4,10,13,6,7}，表示工件 2 首先被安排加工，其次是工件 15，再次是工件 1，依次类推。

表 3.3　$M=2$ 情况下问题的求解结果

N	数据集	BA	HDE				DE			
			F_B	F_A	G_A/代	T_A/s	F_B	F_A	G_A/代	T_A/s
15	1	429	429	429	1.38	0.32	429	429	1.64	0.19
	2	363	363	363	1.64	0.32	363	363	1.88	0.19
	3	249	249	249	1.92	0.30	249	249	1.48	0.19
	4	291	291	291	1.06	0.32	291	291	2.12	0.19
	5	305	305	305	1.28	0.32	305	305	1.7	0.19
25	1	648	648	648	1.42	0.67	648	648	1.4	0.26
	2	581	581	581	3.2	0.74	581	581	6.32	0.26
	3	436	436	436	1.06	0.64	436	436	1.04	0.27
	4	489	489	489	1.98	0.71	489	489	2.14	0.26
	5	671	671	671	1.92	0.72	671	671	1.52	0.26

续表

N	数据集	BA	HDE				DE			
			F_B	F_A	G_A/代	T_A/s	F_B	F_A	G_A/代	T_A/s
35	1	914	914	914	1.02	1.19	914	914	1.34	0.71
	2	772	772	772	5.28	1.27	772	772	10.84	0.71
	3	709	709	709	1.1	1.11	709	709	1.01	0.71
	4	720	720	720	1.24	1.24	720	720	1.46	0.71
	5	892	892	892	1.06	1.26	892	892	2.96	0.71
50	1	1258	1258	1258	1.04	2.57	1258	1258	1.12	1.01
	2	1153	1153	1153	4.24	2.92	1153	1153	10.5	1.02
	3	1013	1013	1013	1.16	2.76	1013	1013	1.22	1.01
	4	1035	1035	1035	1.7	2.66	1035	1035	1.96	1.01
	5	1250	1250	1250	4.3	2.91	1250	1250	9.66	1.01

表 3.4　HDE 算法求解 15×2 问题所得工件最优加工顺序

数据集	工件最优加工顺序
1	{2,15,1,11,8,14,3,9,5,12,4,10,13,6,7}
2	{5,2,15,1,3,10,6,7,13,9,14,11,4,12,8}
3	{11,8,1,13,3,14,4,12,9,2,7,6,5,10,15}
4	{7,2,5,3,9,4,10,14,6,12,11,15,8,13,1}
5	{11,5,3,10,2,6,4,15,7,12,1,9,14,13,8}

表 3.5 为 15×2 问题的分批传输方案。以数据集 1 中 15×2 问题为例，表 3.5 中共有 15 个阴影块，分别代表 15 个工件的分批传输方案；每个阴影块中包含两个大括号，分别表示工件在两台机器上的划分方案，大括号内的数值表示传输子批批量，满足括号内数值总和等于工件的加工批量的约束。其中，第一个阴影块（工件 J_1 的分批传输方案）"{7}，{3,4}"表示工件在 E_1 上无须分批，而在传输到 E_2 上时分成两批传输，子批量分别为 3、4；两个大括号内数值总和均为 7，等于 J_1 的加工批量 BS_1。

表 3.5　HDE 算法求解 15×2 问题所得分批传输方案

数据集	分批传输方案
1	{{{7},{3,4}},{{2},{1,1}},{{8},{8}},{{8},{8}},{{4},{4}}, {{6},{6}},{{3},{3}},{{6},{3,3}},{{7},{7}},{{8},{8}}, {{6},{4,2}},{{7},{7}},{{1},{1}},{{3},{3}},{{9},{2,3,4}}}

续表

数据集	分批传输方案
2	{{{9},{9}},{{2},{2}},{{7},{7}},{{2},{2}},{{8},{1,6,1}}, {{1},{1}},{{7},{7}},{{9},{4,3,2}},{{8},{8}},{{7},{7}}, {{4},{4}},{{3},{3}},{{6},{6}},{{9},{9}},{{9},{9}}}
3	{{{2},{2}},{{6},{3,2,1}},{{3},{3}},{{2},{2}},{{1},{1}}, {{2},{2}},{{1},{1}},{{7},{5,2}},{{4},{2,2}},{{5},{2,2,1}}, {{5},{1,3,1}},{{2},{2}},{{5},{5}},{{2},{2}},{{5},{4,1}}}
4	{{{2},{2}},{{5},{5}},{{8},{8}},{{3},{3}},{{2},{2}}, {{2},{1,1}},{{3},{1,2}},{{1},{1}},{{2},{2}},{{8},{8}}, {{3},{3}},{{7},{7}},{{5},{5}},{{9},{5,3,1}},{{5},{5}}}
5	{{{9},{9}},{{2},{2}},{{1},{1}},{{9},{3,4,2}},{{6},{3,2,1}}, {{3},{3}},{{8},{8}},{{1},{1}},{{2},{2}},{{1},{1}}, {{3},{1,2}},{{4},{4}},{{1},{1}},{{4},{4}},{{8},{8}}}

接下来针对其他规模的调度问题，采用 HDE 算法、DE 算法和 HEA 算法进行求解，其中 HEA 表示 Marimuthu 等[15]所提出的算法。参数设置同上，50 次的运行结果如表 3.6 所示。显然，对于不同规模的问题，三种算法中 HDE 算法和 DE 算法所得最优解均优于 HEA 算法，且 HDE 算法表现出了比 DE 算法更好的收敛性和稳定性。

HDE 算法求解数据集 3 中 5×5 问题所得的工件最优加工顺序以及分批传输方案如表 3.7 所示。其中，σ 表示工件最优加工顺序，表中各工件的分批传输方案共包含 5 个大括号，分别表示对应工件在机器 E_1、E_2、E_3、E_4、E_5 上的划分方案，每个大括号内数值总和不变，等于该工件的加工批量 BS_i。例如，根据表 3.7 中的结果可得，工件 J_1 在 E_1 上无须分批，而在传输至 E_2、E_3、E_4、E_5 上时均划分成两均等子批传输，两子批批量总和等于 BS_1。

表 3.6　其他情况下问题的求解结果

N,M	数据集	HDE				DE				HEA
		F_B	F_A	G_A/代	T_A/s	F_B	F_A	G_A/代	T_A/s	
5, 5	1	191	191	1.42	0.05	191	191	1.88	0.05	191
	2	200	200	1.58	0.05	200	200	1.7	0.05	200
	3	110	110	2.76	0.05	110	110	4.32	0.05	110
	4	142	142	1.14	0.05	142	142	1.14	0.05	142
	5	197	197.06	6.02	0.06	197	197	9.84	0.05	197

续表

N, M	数据集	HDE				DE				HEA
		F_B	F_A	G_A/代	T_A/s	F_B	F_A	G_A/代	T_A/s	
30, 3	1	796	796	7.7	2.35	796	796	36.04	1.12	796
	2	691	691	1.14	2.37	691	691	2.78	1.12	691
	3	625	625	2.48	2.28	625	625	6.36	1.12	625
	4	623	623	3.36	2.38	623	623	8.92	1.12	623
	5	770	770	8.54	2.39	770	770	29.6	1.12	770
30, 5	1	827	828.02	150.8	2.69	827	833.22	222.72	1.13	835
	2	747	747	17.16	2.77	747	747	69.88	1.12	747
	3	627	627	10.84	2.55	627	627	55.02	1.13	627
	4	677	677	4.24	2.54	677	677	11.68	1.12	677
	5	774	774	45.04	2.62	774	774.4	224.34	1.13	782
30, 7	1	855	855.44	127.08	2.88	855	858.28	246.42	1.15	870
	2	751	751.62	109.14	2.68	751	753.74	224	1.14	758
	3	686	686	66.24	2.55	686	686.64	182.82	1.15	696
	4	685	685	18.86	2.54	685	685	66.74	1.14	685
	5	786	786.9	95.04	2.55	786	791.02	239.72	1.15	796

表 3.7 HDE 算法求解 5×5 问题所得的工件最优加工顺序以及分批传输方案

数据集	σ	分批传输方案	
3	{4,2,1,5,3}	J_1	{2},{1,1},{1,1},{1,1},{1,1}
		J_2	{6},{2,1,1,1,1},{2,2,2},{2,2,1,1},{5,1}
		J_3	{3},{2,1},{3},{1,1,1},{1,1,1}
		J_4	{2},{1,1},{1,1},{1,1},{1,1}
		J_5	{1},{1},{1},{1},{1}

数据集 3 中 5×5 问题的机器甘特图如图 3.6 所示。图中,横坐标表示时间,纵坐标表示机器,斜纹填充的方块表示准备操作,带数字标识的方块表示加工操作,其数字代表工件号,方块在时间轴上的起止时间为该准备/加工操作的开始时间到该操作的结束时间。例如,标号为 3 的方块在机器 E_2 上有两个,表示工件 J_3 划分成两子批从 E_1 传输至 E_2,且两传输子批批量分别为 2 和 1(由表 3.7 可得);此两个方块前紧邻的斜纹填充方块代表 E_2 为 J_3 所做的准备操作,且准备操作在 J_3 的第一个子批到达 E_2 之后开始(即在上一台机器 E_1 加工 J_3 完成批量为 2 的任务量之后)。

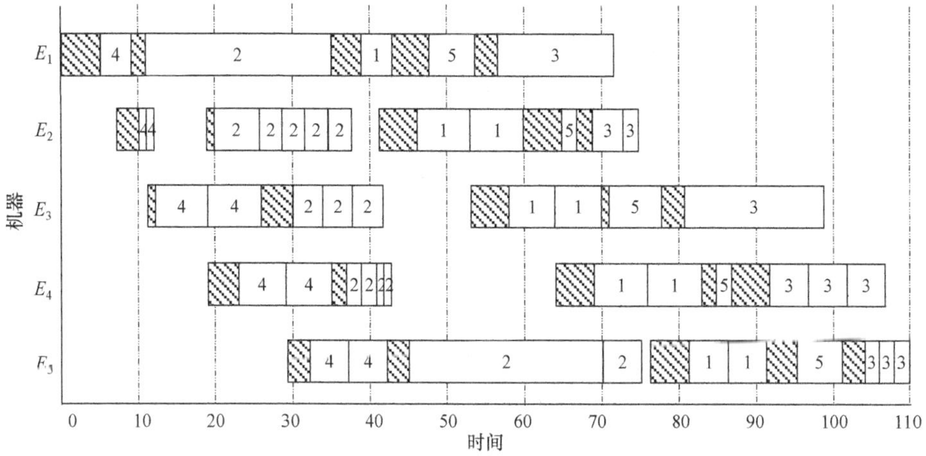

图 3.6　5×5 分批优化调度问题(源自数据集 3)甘特图

3.3　混排 Flow-shop 分批优化调度

考虑到不同工件在各台机器上加工时间的不均衡性，当不同工件之间的生产切换耗费较少时，对不同工件的生产子批进行混排加工能达到减少机器空闲时间的目的。由于实际生产中受传输设备的传输容量、传输能力所限，传输子批批量可能存在大小约束，本节介绍带传输批量约束的混排 Flow-shop 分批优化调度问题。下面介绍详细的问题求解思路。

首先采用分批生产的调度策略，将工件所含批量分成若干个小生产子批参与混排排序优化，然后采用分批传输策略将排序后的生产子批进一步划分成若干传输子批，使后续工序能提前开工，缩短完工时间，即问题的批量划分包含以下两次划分过程。

(1) 分批生产(一次划分)及子批排序。基于分批生产的调度策略，通过算法来实现将各工件划分成若干个小生产子批并对子批进行混排排序优化，达到缩短完工时间的目的。记此处的划分过程为一次划分。

(2) 分批传输(二次划分)。基于分批传输的调度策略，算法优化过程中解码时，在个体所表达的一次划分方案以及生产子批排序信息的基础上，考虑传输批量大小约束，将一次划分所得各小生产子批再次进行划分，实现分批传输，以进一步缩短生产周期。

3.3.1　问题模型

记问题中传输批量的上、下限约束分别为 BN_{max} 和 BN_{min}，即要求在一次、二次划分后所得各传输子批批量处于$[\mathrm{BN}_{\min},\mathrm{BN}_{\max}]$范围。为了便于模型的建立和算法求解，事先约定各工件在一次划分过程中均划分成 BH 个小生产子批，如此共有 $L=N\times \mathrm{BH}$ 个小生产子批。要求优化确定这些小生产子批的批量大小、加工排序，以及在二次划分过程中所划分的传输子批数、传输子批的批量。

定义决策变量：BN_{ik} 为工件 i 经一次划分所得第 k 个生产子批的批量大小，$k=1,2,\cdots,\mathrm{BH}$；$(\sigma,\eta)=\{(\sigma_1,\eta_1),(\sigma_2,\eta_2),\cdots,(\sigma_L,\eta_L)\}$表示 L 个小生产子批的加工排序序列，$\sigma_m\in[1,N]$为工件号，$\eta_m\in[1,\mathrm{BH}]$为生产子批号，代表工件 σ_m 的第 η_m 个生产子批被安排在第 m 位加工，$m=1,2,\cdots,L$；b_{ik} 为工件 i 的第 k 个生产子批经二次划分所得的传输子批数，记工件 i 第 k 个生产子批经二次划分所得第 k' 个传输子批为子批 $\mathrm{BQ}_{ikk'}$，$\mathrm{BN}_{ikk'}$ 表示子批 $\mathrm{BQ}_{ikk'}$ 的批量，$k'=1,2,\cdots,b_{ik}$；$\mathrm{SPT}_{ikk'l}$、$\mathrm{CPT}_{ikk'l}$ 分别表示子批 $\mathrm{BQ}_{ikk'}$ 在机器 l 上的开始、结束准备时间，$\mathrm{SWT}_{ikk'l}$、$\mathrm{CWT}_{ikk'l}$ 分别表示子批 $\mathrm{BQ}_{ikk'}$ 在机器 l 上的开始、结束加工时间，$l=1,2,\cdots,M$。建立带传输批量约束的混排 Flow-shop 分批优化调度问题模型如下。

1. 目标函数

以最小化最大完工时间(生产周期)为优化目标，最大完工时间等于最后安排加工的子批在最后一台机器 M 上的结束加工时间，即

$$\min Z=C_{\max} \tag{3.14}$$

$$C_{\max}=\mathrm{CWT}_{i^*k^*k'M},\quad i^*=\sigma_L,k^*=\eta_L,k'=b_{i^*k^*} \tag{3.15}$$

2. 批量划分约束

问题求解过程中包含两次划分过程，均需满足批量划分约束。在生产分批(一次划分)过程中，要求同一工件经划分所得各生产子批的批量总和保持不变，等于该工件的加工批量，且子批批量为非负整数，如式(3.16)所示。允许所得生产子批零批量，即实际生产子批数小于等于 BH。

$$\sum_{k=1}^{\mathrm{BH}}\mathrm{BN}_{ik}=\mathrm{BS}_i,\quad \mathrm{BN}_{ik}\text{ 为非负整数},\forall i \tag{3.16}$$

传输分批(二次划分)过程中，同一生产子批划分所得各传输子批批量总和等于该生产子批的批量大小，且子批批量为正整数，如式(3.17)所示。当一次划分所得某个生产子批批量为零，则无须对该子批进行二次划分。

$$\text{若 }\mathrm{BN}_{ik}>0:\sum_{k'=1}^{b_{ik}}\mathrm{BN}_{ikk'}=\mathrm{BN}_{ik},\quad \mathrm{BN}_{ikk'}\text{ 为正整数},\forall i,\forall k=1,2,\cdots,\mathrm{BH} \tag{3.17}$$

3. 传输批量约束

传输分批所得的各传输子批批量需满足上、下限范围约束，即

$$若\ b_{ik}>0:\mathrm{BN}_{ikk'}\in[\mathrm{BN}_{\min},\mathrm{BN}_{\max}],\quad \forall i,\forall k,\forall k'=1,2,\cdots,b_{ik} \tag{3.18}$$

4. 工序约束

同一子批的各道工序之间按工艺顺序进行处理。对于与加工任务(加工对象)可分离的准备操作,机器可提前进行准备,但机器在对各子批进行加工操作时要求满足工序约束,即

$$\mathrm{SWT}_{ikk'l}\geqslant\mathrm{CWT}_{ikk'(l-1)},\quad \forall i,\forall k,\forall k',\forall l=2,3,\cdots,M \tag{3.19}$$

对于与加工任务不可分离的准备操作,要求机器在进行准备时也满足工序约束,即

$$\mathrm{SPT}_{ikk'l}\geqslant\mathrm{CWT}_{ikk'(l-1)},\quad \forall i,\forall k,\forall k',\forall l=2,3,\cdots,M \tag{3.20}$$

5. 机器约束

一台机器不能同时处理多个任务,同一台机器上的子批任务需依次进行处理。经一次划分所得的生产子批参与混排排序,故需按加工排序序列中规定的顺序处理,即当 $m>m'$ 时,要求机器在处理完加工序列中排在第 m' 位的生产子批之后(在该生产子批的最后一传输子批完工之后)才能开始处理排在第 m 位的生产子批,$m,m'=1,2,\cdots,L$。

$$若\ \mathrm{BN}_{i_1k_1}>0\ 且\ \mathrm{BN}_{i_2k_2}>0:\mathrm{SPT}_{i_1k_1k_1'l}\geqslant\mathrm{CWT}_{i_2k_2k_2'l},\ \forall l,m>m',i_1=\sigma_m,$$
$$k_1=\eta_m,\quad k_1'=1,\quad i_2=\sigma_{m'},\quad k_2=\eta_{m'},\quad k_2'=b_{i_2k_2} \tag{3.21}$$

对于生产子批经二次划分所得的传输子批,这里记同一生产子批的各传输子批按批号顺序进行处理,即首先加工第一个传输子批,然后第二个传输子批,……,依次类推。因此,同一生产子批的各传输子批之间先后关系约束为

$$\mathrm{SPT}_{ikk'l}\geqslant\mathrm{CWT}_{ik(k'-1)l},\quad \forall i,\forall k,\forall l,\forall k'=2,3,\cdots,b_{ik} \tag{3.22}$$

6. 准备操作

若 $\mathrm{BN}_{ik}>0$,各机器在加工工件 i 的第 k 个生产子批之前(即在加工该生产子批的第一个传输子批之前)需要进行准备操作,各机器对每个生产子批只需进行一次准备操作。准备操作一旦开始则不能中断,如式(3.23)和式(3.24)所示:

$$\mathrm{CPT}_{ikk'l}=\mathrm{SPT}_{ikk'l}+\mathrm{PT}_{il},\quad \forall i,\forall k,\forall l,k'=1 \tag{3.23}$$

$$\mathrm{CPT}_{ikk'l}=\mathrm{SPT}_{ikk'l},\quad \forall i,\forall k,\forall l,\forall k'=2,3,\cdots,b_{ik} \tag{3.24}$$

若属于同一工件的两个生产子批(非零子批)在加工序列中紧邻排序,则各机器在对后一个生产子批无须再进行准备操作,如式(3.25)所示,即只有涉及不同工件的任务之间生产切换时才需要进行准备操作:

$$\mathrm{CPT}_{ikk'l}=\mathrm{SPT}_{ikk'l},\quad \forall i,\forall k,\forall l,\forall k'=1,2,\cdots,b_{ik} \tag{3.25}$$

7. 加工操作

若 $BN_{ik}>0$，各机器在对工件 i 的第 k 个生产子批进行准备操作后，对该生产子批所含的 b_{ik} 个传输子批逐一进行加工操作的安排，满足式(3.26)和式(3.27)。其中，传输子批的加工时间等于单件加工时间乘以批量大小。各传输子批的加工操作一旦开始则不能中断。

$$SWT_{ikk'l}=CPT_{ikk'l},\quad \forall i,\forall k,\forall l,\forall k'=1,2,\cdots,b_{ik} \tag{3.26}$$

$$CWT_{ikk'l}=SWT_{ikk'l}+BN_{ikk'}\times WT_{il},\quad \forall i,\forall k,\forall l,\forall k'=1,2,\cdots,b_{ik} \tag{3.27}$$

3.3.2 传输批量约束下的分批传输策略

假设 $N=1,M=3$，不考虑准备时间，工件在机器1、机器2、机器3上的单件加工时间分别为3、1、2个时间单位。若工件的加工批量 BS=6，传输批量下限约束 $BN_{min}=2$，即要求分批传输时至少有2个单元任务绑定一起传输。显然，当将工件划分成均等的3个子批且各子批批量均为2时，生产周期达到最小，如图3.7(a)所示。方块中的数字表示子批的加工时间，等于单件加工时间乘以批量。

当 BS=7 时，显然需要在图3.7(a)的基础上，考虑将剩下的1个单元任务分配到其中一个子批中。图3.7(b)～(d)分别表示将单元任务分配到第一、第二、第

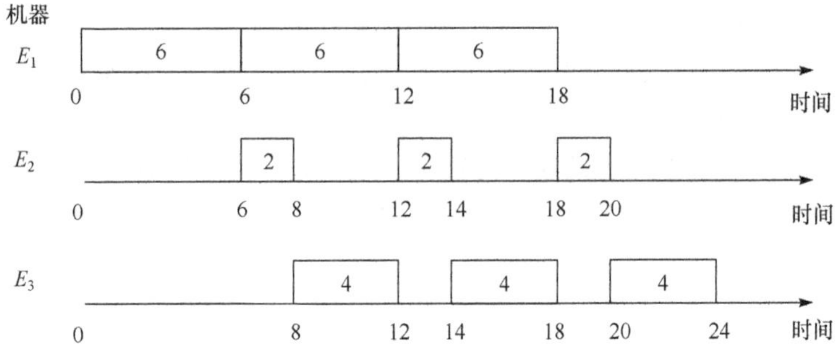

(a) BS=6、BN_{min}=2

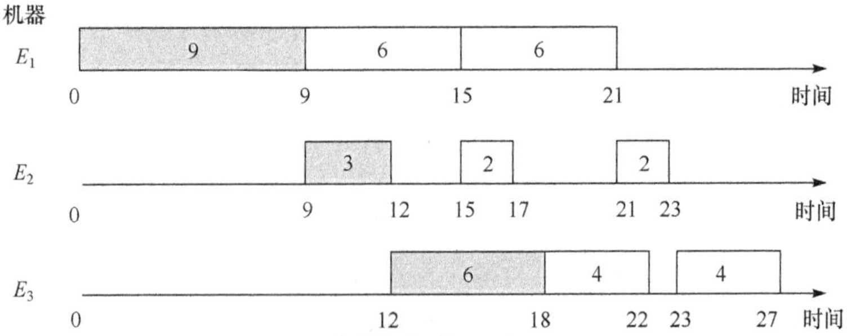

(b) BS=7、BN_{min}=2

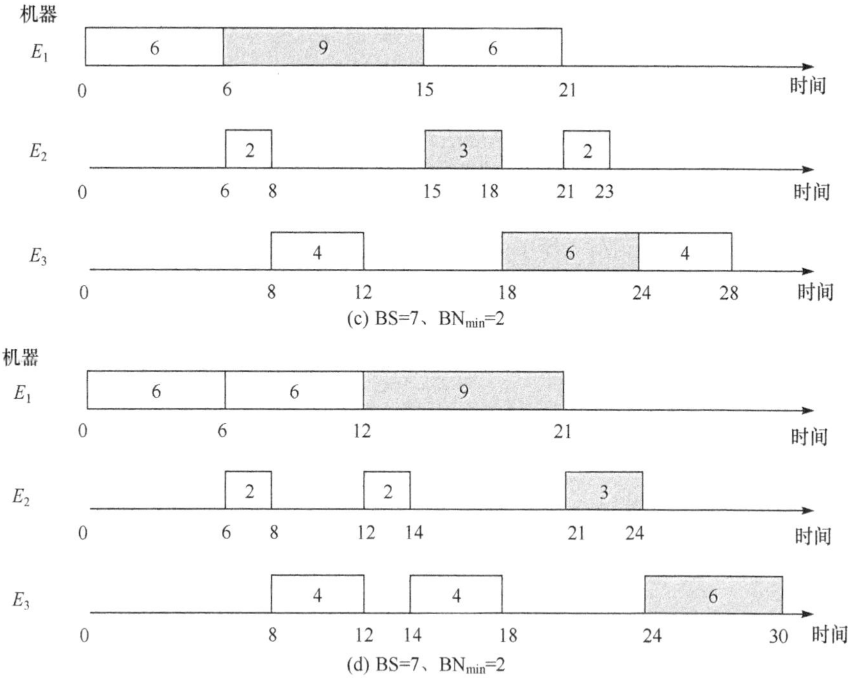

图 3.7　考虑传输批量约束的 Flow-shop 分批优化调度

三子批时的机器甘特图，得到的生产周期分别为 27 个、28 个、30 个时间单位。显然，当将单元任务分配到第一子批时，既能满足传输批量约束，又能获得最小生产周期，这与 Nawaz 等提出的 NEH 启发式算法[30]的原则相符，也就是说流水线生产中，在所有机器上的总加工时间越长的任务，应该比总加工时间短的任务获得更高的加工优先级。

因此，针对加工批量为 BS 的单一工件、传输批量存在下限约束的问题，采用如下分批策略：将任务划分成 $b=\left[\frac{BS}{BN_{min}}\right]$批，每个子批的批量为$\left[\frac{BS}{b}\right]$，若$\left(BS-\left[\frac{BS}{b}\right]\times b\right)>0$，则将剩余的$\left(BS-\left[\frac{BS}{b}\right]\times b\right)$个单元任务分别分配到前$\left(BS-\left[\frac{BS}{b}\right]\times b\right)$个子批中。

考虑到在$\left[\frac{BS}{BN_{min}}\right]=1$且 $BS>BN_{max}$的情况下，无论怎样划分都无法实现使所有子批批量满足$[BN_{min}, BN_{max}]$范围约束。为了避免出现这种情况，本节假设 $BS\geqslant BN_{min}$ 且 $BN_{max}\geqslant(2\times BN_{min}-1)$。

3.3.3　混合 DE 算法设计

本节混排 Flow-shop 分批优化调度方法包括批量划分和排序优化，其中，批量划分采用分批生产和分批传输相结合的策略，共包含两次划分过程。算法采用两级编码方式，将生产分批(一次划分)方案及生产子批排序信息进行编码作为算法种群中的个体，解码时，在个体所表达的生产子批批量信息以及子批排序信息的基础上，采用 3.3.2 节所述的分批传输策略对生产子批进行二次划分，计算获得生产周期性能指标。算法进化过程包括群体的全局搜索和最优个体的局部搜索，通过迭代进化过程使种群朝更优的方向发展，在满足终止条件时输出最优分批及排序方案。算法框图如图 3.8 所示。

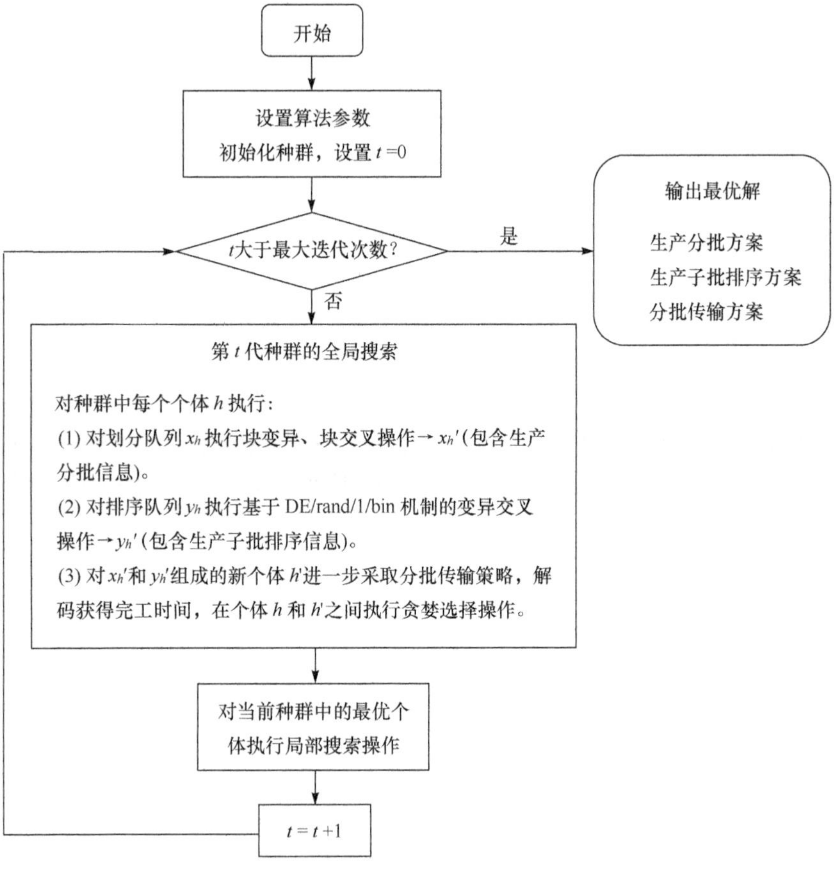

图 3.8　算法框图

1. 编码解码方案

根据 3.3.1 节，事先约定各工件在一次划分过程中均划分成 BH 个生产子批，如此，共有 $L=N\times \mathrm{BH}$ 个生产子批。将这些生产子批的批量信息及加工顺序信息进行编码，作为种群中的个体。采用两级编码方式，一个个体 h 由两部分编码组成：第一部分包含各工件一次划分所得各生产子批的批量信息，称为划分队列 x_h；第二部分包含这些生产子批的排序信息，称为排序队列 y_h。x_h 和 y_h 长度均为 L，$h=1,2,\cdots,N_{\mathrm{p}}$，$N_{\mathrm{p}}$ 表示种群规模。

初始化时，对工件 i，随机产生 BH 个[0, 1]范围内的实数，使这 BH 个实数总和为 1，组成工件 i 的一次划分队列块。N 个工件的划分队列块组成了种群中个体 h 上的划分队列 $x_h=\{x_{h,1},x_{h,2},\cdots,x_{h,L}\}$，如图 3.9 所示，中括号里的内容不包含在队列中，仅作解释用。其中，$x_{h,(i-1)\times \mathrm{BH}+1},x_{h,(i-1)\times \mathrm{BH}+2},\cdots,x_{h,i\times \mathrm{BH}}$ 为工件 i 的划分队列块，块内分量值总和 $\sum_{k=1}^{\mathrm{BH}} x_{h,(i-1)\times \mathrm{BH}+k}=1$。

$$x_h$$

$$x_{h,1},x_{h,2},\cdots,x_{h,\mathrm{BH}},x_{h,\mathrm{BH}+1},x_{h,\mathrm{BH}+2},\cdots,x_{h,2\times \mathrm{BH}},\cdots,x_{h,(N-1)\times \mathrm{BH}+1},x_{h,(N-1)\times \mathrm{BH}+2},\cdots,x_{h,N\times \mathrm{BH}}$$

[工件　1　1　…　1　|　2　2　…　2　|　…　|　N　N　…　N]

图 3.9　划分队列

允许一次划分所得的生产子批零批量，对于非零批量的生产子批，要求后续经过二次划分所得传输子批批量满足式(3.18)的批量大小约束。因此，要求生产子批的批量 $\geqslant \mathrm{BN}_{\min}$ 或者 $=0$。通过式(3.28)和式(3.29)将工件 i 划分队列块上的各分量 $x_{h,(i-1)\times \mathrm{BH}+k}$ 转化为工件 i 第 k 个生产子批的批量 BN_{ik}，[]表示取整操作，$k=1,2,\cdots,\mathrm{BH}$，k^* 表示工件 i 的划分队列块中拥有最大值的分量，即 $x_{h,(i-1)\times \mathrm{BH}+k^*}=\max\{x_{h,(i-1)\times \mathrm{BH}+k}\mid k=1,2,\cdots,\mathrm{BH}\}$，$i=1,2,\cdots,N$。

$$\mathrm{BN}_{ik}=\left[\frac{x_{(i-1)\times \mathrm{BH}+k}\times \mathrm{BS}_i}{\mathrm{BN}_{\min}}\right]\times \mathrm{BN}_{\min},\quad k=1,2,\cdots,\mathrm{BH},k\neq k^* \tag{3.28}$$

$$\mathrm{BN}_{ik}=\mathrm{BS}_i-\sum_{k'=1,k'\neq k^*}^{\mathrm{BH}} \mathrm{BN}_{ik'},\quad k=k^* \tag{3.29}$$

各工件的划分队列块内各分量值总和为 1，经式(3.28)和式(3.29)转换后，所得各生产子批满足问题模型中式(3.16)所述的一次划分过程批量划分约束，且各生产子批的批量满足 $\mathrm{BN}_{ik}\geqslant \mathrm{BN}_{\min}$ 或 $\mathrm{BN}_{ik}=0$。

排序队列同样采用[0, 1]范围内实数编码，用于确定 L 个生产子批的加工顺序。随机产生 L 个[0, 1]范围内的实数组成个体 h 上的排序队列 $y_h=\{y_{h,1},y_{h,2},\cdots,y_{h,L}\}$。分量 $y_{h,(i-1)\times \mathrm{BH}+k}$ 表示工件 i 第 k 个生产子批的加工优先级，分量值越大表示该生产子批优先安排加工的级别越高。如图 3.10 所示，排序队列上各维分量与生产子批一一对应，中括号里的内容表示各分量对应的工件号、生产子批号。将 y_h 上各维分量对应的生产子批根据分量值的大小从左到右降序排列，从而获得生产子批的加工排序序列(σ,η)。

$$
\begin{array}{c}
y_h \\
\begin{array}{lccc|ccc|c|ccc}
 & y_{h,1}, & y_{h,2},\cdots, & y_{h,\mathrm{BH}}, & y_{h,\mathrm{BH}+1}, & y_{h,\mathrm{BH}+2},\cdots, & y_{h,2\times \mathrm{BH}}, & \cdots, & y_{h,(N-1)\times \mathrm{BH}+1}, & y_{h,(N-1)\times \mathrm{BH}+2},\cdots, & y_{h,N\times \mathrm{BH}} \\
\text{工件} & 1 & 1\cdots & 1 & 2 & 2\quad\cdots & 2 & \cdots & N & N\quad\cdots & N \\
\text{生产子批} & 1 & 2\cdots & \mathrm{BH} & 1 & 2\quad\cdots & \mathrm{BH} & \cdots & 1 & 2\quad\cdots & \mathrm{BH}
\end{array}
\end{array}
$$

图 3.10　排序队列

假定在某个混排 Flow-shop 分批优化调度问题中，$N=2,\mathrm{BS}_1=\mathrm{BS}_2=10$，$\mathrm{BH}=2$，那么，图 3.11 中 $y_h=\{0.31\quad 0.40\quad 0.75\quad 0.28\}$为该问题的排序队列的一个示例。根据分量值大小降序排列后得到离散加工排序序列，见图 3.11 中的(σ,η)，“$(i,\ k)$”表示工件 i 的第 k 个生产子批。假设对应的划分队列 $x_h=\{0.6\quad 0.4\quad 0.8\quad 0.2\}$，$\mathrm{BN}_{\min}=3$，那么，$\mathrm{BN}_{11}=6,\mathrm{BN}_{12}=4,\mathrm{BN}_{21}=10,\mathrm{BN}_{22}=0$，与图 3.11 里中括号内的批量对应。此例中，工件 2 实际上在一次划分过程中不分批，且根据(σ,η)上的加工顺序，该批量工件安排在第一位进行加工。

$$
\begin{array}{ccc}
y_h & \Rightarrow & (\sigma,\eta) \\
\begin{array}{ccccc}
 & 0.31 & 0.40 & 0.75 & 0.28 \\
\text{工件} & 1 & 1 & 2 & 2 \\
\text{生产子批} & 1 & 2 & 1 & 2
\end{array}
& &
\begin{array}{ccccc}
 & (2,1) & (1,2) & (1,1) & (2,2) \\
\text{批量} & 10 & 4 & 6 & 0
\end{array}
\end{array}
$$

图 3.11　排序队列 y_h 转换成离散加工排序序列的示例

解码时，分别根据 x_h 和 y_h 获得各工件经一次划分所得生产子批的批量 BN_{ik} 以及离散加工排序序列$(\sigma,\eta)=\{(\sigma_1,\eta_1),(\sigma_2,\eta_2),\cdots,(\sigma_L,\eta_L)\}$，执行以下步骤得到调度方案。

步骤 1　设置机器 l 的释放时间 $\mathrm{FT}_l=0,l=1,2,\cdots,M$。设置 $m=1$。

步骤 2　设置 $i=\sigma_m,k=\eta_m$，表示当前待安排的批任务为工件 i 的第 k 个生产子批。若 $\mathrm{BN}_{ik}>0$，则执行步骤 3 对当前批任务采用 3.3.2 节所述的分批传输策略进行二次划分，并根据步骤 4 计算任务的完工时间；否则，执行步骤 5。

步骤 3　设置 $b_{ik}=\left[\dfrac{\mathrm{BN}_{ik}}{\mathrm{BN}_{\min}}\right]$。若$\left(\mathrm{BN}_{ik}-\left[\dfrac{\mathrm{BN}_{ik}}{b_{ik}}\right]\times b_{ik}\right)=0$，则设置 $\mathrm{BN}_{ikk'}=\left[\dfrac{\mathrm{BN}_{ik}}{b_{ik}}\right]$，$k'=1,2,\cdots,b_{ik}$；若$\left(\mathrm{BN}_{ik}-\left[\dfrac{\mathrm{BN}_{ik}}{b_{ik}}\right]\times b_{ik}\right)>0$，则根据式(3.30)和式(3.31)获得二次划分所得的 b_{ik} 个传输子批的批量：

$$\mathrm{BN}_{ikk'}=\left[\frac{\mathrm{BN}_{ik}}{b_{ik}}\right]+1,\quad k'=1,2,\cdots,\left(\mathrm{BN}_{ik}-\left[\frac{\mathrm{BN}_{ik}}{b_{ik}}\right]\times b_{ik}\right) \tag{3.30}$$

$$\mathrm{BN}_{ikk'}=\left[\frac{\mathrm{BN}_{ik}}{b_{ik}}\right],\quad k'=\left(\mathrm{BN}_{ik}-\left[\frac{\mathrm{BN}_{ik}}{b_{ik}}\right]\times b_{ik}\right)+1,\cdots,b_{ik} \tag{3.31}$$

步骤4　在步骤3将当前批任务划分为 b_{ik} 个传输子批后进行完工时间的计算。仍可继续采用3.2.3节中的完工时间快速评价方法以减少算法计算量，但需要分两部分进行：先对前 $\left(\mathrm{BN}_{ik}-\left[\frac{\mathrm{BN}_{ik}}{b_{ik}}\right]\times b_{ik}\right)$ 个批量为 $\left[\frac{\mathrm{BN}_{ik}}{b_{ik}}\right]+1$ 的子批进行评价，将所得各机器的完工时间作为机器释放时间，再对后 $b_{ik}-\left(\mathrm{BN}_{ik}-\left[\frac{\mathrm{BN}_{ik}}{b_{ik}}\right]\times b_{ik}\right)$ 个批量为 $\left[\frac{\mathrm{BN}_{ik}}{b_{ik}}\right]$ 的子批进行评价获得任务的完工时间 $\mathrm{CWT}_{ikk'l}$，$k'=b_{ik}$，$l=1,2,\cdots,M$。设置 $\mathrm{FT}_l=\mathrm{CWT}_{ikb_{ik}l}$，$l=1,2,\cdots,M$。

步骤5　设置 $m=m+1$。若 $m\leqslant L$，则返回步骤2；否则，排序序列 (σ,η) 上所有的批任务都被安排，得到生产周期 $C_{\max}=\mathrm{CWT}_{\sigma_L\eta_L b_{\sigma_L\eta_L}M}$。

2. 迭代进化过程

种群中的个体 h 由划分队列 x_h 和排序队列 y_h 组成，$h=1,2,\cdots,N_{\mathrm{p}}$，$N_{\mathrm{p}}$ 表示种群规模。由于两部分的编码不同，在种群迭代进化过程中，需要对它们采用不同的进化方法：在全局搜索过程中，对 x_h 采用第2章所设计的块变异、块交叉操作以满足批量划分约束，对 y_h 采用DE/rand/1/bin的进化机制，通过贪婪准则在原个体和新个体之间选择进入下一代；在局部搜索过程中，保持批量划分方案不变，对最优个体上的排序队列执行基于Insert邻域结构的搜索操作。种群的一次迭代进化过程如下。

步骤1　根据步骤1.1～步骤1.5对种群执行全局搜索操作。

步骤1.1　设置 $h=1$。

步骤1.2　对于个体 h 上的划分队列 x_h，以各工件的一次划分队列块为单元，采用2.4.3节所设计的块变异块、交叉操作进行进化，获得新队列记为 x'_h。

步骤1.3　对个体 h 上的排序队列 y_h 执行DE/rand/1/bin的进化操作，将溢出数值范围的分量根据式(3.11)进行调整，获得新队列记为 y'_h。

步骤1.4　执行贪婪选择操作：若 $f(x'_h\&y'_h)<f(x_h\&y_h)$，则设置 $x_h=x'_h$、$y_h=y'_h$，即选择新产生的个体作为个体 h 替换种群中原个体；否则，保留原来的个体 h。其中，$f(x'_h\&y'_h)$ 表示新个体的目标值，即生产周期。

步骤1.5　执行 $h=h+1$。若 $h\leqslant N_{\mathrm{p}}$，返回步骤1.2。

步骤2　找到种群中的最优个体 h^*，并对个体 h^* 执行局部搜索操作：保持 x_{h^*} 不变，根据 y_{h^*} 获得生产子批的加工排序序列 (σ,η)，在 (σ,η) 的基础上执行3.2.4节所设计的基于Insert邻域结构的局部搜索操作。

算法涉及的参数有种群规模 N_p、缩放比例因子 F、交叉概率 CR、最大迭代次数 t_{max}。其中，在变异过程中，排序队列以缩放比例因子 F 进行变异，划分队列执行块变异操作时的缩放比例因子取值采用 2.4.3 节的方法随机生成以满足批量划分约束和[0,1]范围约束；在交叉过程中，划分队列和排序队列均以概率 CR 参与交叉。

3. 算法复杂度分析

算法迭代进化过程包含整个群体的全局搜索和最优个体的局部搜索两大步骤：全局搜索步骤主要包括划分队列的块变异块交叉操作、排序队列基于 DE/rand/1/bin 机制的进化操作以及原个体和新个体之间的选择操作（含新个体的解码），对每个个体而言，这三部分的时间复杂度分别为 $O(L)$、$O(L)$ 和 $O(L\times M)$；局部搜索步骤中，每执行一次 Insert 操作都需要在原排序序列和新序列之间进行选择操作，其时间复杂度为 $O(0.2\times L\times L\times L\times M)$。由于 $L=N\times \mathrm{BH}$，对于种群规模 N_p、最大迭代次数为 t_{max} 的问题，算法的时间复杂度为

$$\begin{aligned}O(t_{max},N_p,N,\mathrm{BH},M)&=t_{max}\times(N_p\times(O(L)+O(L)+O(L\times M))\\&\quad+O(0.2\times L\times L\times L\times M))\\&=t_{max}\times(N_p\times O(N\times \mathrm{BH}\times M)+O(0.2\times N^3\times \mathrm{BH}^3\times M))\end{aligned}\tag{3.32}$$

算法计算量与最大迭代次数、种群规模、工件数、生产子批数以及机器数成正比。其中，工件数和机器数由调度问题决定，工件数和机器数越大，问题规模越大，算法计算时间越长；最大迭代次数、种群规模以及生产子批数 BH 作为算法参数，求解时需要进行设置，这些参数的取值不仅影响算法计算时间，还影响算法性能。其他算法参数有缩放比例因子 F 和交叉概率 CR，其取值影响算法性能，但不影响算法计算时间。

3.3.4 仿真及分析

1. 分批生产实验及分析

采用文献[15]中的 5 个数据集进行测试，取 5×5 规模的问题为例，假定各工件的加工批量 $\mathrm{BS}_i=50, i=1,2,\cdots,5, \mathrm{BN}_{min}=5$。对所设计的两次划分过程中的生产分批（一次划分）方法进行测试，分析在不同的准备时间下，生产子批数 BH 的取值对本节算法 HDE 求解性能的影响。

记 Ratio 为工序的准备时间与工序的批量加工时间（$=\mathrm{WT}_{il}\times \mathrm{BS}_i$）的比率，则 $\mathrm{PT}_{il}=\mathrm{Ratio}\times \mathrm{WT}_{il}\times \mathrm{BS}_i$。设置 HDE 算法参数 $N_p=2\times N\times \mathrm{BH}, F=0.7, \mathrm{CR}=0.1, t_{max}=20\times N\times \mathrm{BH}$，算法运行环境同 3.2 节。在 BH 取值为 1～4 的情况下，将 Ratio 取值从 0 以每次 0.04 的增幅增加到 1，不借助分批传输策略，采用 HDE

算法对 5 个数据集中的 5×5 问题均随机运行 50 次。记录 50 次运行结果中所得的最优生产周期，获得的曲线(图 3.12～图 3.16)分别对应数据集 1～数据集 5 中 5×5 问题所得的结果，表示 BH＝1、2、3、4 时在不同 Ratio 取值下所得的最优解。图中，横坐标表示准备时间与加工时间的比率，纵坐标表示 50 次运行所得的最优生产周期。

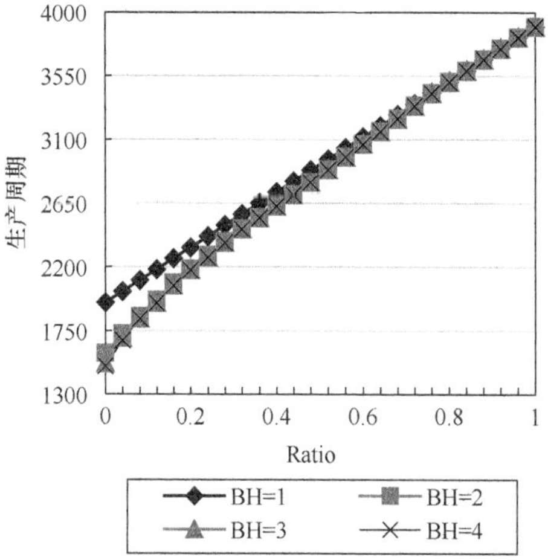

图 3.12　数据集 1 问题的生产周期变化曲线

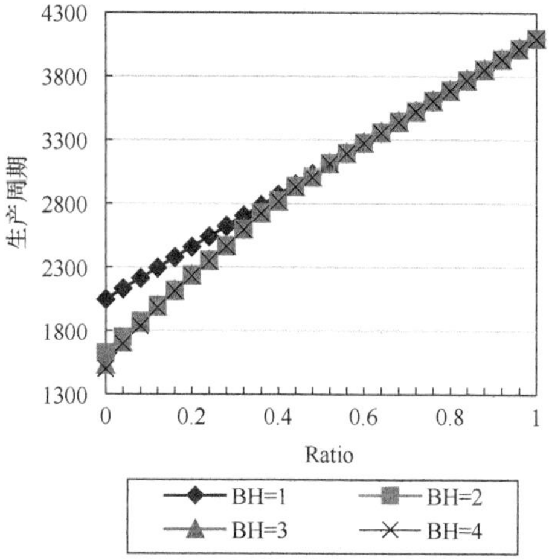

图 3.13　数据集 2 问题的生产周期变化曲线

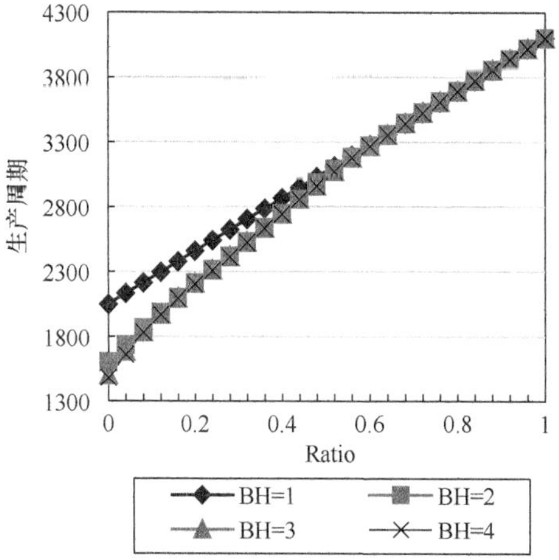

图 3.14　数据集 3 问题的生产周期变化曲线

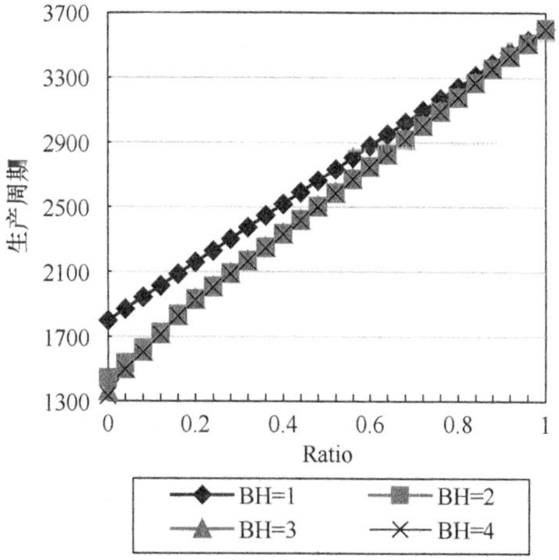

图 3.15　数据集 4 问题的生产周期变化曲线

由图 3.12～图 3.16 可知，5 个问题求解所得生产周期的变化趋势一致：①在同一 BH 取值下，当 Ratio 增大时，工序的准备时间增大，所得的生产周期也相应增大；②当 Ratio＝0 时，表示问题不考虑准备时间，此时不同 BH 取值下所得的生产周期差别最大，BH＝4 时能获得最优生产周期，BH＝3 次之，BH＝1 情况下所

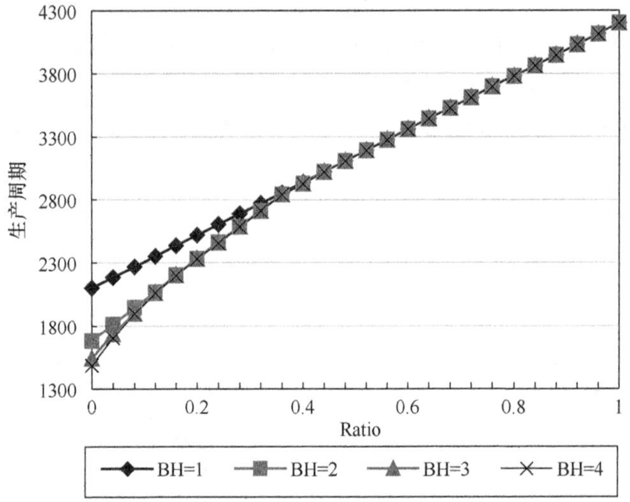

图 3.16　数据集 5 问题的生产周期变化曲线

得的生产周期最差;③随着 Ratio 的增大,不同 BH 值下所得的生产周期曲线逐渐靠拢,最终趋于相等,首先是 BH=4 曲线与 BH=3 曲线靠拢,然后与 BH=2 曲线靠拢,最后与 BH=1 曲线靠拢;④数据集 1~数据集 5 的 5×5 问题分别在 Ratio=0.8、0.52、0.68、1 和 0.44 左右,四条曲线趋于一致。

与加工时间相比,当准备时间所占比例较小时,采用分批生产的策略将工件所含批量划分成小生产子批参与排序优化,能达到缩短完工时间的目的,即 Ratio 越小时,生产子批数 BH 取值越大,越有能力获得更优的生产周期。然而,当 BH 达到一定值后,再增大 BH,也无法达到进一步缩短完工时间的目的,此时生产周期值达到稳定。这是由于子批批量与生产周期存在 U 形关系[31],当子批数过多时,意味着机器花费在准备操作上的时间增加,而在批量划分过程中允许子批零批量,则能防止 BH 过大导致的生产周期增大现象。

Ratio 越小越有可能通过分批生产策略来缩短完工时间,当 Ratio 增大到一定值后,分批生产策略不但不利于缩短完工时间,而且根据算法复杂度分析,消耗的计算时间也越长。这就是四条曲线随着 Ratio 的增大逐渐靠拢一致的原因。实际应用时,根据具体问题,若准备时间占主导地位,则可减少生产子批数 BH,甚至可以采取不进行生产分批的策略,即 BH=1 的情况;若准备时间占弱势地位,则在可承受的计算时间基础上适当增加 BH 值。

2. 分批传输实验及分析

为了测试所设计的传输分批(二次划分)方法对算法 HDE 求解混排 Flowshop 分批优化调度问题性能的影响,以上述 5 个数据集中的 5×5 规模问题为例,单件加工时间和准备时间数据见文献[15]，各工件的加工批量 $BS_i=50(i=1,2,\cdots,5)$，$BN_{min}=5$。此时，生产子批数 BH 的最大可能取值为 $BS_i/BN_{min}=10$。

设置 HDE 算法参数 $N_p=30$，$F=0.7$，$CR=0.1$，$t_{max}=300$，将 BH 取值从 1 逐渐增加到 10，分别在采用和不采用分批传输策略的两种情况下对 5 个数据集中的 5×5 问题各随机运行 50 次。50 次所得的最优生产周期和单次运行所消耗的平均 CPU 时间如表 3.8 和表 3.9 所示。其中，BH=1 表示不进行生产分批(即各工件非混排的情况)，相应地，算法种群中的个体不包含划分队列。此时，若不进行传输分批，则问题的求解等同于经典调度。

表 3.8　HDE 算法不采用分批传输策略求解 5×5 问题所得的结果

性能指标	数据集	BH									
		1	2	3	4	5	6	7	8	9	10
最优生产周期	1	1982	1629	1570	1542	1535	1528	1528	1528	1528	1528
	2	2079	1661	1571	1548	1535	1531	1531	1518	1518	1518
	3	2090	1649	1544	1528	1518	1518	1507	1507	1502	1502
	4	1821	1464	1388	1365	1365	1365	1365	1365	1365	1365
	5	2130	1725	1607	1594	1576	1573	1552	1552	1552	1552
单次运行平均 CPU 时间/s	1	0.251	0.318	0.389	0.681	1.026	0.839	0.931	1.311	1.316	1.490
	2	0.261	0.319	0.392	0.704	1.031	0.859	0.949	1.363	1.348	1.497
	3	0.263	0.317	0.387	0.686	0.999	0.833	0.923	1.311	1.297	1.469
	4	0.264	0.324	0.399	0.716	1.026	0.866	0.960	1.386	1.346	1.527
	5	0.266	0.319	0.390	0.690	1.014	0.861	0.929	1.343	1.320	1.487

表 3.9　HDE 算法采用分批传输策略求解 5×5 问题所得的结果

性能指标	数据集	BH									
		1	2	3	4	5	6	7	8	9	10
最优生产周期	1	1520	1520	1520	1520	1520	1520	1520	1520	1520	1520
	2	1484	1484	1484	1484	1484	1484	1484	1484	1484	1484
	3	1472	1472	1472	1472	1472	1472	1472	1472	1472	1472
	4	1358	1358	1358	1358	1358	1358	1358	1358	1358	1358
	5	1458	1427	1427	1427	1427	1427	1427	1427	1427	1427
单次运行平均 CPU 时间/s	1	0.319	0.377	0.415	0.627	1.034	0.733	0.862	1.186	1.141	1.419
	2	0.331	0.381	0.420	0.654	1.041	0.742	0.866	1.213	1.150	1.426
	3	0.335	0.389	0.434	0.679	1.062	0.794	0.895	1.268	1.216	1.480
	4	0.334	0.384	0.425	0.655	1.036	0.747	0.861	1.222	1.164	1.441
	5	0.338	0.397	0.450	0.702	1.124	0.820	0.959	1.328	1.296	1.534

显而易见，生产子批数 BH 越大，越有能力缩短生产周期。而根据算法复杂度分析，也可从结果表中看出，随着 BH 的增大，算法个体长度增加，无论采用或者不采用分批传输策略，HDE 算法求解问题所耗时间均相应增加。另外，表 3.8 和表 3.9的结果也表现出与上一个实验相同的现象：当 BH 达到一定值后，生产周期值达到稳定。这意味着，过大的 BH 值非但无法获得更优的解，而且将使算法徒劳地花费更多的时间，因此选择适当的 BH 值有着重要的作用。

比较表 3.8 和表 3.9 的结果可知，对于源自同一数据集的问题，在生产子批数 BH 相等的情况下，采用分批传输方法能大大缩短完工时间，尽管代价是要消耗更多的时间，但计算时间并没有明显增加(解码时采用了 3.2.3 节所设计的完工时间快速评价法节省了计算量)。另外，对于同一个问题，分批传输方法能使算法以较小的 BH 值获得最优解，使生产周期值达到稳定。以第一个问题为例，若不进行传输分批，则问题在 BH＝6 时生产周期值达到稳定，为 1528 个时间单位；而采用分批传输方法后，仅 BH＝1 情况下即能获得最优解，为 1520 个时间单位。

由此可得，所设计的分批传输方法既能使算法在同等条件下获得更优解，又减少了生产分批“负荷”，使算法能以较小的 BH 值在较短的时间内获得最优解。

表 3.10 为 HDE 算法采用分批传输方法求解所得的生产分批方案及子批排序结果，括号前的数据表示工件号，括号内的数据表示批量大小。根据表 3.9，借助分批传输策略，前四个问题均在 BH＝1 的情况下获得最优解，第五个问题也在 BH＝2 时获得最优解。表 3.10 中前四个问题的结果对应的是在生产分批过程中各工件不分批的情况，第五个问题所得结果“5(20)→2(50)→1(50)→4(50)→3(50)→5(30)”表示：在生产分批过程中，工件 1～工件 4 均不分批，工件 5 分两批，且两子批批量分别为 20 和 30；安排加工时，先安排工件 5 批量为 20 的子批，其次是工件 2 批量为 50 的子批，依次类推，最后是工件 5 批量为 30 的子批。

表 3.10　5×5 问题所得最优解

数据集	最优生产周期	生产分批方案及子批排序
1	1520	2(50) → 3(50) → 5(50) → 1(50) → 4(50)
2	1484	3(50) → 2(50) → 1(50) → 4(50) → 5(50)
3	1472	4(50) → 1(50) → 2(50) → 5(50) → 3(50)
4	1358	3(50) → 2(50) → 5(50) → 4(50) → 1(50)
5	1427	5(20) → 2(50) → 1(50) → 4(50) → 3(50) → 5(30)

3. 算法性能实验及分析

在此分别取数据集中 5×5、30×3、30×5 和 30×7 四种不同规模的问题，来测试 HDE 算法的优化性能。问题的单件加工时间和准备时间数据参考文献[15]，

各工件的加工批量 $BS_i=50(i=1,2,\cdots,N)$，$BN_{min}=10$。

设置算法参数 $N_p=2\times N\times BH$，$F=0.7$，$CR=0.1$，$t_{max}=20\times N\times BH$，采用 HDE 算法分别在 BH=1 和 BH=2 情况下求解这些算例。另外，在 BH=2 时采用 DE 算法进行问题的求解，以便于比较。50 次的随机运行结果如表 3.11 所示。F_B 和 F_A 分别为 50 次运行中所得的最优生产周期和平均生产周期，SD 表示标准偏差。其中，HDE 算法和 DE 算法在求解过程中均采用了分批传输策略。

表 3.11 算法优化性能实验运行结果

N,M	数据集	HDE(BH=1)			HDE(BH=2)			DE(BH=2)		
		F_B	F_A	SD	F_B	F_A	SD	F_B	F_A	SD
5, 5	1	1570	1570	0	1570	1570	0	1570	1570	0
	2	1539	1539	0	1539	1539	0	1539	1539	0
	3	1522	1522	0	1522	1522	0	1522	1522	0
	4	1393	1393	0	1393	1393	0	1393	1393	0
	5	1539	1539.40	0.82	1482	1485.00	1.251	1482	1485.25	3.078
30, 3	1	6362	6362	0	6362	6362.10	0.307	6363	6372.45	5.395
	2	5871	5871	0	5871	5871	0	5871	5871.05	0.224
	3	6110	6110	0	6110	6110	0	6110	6110	0
	4	6422	6422	0	6422	6422	0	6422	6422	0
	5	6582	6582	0	6582	6582	0	6582	6582	0
30, 5	1	6515	6534.60	12.63	6515	6536.45	10.007	6632	6667.60	16.070
	2	6712	6712	0	6712	6712	0	6712	6716.50	5.073
	3	6150	6150	0	6150	6150	0	6150	6161.40	4.346
	4	6469	6469	0	6463	6468.80	1.609	6484	6496.30	7.554
	5	6616	6616	0	6615	6615.85	0.366	6631	6644.85	6.377
30, 7	1	6995	6995	0	6995	6995.50	0.760	7013	7052.90	17.844
	2	6762	6762	0	6762	6762.75	1.019	6819	6844.05	17.602
	3	6615	6615	0	6615	6615.85	1.694	6667	6709.45	19.373
	4	6517	6526.85	8.26	6517	6532.45	6.159	6657	6706.60	25.249
	5	6689	6692.45	1.76	6655	6678.15	7.141	6744	6763.45	12.878

表 3.12 所示为 HDE 算法求解所得的生产分批方案及子批排序结果：对于 BH=1 时即能获得最优解的问题，表中仅给出了工件的最优加工顺序，各工件在生产分批过程中无须分批；对于其余问题，如表中阴影部分所示，括号前的数据表示工件号，括号内的数据表示批量大小，从左到右的排列对应加工优先级从高到低。生产分批过程满足批量划分约束，子批批量总和为 50。以数据集 5 中的 5×5

问题为例，从所得结果“{5(30),3(50),4(20),1(50),4(30),2(50),5(20)}”可知，在生产分批过程中，工件 1、2、3 均不分批，工件 4、5 分两批，且两子批批量分别为 20 和 30；任务的先后加工顺序为：工件 5 批量为 30 的子批、工件 3 批量为 50 的子批、工件 4 批量为 20 的子批、…、工件 5 批量为 20 的子批。

表 3.12　HDE 算法求解所得的生产分批方案及子批排序

N, M	数据集	生产分批方案及子批排序
5, 5	1	{2,5,1,3,4}
	2	{3,1,4,2,5}
	3	{4,2,1,5,3}
	4	{3,1,4,5,2}
	5	{5(30),3(50),4(20),1(50),4(30),2(50),5(20)}
30, 3	1	{3,7,12,17,11,18,2,19,24,13,27,9,28,5,14,26,15,16,23,6,1,22,29,4,20,25,30,8,21,10}
	2	{18,20,15,16,28,21,17,9,19,13,25,2,30,22,1,10,7,12,8,11,5,26,23,27,6,3,24,29,14,4}
	3	{18,4,6,22,29,8,20,23,16,24,10,28,27,26,3,7,25,13,21,11,1,14,2,5,12,9,19,30,17,15}
	4	{25,29,20,28,15,23,6,19,2,10,24,13,1,11,16,30,5,18,8,27,21,7,26,17,14,4,3,22,12,9}
	5	{17,8,16,19,2,1,29,25,9,15,27,22,20,13,6,7,18,4,23,26,12,28,5,3,24,14,30,21,11,10}
30, 5	1	{3,8,14,15,29,23,18,17,25,1,2,11,24,21,7,9,26,20,19,16,13,28,6,27,4,10,22,12,30,5}
	2	{18,29,7,14,12,27,1,10,3,21,2,15,25,23,6,9,13,26,4,19,20,24,8,5,16,28,22,11,30,17}
	3	{11,8,4,24,15,23,6,16,1,22,12,2,3,28,21,18,29,27,7,26,17,5,14,30,10,9,25,19,13,20}
	4	{3(10),27(50),2(50),29(50),15(50),20(50),18(50),7(50),22(50),21(50), 19(50), 11(50),28(50),3(40),4(50),12(50), 14(50),16(50),5(50),26(50),10(50),6(50), 8(50),24(50),1(50),9(50),23(50),25(50),30(50),17(50),13(50)}
	5	{17(30),22(50),5(50),21(50),11(50),15(50),25(50),9(50),28(50),30(50), 27(50), 2(50),4(50),8(50),29(50),26(50),13(50),10(50),14(50),6(50),12(50),1(50), 3(50),19(50),20(50),18(50),23(50),7(50),16(50),24(50),17(20)}
30, 7	1	{24,3,13,19,21,18,15,9,12,1,27,23,16,29,8,22,25,20,30,26,10,2,11,7,4,6,14,28,17,5}
	2	{18,29,25,16,20,21,11,10,9,4,23,15,26,2,24,7,28,30,14,13,5,27,8,22,19,6,1,3,12,17}
	3	{2,7,19,4,24,18,11,6,17,10,29,16,9,8,15,22,14,28,20,26,25,1,12,21,30,27,13,3,5,23}
	4	{29,7,27,14,23,3,18,6,8,22,24,12,20,19,13,2,26,16,17,1,25,28,4,10,9,21,5,11,15,30}
	5	{17(30),7(50),22(50),6(50),12(50),3(50),8(50),26(50),15(50),19(50),13(50), 21(50),1(50),25(50),16(50),2(50),20(50),30(50),5(50),4(50),28(50), 9(50), 11(50),18(50),14(50),24(50),27(50),29(50),23(50),10(50),17(20)}

图 3.17～图 3.21 分别为 5 个数据集中 5×5 问题的机器甘特图，图 3.22～图 3.26分别为 DE 算法、HDE 算法求解 5 个数据集中 30×7 问题的最优值收敛图。因篇幅关系，这里不再列出其他问题的甘特图和收敛图。甘特图是在结果

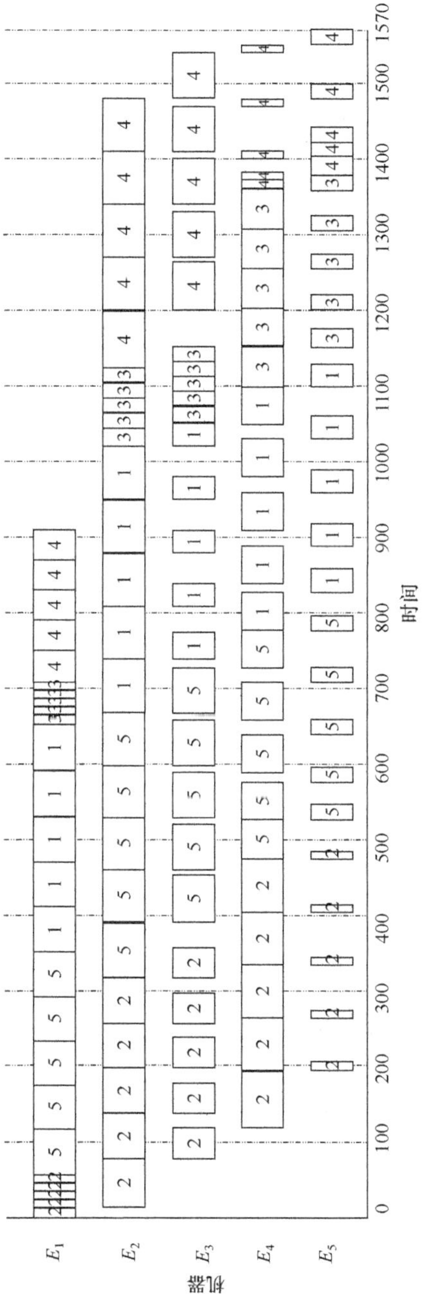

图 3.17　5×5 问题(源自数据集 1)甘特图

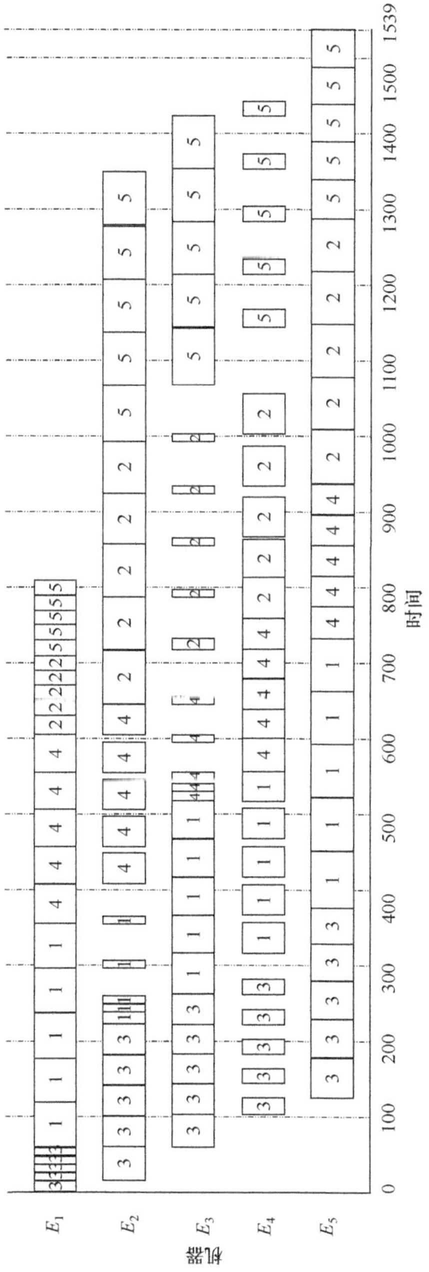

图 3.18　5×5 问题(源自数据集 2)甘特图

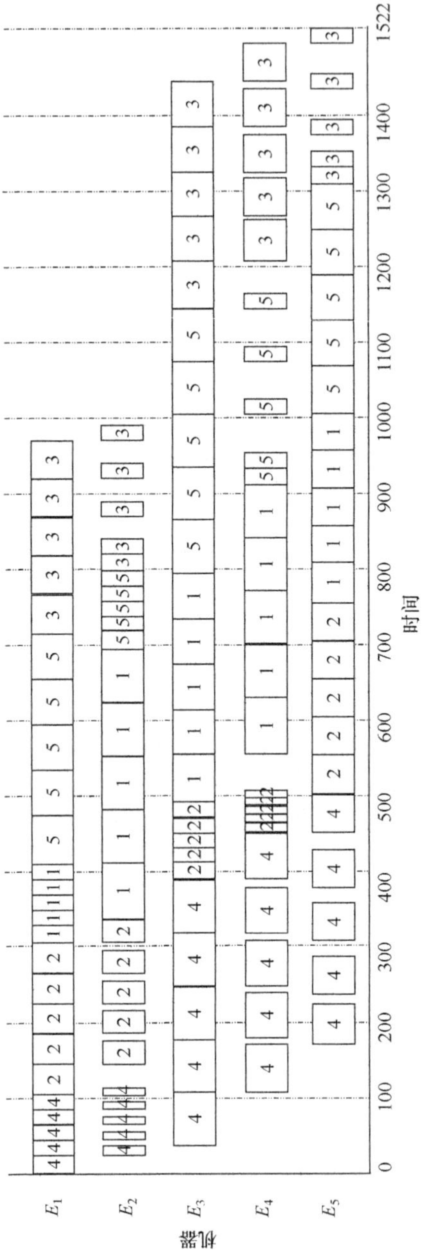

图 3.19　5×5问题(源自数据集 3)甘特图

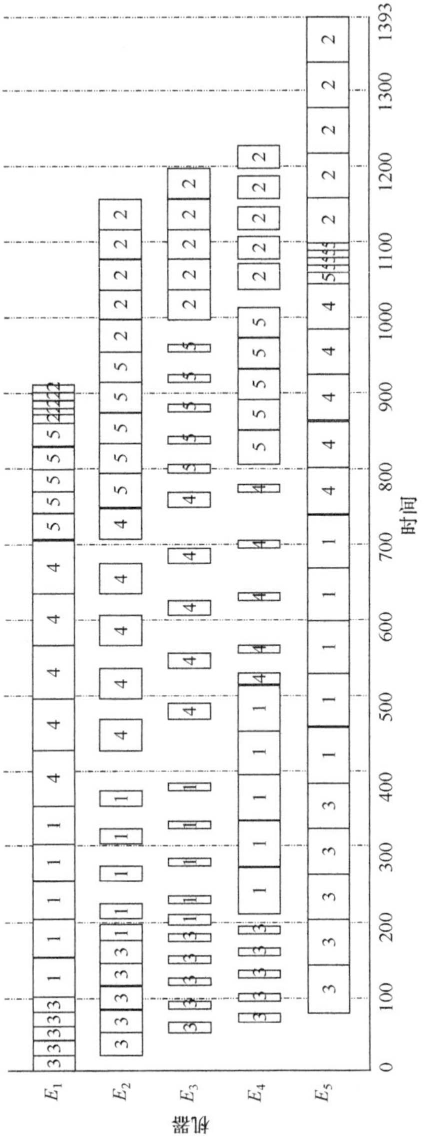

图 3.20　5×5问题(源自数据集 4)甘特图

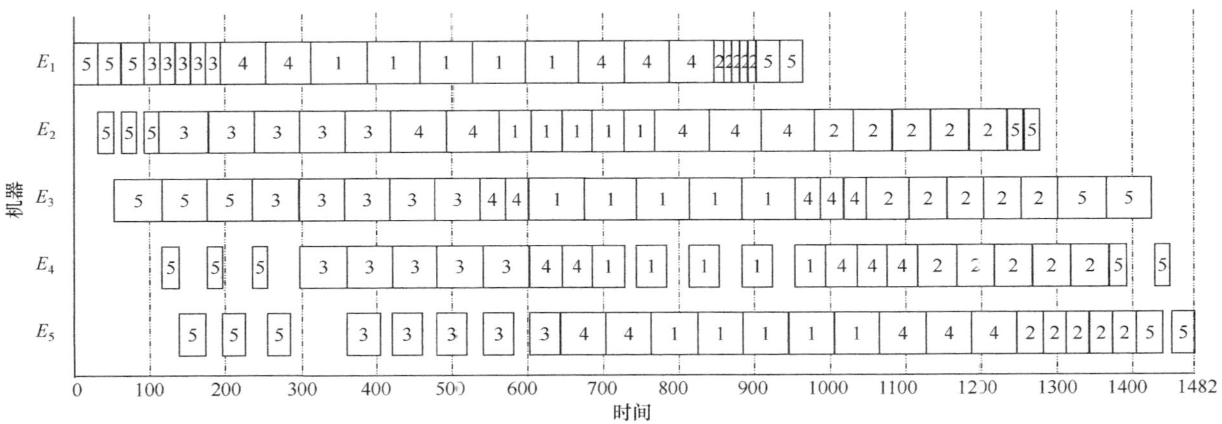

图 3.21 5×5 问题(源自数据集 5)甘特图

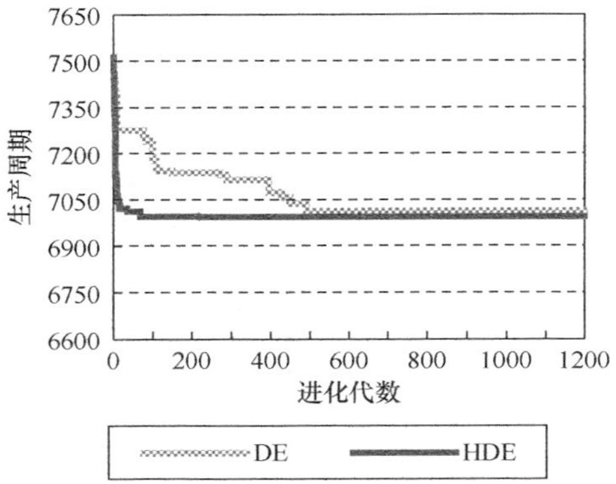

图 3.22 30×7 问题(数据集 1)最优值收敛图

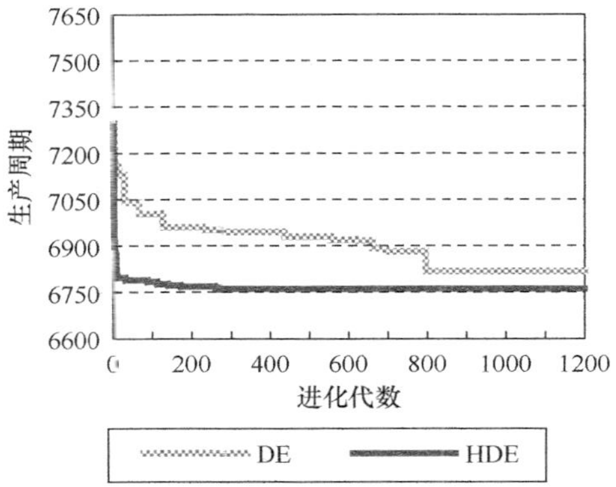

图 3.23 30×7 问题(数据集 2)最优值收敛图

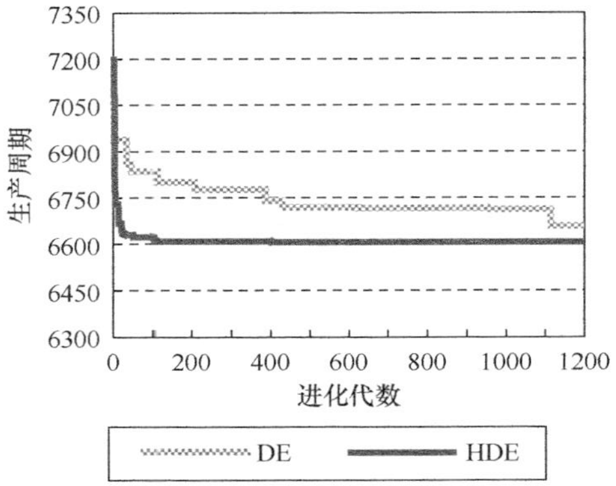

图 3.24 30×7 问题(数据集 3)最优值收敛图

表 3.12 所列出的生产分批方案及子批排序的基础上,采用分批传输策略进一步进行二次划分所得。图中横坐标表示时间,纵坐标表示机器,方块表示子批的准备-加工操作。方块中的数字表示子批的工件号,方块在时间轴上的起止时间为从该工序的开始准备时间到该工序的结束加工时间。图 3.21 中,首先被安排加工的是最左边的三个连续标号为 5 的方块,结合表 3.12 中第五个数据集的 5×5 问题结果可得,这三个方块表示对工件 5 批量为 30 的生产子批进行二次划分所得的三个传输子批,其传输批量均为 10。

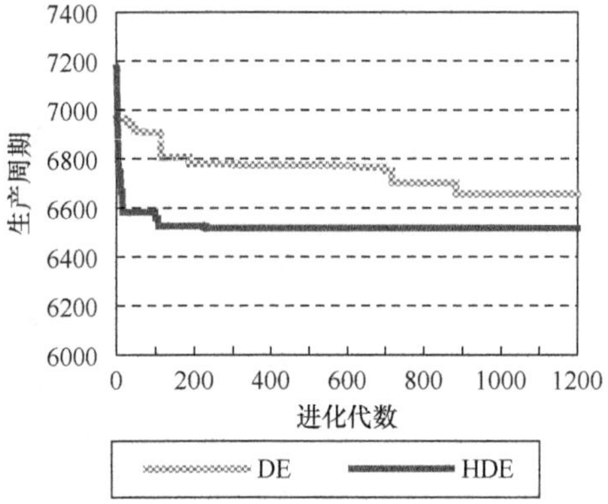

图 3.25　30×7 问题(数据集 4)最优值收敛图

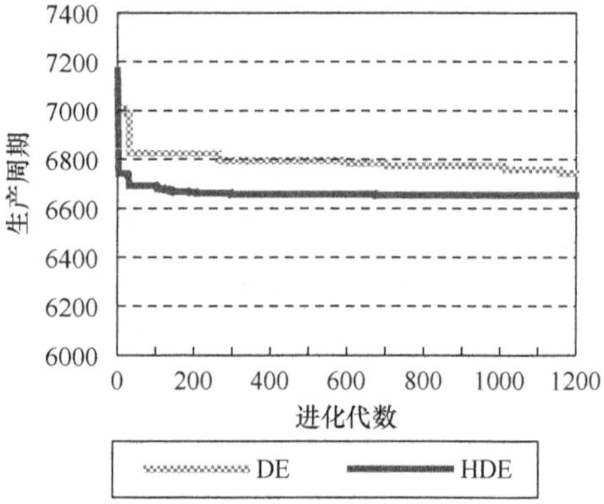

图 3.26　30×7 问题(数据集 5)最优值收敛图

从表 3.11 可知,对于不同规模的问题:HDE 算法求得的生产周期平均值接近最优值,说明算法的优化性能较好;标准偏差相对平均值较小,说明算法的稳定性能较好。结合收敛图可得,HDE 算法表现出比 DE 算法更好的寻优性、稳定性和收敛性。

3.4　本章小结

本章首先介绍了非混排 Flow-shop 分批优化调度问题。根据对 $N=1$(单一种类工件)问题的分析,设计了完工时间快速评价法,使计算量不受工件批量大小的影响。针对 $N>1$ 问题,提出一种混合 DE 算法来优化工件的加工排序,将所设计的完工时间快速评价法用于算法解码过程,以减少算法的计算量。算法采用基于 DE/rand/1/bin 机制的全局搜索操作和基于 Insert 邻域结构的局部搜索操作,采用单元子批传输策略,以优化生产周期为目标对种群进行迭代进化。迭代进化过程结束后,在所得优化解的基础上调整分批传输方案,在不影响各工件完工时间的情况下尽可能减少工序间的传输次数。通过将算法用于求解传统 Flow-shop 调度和 Flow-shop 分批优化调度问题,说明了完工时间快速评价法的有效性和算法的优化性能。

其次，针对混排 Flow-shop 分批优化调度问题，考虑传输批量大小约束，采用分批生产和分批传输相结合的策略，设计了含两次划分过程的分批优化调度方法，提出一种混合 DE 算法来实现批量划分及子批排序优化。算法采用两级编码方式，将生产分批信息和子批排序信息分别进行编码，解码时采用分批传输方法进行二次划分。对含生产分批信息的批量划分队列采用基于块变异、块交叉操作的差分进化过程，对子批排序队列采用 DE/rand/1/bin 的进化机制，并在算法框架中嵌入了基于 Insert 邻域结构的局部搜索操作。本章分别从分批生产实验、分批传输实验和算法性能实验三个方面验证了所设计的划分方法的有效性和算法的优良性能。

参考文献

[1] Garey M R, Johnson D S. Computers and Intractability: A Guide to the Theory of NP-Completeness[M]. New York: W. H. Freeman and Company, 1979.

[2] Lee W C, Wu C C. Some single-machine and m-machine flow shop scheduling problems with learning considerations[J]. Information Sciences, 2009, 179(22): 3885-3892.

[3] Reza T M, Alireza R V, Ali H M. A hybrid multi-objective immune algorithm for a flow shop scheduling problem with bi-objectives: Weighted mean completion time and weighted mean tardiness[J]. Information Sciences, 2007, 177(22): 5072-5090.

[4] 王凌. 车间调度及其遗传算法[M]. 北京：清华大学出版社，2003.

[5] Yin Y Q, Xu D H, Sun K B, et al. Some scheduling problems with general position-dependent and time-dependent learning effects[J]. Information Sciences, 2009, 179(14): 2416-2425.

[6] Mortezaei N, Zulkifli N. Integration of lot sizing and flow shop scheduling with lot streaming[J]. Journal of Applied Mathematics, 2013, (8): 1-9.

[7] Gómez-Gasquet P, Segura-Andrés R, Andrés-Romano C. A review of lot streaming in a flow shop environment with makespan criteria[J]. Journal of Industrial Engineering and Management, 2013, 6(3): 761-770.

[8] Feldmann M, Biskup D. Lot streaming in a multiple product permutation flow shop with intermingling[J]. International Journal of Production Research, 2008, 46(1): 197-216.

[9] 车延华. 多阶段多产品流水车间 Lot Streaming 调度问题研究[D]. 沈阳：东北大学，2004.

[10] Potts C N, Baker K R. Flow shop scheduling with lot streaming[J]. Operations Research Letters, 1989, 8(6): 297-303.

[11] Biskup D, Feldmann M. Lot streaming with variable sublots: An integer programming formulation[J]. The Journal of the Operational Research Society, 2006, 57(3): 296-303.

[12] Edis R S, Ornek M A. A tabu search-based heuristic for single-product lot streaming problems in flow shops[J]. The International Journal of Advanced Manufacturing Technology, 2009, 43(11/12): 1202-1213.

[13] Defersha F M, Chen M. A genetic algorithm for one-job m-machine flowshop lot streaming with variable sublots[J]. International Journal of Operational Research, 2011, 10(4): 458-468.

[14] Glass C A, Possani E. Lot streaming multiple jobs in a flow shop[J]. International Journal of Production Research, 2011, 49(9): 2669-2681.

[15] Marimuthu S, Ponnambalam S G, Jawahar N. Evolutionary algorithms for scheduling m-machine flow shop with lot streaming[J]. Robotics and Computer-Integrated Manufacturing, 2008, 24(1): 125-139.

[16] Pan Q K, Suganthan P N, Liang J J, et al. A local-best harmony search algorithm with dynamic sub-harmony memories for lot-streaming flow shop scheduling problem[J]. Expert Systems with Applications, 2011, 38(4): 3252-3259.

[17] Pan Q K, Tasgetiren M F, Suganthan P N, et al. A discrete artificial bee colony algorithm for the lot-streaming flow shop scheduling problem[J]. Information Sciences, 2011, 181(12): 2455-2468.

[18] 潘玉霞，潘全科，桑红燕. 批量流水线调度问题的混合离散蛙跳算法[J]. 计算机集成制造系统，2010，16(6)：1265-1271.

[19] Martin C H. A hybrid genetic algorithm/mathematical programming approach to the multifamily flowshop scheduling problem with lot streaming[J]. Omega, 2009, 37(1): 126-137.

[20] Bukchin Y, Masin M, Kirshner R. Modeling and analysis of multiobjective lot splitting for N-product m-machine flowshop lines[J]. Naval Research Logistics, 2010, 57(4): 354-366.

[21] Defersha F M, Chen M. A hybrid genetic algorithm for flowshop lot streaming with setups and variable sublots[J]. International Journal of Production Research, 2010, 48(6): 1705-1726.

[22] 宋代立，张洁. 蚁群算法求解混合流水车间分批调度问题[J]. 计算机集成制造系统，2013，19(7)：1640-1647.

[23] Nejati M, Mahdavi I, Hassanzadeh R, et al. Multi-job lot streaming to minimize the weighted completion time in a hybrid flow shop scheduling problem with work shift constraint[J]. The International Journal of Advanced Manufacturing Technology, 2014, 70(1): 501-514.

[24] 周亚勤. 快速响应市场的智能生产调度方法研究及应用[D]. 上海：东华大学，2005.

[25] Carlier J. Ordonnancements à contraintes disjonctives[J]. RAIRO-Operations Research, 1978, 12(4): 333-350.

[26] Reeves C R. A genetic algorithm for flowshop sequencing[J]. Computers & Operations Research, 1995, 22(1): 5-13.

[27] Qian B, Wang L, Hu R, et al. A hybrid differential evolution method for permutation flow-shop scheduling[J]. The International Journal of Advanced Manufacturing Technology, 2008, 38(7/8): 757-777.

[28] Onwubolu G, Davendra D. Scheduling flow shops using differential evolution algorithm[J]. European Journal of Operational Research, 2006, 171(2): 674-692.

[29] Baker K R. Lot streaming in the two-machine flow shop with setup times[J]. Annals of

Operations Research，1995，57(1)：1-11.

[30] Nawaz M，Enscore E E，Ham I. A heuristic algorithm for the m-machine，n-job flow-shop sequencing problem[J]. Omega，1983，11(1)：91-95.

[31] Karmarkar U S，Kekre S，Kekre S. Lotsizing in multi-item multi-machine job shops[J]. IIE Transactions，1985，17(3)：290-298.

第4章 基于差分进化算法的作业车间分批优化调度

4.1 引言

作业车间(Job-shop)是一种最具一般性的生产车间类型,在此类车间中,机器的布局以及工件的加工路径可以是任意的。Job-shop调度问题(Job-shop scheduling problem,JSP)可以描述为:假定一个生产系统有若干待加工工件,每个工件所含工序以及工序加工顺序预先确定;同一道工序可能存在多个可选机器(柔性调度问题),即可能存在并行机的情况;要求为工件各道工序分配加工机器(若存在并行机),并确定机器上各道工序的最优加工顺序。它是许多实际生产和工程问题的体现,最具有一般性和代表性,是典型的NP问题[1]。与Flow-shop问题相比,Job-shop制造过程允许工件具有不同的加工路径,管理操作起来更自由、开放,但也更复杂。

Job-shop分批优化调度问题考虑了实际生产中普遍存在的订单批量性,适应市场个性化需求和多变化环境下的多品种、中小批量生产方式。该类问题比传统Job-shop调度问题更加复杂,也更贴近实际,其研究具有重要的理论意义和实用价值。根据批量划分策略的不同,分批优化调度问题有均等子批(equal sublots)、一致子批(consistent sublots)和可变子批(variable sublots)三种批量划分类型[2-5]。其中,均等子批划分策略表示将工件划分成均等批量的子批;一致子批划分策略表示工件各子批的批量可不同,但一类工件在各道工序上需保持相同的划分方案;可变子批划分策略则表示工件的划分方案根据情况可灵活多变,在各道工序上不必保持相同。

相对于Flow-shop分批优化调度研究而言,目前国内外对Job-shop分批优化调度问题的研究相对较少。Low等[6]、Buscher和Shen[7]采用整数规划方法研究了Job-shop分批优化调度问题。潘全科和朱剑英[8]以优化生产周期为目标,考虑准备时间,研究了柔性Job-shop分批优化调度问题,根据最小加工批量进行均等划分,利用遗传算法优化确定加工排序。孙志峻等[9]、安进[10]提出了基于遗传算法的分批算法和排序算法,对各工件的子批数进行了优化,采用均等子批的划分策略来确定各子批的批量。林楠等[11]考虑生产批量、准备时间,在给定分批方案的情况下,结合启发式分派规则和模拟退火算法,提出混合遗传算法求解生产周期性能指标下的柔性Job-shop调度问题。Edis和Ornek[12]研究随机Job-shop分批优化调度问题，采用均等子批划分方式，考虑传输设备约束，探讨在不同的传输排队规则下生产系统的性能表现。Wong 和 Ngan[13]针对装配作业车间分批优化调度问题，分别提出了混合粒子群优化算法和混合遗传算法来优化生产周期，并在不分批、等量分批和非等量分批情况下对两种算法进行了比较。Huang 等[14,15]基于均等子批划分策略，将蚁群算法用于求解多目标 Job-shop 分批优化调度问题。

上述研究在批量划分过程中采用了均等子批划分方式，在实际生产运作中便于管理和追踪。而在企业生产管理条件允许的情况下，一致子批和可变子批划分策略更具有灵活性，利于均衡资源利用率。Buscher 和 Shen[16]采用一致子批划分策略，提出由预划分、禁忌搜索算法优化加工排序、子批批量调整三部分组成的三阶段算法求解 Job-shop 分批优化调度问题。Lei 和 Guo[17]研究仅存在一台运输设备情况下的 Job-shop 分批优化调度问题，采用一致子批划分策略，提出了改进的人工蜂群算法。白俊杰等[18]设计了基于"游标"的方法实现一致子批划分，通过粒子群算法求解多目标柔性 Job-shop 分批优化调度问题。王云等[19]、屈新怀等[20]针对多目标柔性 Job-shop 分批优化调度问题，基于一致子批划分策略，分别提出了改进的强度 Pareto 进化算法和多样性可控粒子群优化算法。鞠全勇和朱剑英[21]提出基于粒子群搜索的多种群混合遗传算法求解多目标 Job-shop 分批优化调度问题。这些现有的研究为 Job-shop 分批优化调度问题的深入研究提供了重要基础。

本章首先针对柔性 Job-shop 生产系统，介绍在等量、一致和可变批量划分模式下的分批优化调度问题，分别建立了问题数学模型并提出相应的求解方法，然后考虑实际生产过程中存在的不确定性，分别介绍了在模糊操作时间和模糊交货期下的多资源 Job-shop 分批优化调度问题以及面向动态多变环境的 Job-shop 调度问题。

4.2 等量分批策略下的 Job-shop 分批优化调度

4.2.1 问题模型

记 N 为车间内待加工的工件总数，组成调度任务集 $\mathrm{JB}=\{J_i \mid 1\leqslant i\leqslant N\}$，$J_i$ 表示工件 i，其加工批量大小为 BS_i。车间内共有 M 台机器，组成机器集 $\mathrm{EC}=\{E_l \mid 1\leqslant l\leqslant M\}$，$E_l$ 表示机器 l，$l=1,2,\cdots,M$。各工件所含工序可能不同，各工序可能存在多个可选机器(并行机)。记 n_i 为工件 i 所含工序数，WT_{ijl} 和 PT_{ijl} 分别表示工件 i 的第 j 道工序在机器 l 上的单件加工时间和批量准备时间，$i=1,2,\cdots,N$，$j=1,2,\cdots,n_i$，$l=1,2,\cdots,M$。若 $\mathrm{WT}_{ijl}=0$，则表示工件 i 的第 j 道工序不能在机器 l 上加工。

等量分批模式下 Job-shop 调度问题需要解决的是：确定每个工件划分的子批

数，为各子批的各道工序分配加工机器，并确定各机器上子批任务的加工顺序，在满足约束条件的前提下，优化调度目标。

定义决策变量：b_i 表示工件 i 划分的子批数；BN_{ik} 表示工件 i 第 k 个子批的批量大小；0-1 变量 ϕ_{ikjl} 代表机器分配，$\phi_{ikjl}=1$ 表示工件 i 第 k 个子批第 j 道工序安排到机器 l 上加工，否则，$\phi_{ikjl}=0$；0-1 变量 $\delta_{ikj\_i'k'j'}$ 代表加工顺序，$\delta_{ikj\_i'k'j'}=1$ 表示工件 i 第 k 个子批第 j 道工序排在工件 i' 第 k' 个子批第 j' 道工序之前，否则，$\delta_{ikj\_i'k'j'}=0$；0-1 变量 $\varphi_{ikjl}=1$ 表示工件 i 第 k 个子批第 j 道工序在机器 l 上需要事先进行准备操作，否则，$\varphi_{ikjl}=0$；SPT_{ikj}、CPT_{ikj} 分别表示工件 i 第 k 个子批第 j 道工序的开始、结束准备时间，SWT_{ikj}、CWT_{ikj} 分别表示工件 i 第 k 个子批第 j 道工序的开始、结束加工时间；$C_{\max}$ 表示最大完成时间。等量分批模式下，若工件的加工批量不能被子批数整除，则各离散子批批量会稍有差别。假定所有工件和所有机器在 0 时刻准备就绪，建立 Job-shop 等量分批优化调度问题模型如下。

1. 目标函数

问题以最小化生产周期为目标，即使各工件各子批最大完工时间最小化，如式(4.1)和式(4.2)所示：

$$\min Z=C_{\max} \tag{4.1}$$

$$C_{\max}=\max_{i=1}^{N}\{\max_{k=1}^{b_i}\{CWT_{ikn_i}\}\} \tag{4.2}$$

2. 批量划分约束

在进行批量划分时应使同一工件的各子批批量总和不变，等于该工件的加工批量大小，即

$$\sum_{k=1}^{b_i} BN_{ik} = BS_i, \quad \forall i, BN_{ik} \text{ 为整数}, \forall i,k \tag{4.3}$$

3. 机器分配约束

式(4.4)和式(4.5)确保为每个子批的每道工序分配一台加工机器，且所分配的机器应为有能力加工对应工序的机器：

$$\sum_{l=1}^{M} \phi_{ikjl} = 1, \quad \forall i,j,k \tag{4.4}$$

$$\sum_{l=1}^{M} (\phi_{ikjl} \times WT_{ijl}) > 0, \quad \forall i,j,k \tag{4.5}$$

4. 工序约束

同一子批任务前后道工序之间需考虑工艺顺序约束：若涉及的准备操作在子

批任务到达之后才能进行，则需满足式(4.6)；否则，允许机器提前进行准备，如式(4.7)所示：

$$\mathrm{SPT}_{ikj} \geqslant \mathrm{CWT}_{ik(j-1)}, \quad \forall i,k,\forall j>1 \tag{4.6}$$

$$\mathrm{SWT}_{ikj} \geqslant \mathrm{CWT}_{ik(j-1)}, \quad \forall i,k,\forall j>1 \tag{4.7}$$

5. 机器约束

要求分配到同一机器上的批任务根据加工顺序依次进行处理，如式(4.8)所示：

$$\mathrm{SPT}_{ikj} \geqslant \mathrm{CWT}_{i'k'j'} \times \delta_{i'k'j'\_ikj} \times \sum_{l=1}^{M} (\phi_{ikjl} \times \phi_{i'k'j'l}), \quad \forall i,j,k,i',j',k' \tag{4.8}$$

6. 准备操作和加工操作

根据式(4.9)确定子批的结束准备时间，其中变量 φ_{ikjl} 的取值根据机器 l 上子批任务的加工顺序而定。若机器 l 完成当前批任务的加工操作，而下一批任务与当前批属于同一工件的同道工序，那么下一批任务不需要事先在该机器上进行准备操作。式(4.10)表示机器完成准备操作后立即开始加工操作。子批的加工时间等于单件加工时间乘以批量大小，且加工操作一旦开始则不能中断，如式(4.11)所示：

$$\mathrm{CPT}_{ikj} = \mathrm{SPT}_{ikj} + \sum_{l=1}^{M} (\mathrm{PT}_{ijl} \times \phi_{ikjl} \times \varphi_{ikjl}), \quad \forall i,j,k \tag{4.9}$$

$$\mathrm{SWT}_{ikj} = \mathrm{CPT}_{ikj}, \quad \forall i,j,k \tag{4.10}$$

$$\mathrm{CWT}_{ikj} = \mathrm{SWT}_{ikj} + \mathrm{BN}_{ik} \times \sum_{l=1}^{M} (\phi_{ikjl} \times \mathrm{WT}_{ijl}), \quad \forall i,j,k \tag{4.11}$$

式(4.3)～式(4.11)中所涉及的各类下标，如无特别说明，则 $i,i'=1,2,\cdots,N;k=1,2,\cdots,b_i;j=1,2,\cdots,n_i;j'=1,2,\cdots,n_{i'};k'=1,2,\cdots,b_{i'}$。

4.2.2 混合 DE 算法设计

混合 DE 算法采用两级编码方式，分别解决批量划分和子批排序问题。为便于算法的求解，且充分发挥并行机的作用以减少工件等待时间，设置工件 i 的最大子批数 $b_i'=\max_{j=1}^{n_i}\{\mathrm{Eb}_{ij}\}$ 批，Eb_{ij} 表示工件 i 第 j 道工序存在的可选择并行机数，$i=1,2,\cdots,N$，$j=1,2,\cdots,n_i$。通过算法优化确定各工件的实际子批数、子批加工顺序和加工机器。

1. 编码解码方案

算法采用实数编码，种群中的个体由一条批量划分队列和一条排序队列组成，

用 x_h 和 y_h 分别表示种群中个体 h 上的划分队列和排序队列，$h=1,2,\cdots,N_p$，N_p 为种群规模。为使排序队列长度一致以便于进化操作，将工件 i 预先划分为 b'_i 批，$i=1,2,\cdots,N$。

初始化时，随机产生 N 个[0,1)范围内的实数组成 $x_h=\{x_{h,1},x_{h,2},\cdots,x_{h,N}\}$。其中，$x_{h,i}$ 对应工件 i 的子批数信息，表示工件 i 实际划分成 $b_i=[x_{h,i}\times b'_i]+1$ 个子批，$i=1,2,\cdots,N$，[ ]表示取整操作。确定 b_i 取值后，基于等量划分原则，采用式(4.12)～式(4.14)计算工件 i 各子批的批量，即

$$\text{若 } b_i>1:\mathrm{BN}_{ik}=\left[\frac{\mathrm{BS}_i}{b_i}\right],\quad k=1,2,\cdots,(b_i-1) \tag{4.12}$$

$$\mathrm{BN}_{ik}=\mathrm{BS}_i-\sum_{k'=1}^{b_i-1}\mathrm{BN}_{ik'},\quad k=b_i \tag{4.13}$$

$$\mathrm{BN}_{ik}=0,\quad k=(b_i+1),\cdots,b'_i \tag{4.14}$$

排序队列 y_h 包含预划分所得共 $\sum_{i=1}^{N}b'_i$ 个子批各道工序的加工排序信息，长度为 $L=\sum_{i=1}^{N}(b'_i\times n_i)$，如图 4.1 所示。其中，$|\ y_{h,ik,1}\ y_{h,ik,2}\ \cdots\ y_{h,ik,n_i}\ |$ 代表工件 i 第 k 子批的共 n_i 道工序的排序优先级，$y_{h,ik,j}\in[0,1]$，$i=1,2,\cdots,N$，$k=1,2,\cdots,b'_i$，$j=1,2,\cdots,n_i$。中括号里的内容不包含在队列中，这里列出只是为了能更好地理解，它表示队列上各位分量对应的工件号和子批号。

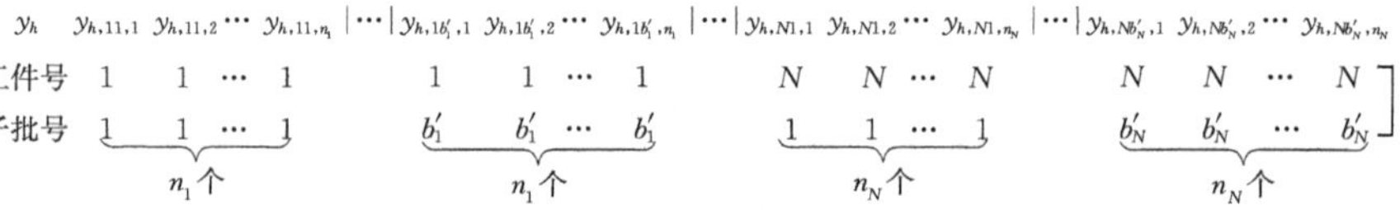

图 4.1　排序队列 y_h

解码时需要将 y_h 转换成为离散加工排序序列，这里将排序队列上各位分量对应的批任务(以"ik"形式标记，表示工件 i 的第 k 子批)根据 $y_{h,ik,j}$ 值的大小从左到右降序排列，得到序列 σ，根据 σ 上"ik"出现的次数解释工序号。假定在某个分批优化调度问题中，$N=2$，$n_1=n_2=2$，$b'_1=2$，$b'_2=1$，则该问题的排序队列 y_h 为 $y_{h,11,1}$ $y_{h,11,2}\,|\,y_{h,12,1}\ y_{h,12,2}\,|\,y_{h,21,1}\ y_{h,21,2}$，图 4.2 为该问题排序队列转换成为离散加工排序序列的一个示例。图中，加工序列从左到右安排在最后一位的子批任务"12"代表工件 1 的第 2 子批，此为 σ 中第二次出现的"12"，因此代表该子批的第二道工序。

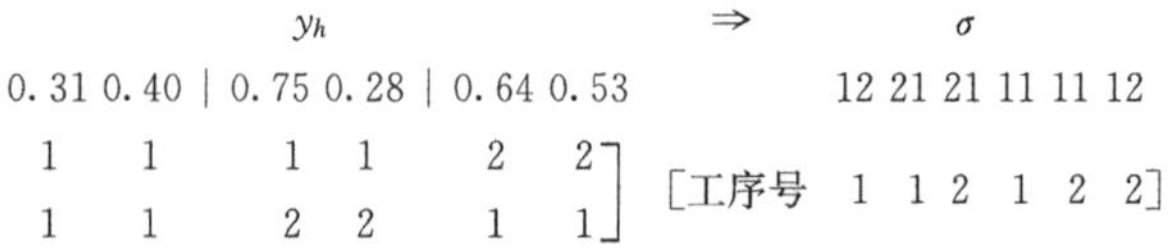

图 4.2　排序队列转换成离散加工排序序列的示例

根据所得的 σ 和子批批量信息，通过以下步骤得到调度方案：

步骤 1　设置 $FT_l=0$，表示机器 l 的开始空闲时间；设置 $EJ_l=-1$ 和 $EO_l=-1$，分别表示机器 l 上当前安排的批任务的工件号、工序号，$l=1,2,\cdots,M$。设置 $m=1$，执行步骤 2。

步骤 2　选择 σ 上从左到右第 m 位待安排子批任务，获得其工件号 i，子批号 k，工序号 j。若 $BN_{ik}=0$，执行步骤 4；否则，执行步骤 3。

步骤 3　根据步骤 3.1～步骤 3.4 为工件 i 第 k 子批的第 j 道工序分配加工机器，安排准备、加工操作。

步骤 3.1　设置 $RT=0$，表示待安排任务的最早开始时间。若 $j>1$，设置 $RT=CWT_{ik(j-1)}$。执行步骤 3.2。

步骤 3.2　从机器集中选择 $WT_{ijl}\neq 0$ 且能最早完成待安排任务（即拥有最小 $\max\{FT_l,RT\}+PT_{ijl}\times\varphi_{ikjl}+BN_{ik}\times WT_{ijl}$ 值）的机器记为机器 l^*。其中，φ_{ikjl} 的取值如式(4.15)所示，若待安排任务在机器 l 上需要事先进行准备操作，则取值为 1，否则取值 0：

$$\varphi_{ikjl}=\begin{cases}0, & EJ_l=i \text{ 且 } EO_l=j\\ 1, & \text{其他}\end{cases} \tag{4.15}$$

若涉及的准备操作在子批任务到达之前就能进行，则选择拥有最小 $\max\{FT_l+PT_{ijl}\times\varphi_{ikjl},RT\}+BN_{ik}\times WT_{ijl}$ 值的机器作为机器 l^*。

步骤 3.3　设置 $\phi_{ikjl^*}=1$，表示工件 i 第 k 个子批的第 j 道工序安排到机器 l^* 上加工。设置 $SPT_{ikj}=\max\{FT_{l^*},RT\}$，若涉及的准备操作是与子批任务可分离的操作，则 $SPT_{ikj}=\max\{FT_{l^*},RT-PT_{ijl^*}\times\varphi_{ikjl^*}\}$。设置 $CPT_{ikj}=SPT_{ikj}+PT_{ijl^*}\times\varphi_{ikjl^*}$，$SWT_{ikj}=CPT_{ikj}$，$CWT_{ikj}=SWT_{ikj}+BN_{ik}\times WT_{ijl^*}$。

步骤 3.4　更新机器 l^* 的开始空闲时间 $FT_{l^*}=CWT_{ikj}$，并设置 $EJ_{l^*}=i$，$EO_{l^*}=j$。执行步骤 4。

步骤 4　设置 $m=m+1$。若 $m\leqslant L$，返回步骤 2。

2. 适应度函数

以优化生产周期为调度目标，适应度函数设计为式(4.16)，要求使适应度值最大化：

$$\min f=\frac{1}{Z} \tag{4.16}$$

式中，Z 见式(4.1)。

3. 全局搜索操作

算法迭代进化过程中，对当前种群中每个个体上的划分队列和排序队列分别采用差分进化操作进行变异、交叉操作。为了改进算法性能，采用文献[22]所定义的个体适应度的空间分布方差 Ω 来描述种群多样性，并采用该指标来指导缩放比例因子 F 和交叉概率 CR 的调整。Ω 的定义如下：

$$\Omega=\frac{D_t}{D_{\max}} \tag{4.17}$$

式中，$D_t=\frac{1}{N_p}\sum_{h=1}^{N_p}(f_h^t-\overline{f^t})^2$，表示种群适应度方差；$D_{\max}=\max\{D_{t'},t'=0,1,\cdots,t\}$，表示进化过程中所获得最大的种群适应度方差。其中，t 表示当前进化代数，f_h^t 表示第 t 代种群中个体 h 的适应度，$\overline{f^t}$ 表示第 t 代种群个体平均适应度。$t=0$ 表示初始进化代数，对应的种群为初始种群。从定义可以看出，Ω 取值范围为[0,1]。Ω 越大表示种群多样性程度越高；Ω 越小表示种群越集中到某一局部域，多样性程度越低。

自适应缩放比例因子 F 和交叉概率 CR 设计如下：

$$F=\begin{cases}F_0, & t=0\\ F_0\times 2^{1-\alpha\times\Omega}, & t>0\end{cases} \tag{4.18}$$

$$\mathrm{CR}=\begin{cases}\mathrm{CR}_0, & t=0\\ \mathrm{CR}_0\times 2^{1-\beta\times\Omega}, & t>0\end{cases} \tag{4.19}$$

式中，α、β 为(0,1]范围内的常数。

在进化过程中，$t>0$ 时，F、CR 的取值范围分别为$[2^{1-\alpha}\times F_0, 2\times F_0]$和$[2^{1-\beta}\times \mathrm{CR}_0, 2\times \mathrm{CR}_0]$，根据 Ω 取值的不同而动态自适应地调整：当种群多样性较低，即 Ω 取值较小时，F、CR 增大，种群的探测能力增强；当种群多样性较高，即 Ω 取值较大时，F、CR 减小，种群的开发能力增强。

每次迭代进化过程中，按如下步骤对当前种群进行全局搜索操作：

步骤 1　根据式(4.17)计算空间分布方差 Ω，根据式(4.18)和式(4.19)获得自适应算子 F 和交叉概率 CR 取值。

步骤 2　设置 $h=1$。

步骤 3　对当前种群中个体 h 上的划分队列 x_h 和排序队列 y_h 分别执行 DE/rand/1/bin 的进化操作(第 1 章)，将溢出数值范围的参数根据式(3.11)进行调整，获得新队列分别记为 x_h' 和 y_h'，组成试验个体 h 存入临时种群。

步骤 4　执行 $h=h+1$。若 $h\leqslant N_p$，返回步骤 3，N_p 为种群规模。

步骤 5　此时，临时种群中的试验个体达到了 N_p 个。在当前种群和临时种群共 $2\times N_p$ 个个体中采用最优个体保存和轮盘赌选择操作[23]选择 N_p 个个体进入下一代。

4. 局部搜索操作

为了进一步改进算法性能，在每一次迭代过程中，执行全局搜索操作后，对种群中最优个体和20%的其他个体上的排序队列执行局部搜索操作。根据 y_h 的编码方案，采用 Interchange 邻域结构，执行如下步骤对选中的个体 h 上的排序队列执行局部搜索：

步骤1 随机产生[0,1]范围内的自然数 d_1 和[1,L]范围内的自然数 d_2。设置 $m=d_2$，$y=y_h$。若 $d_1=1$，则执行步骤2；否则，根据步骤1.1～步骤1.3执行前向搜索。

步骤1.1 若 $d_2>1$，随机产生[0,d_2-1]范围内的自然数 d_3，表示从 y 上第 d_2 位分量开始向前搜索 d_3 位。若 $d_3>0$，执行步骤1.2。

步骤1.2 交换 y 上第($m-1$)位分量值与第 d_2 位分量值。若 $f(x_h\&y)>f(x_h\&y_h)$，则设置 $y_h=y$。$f(x_h\&y)$表示划分队列 x_h 和排序队列 y 组成的个体的适应度值。执行步骤1.3。

步骤1.3 执行 $m=m-1$。若 $m>(d_2-d_3)$，返回步骤1.2。

步骤2 根据步骤2.1～步骤2.3执行后向搜索。

步骤2.1 若 $d_2<L$，随机产生[0,$L-d_2$]范围内的自然数 d_3，表示从第 d_2 位分量开始向后搜索 d_3 位。若 $d_3>0$，执行步骤2.2。

步骤2.2 交换 y 上第($m+1$)位分量值与第 d_2 位分量值。若 $f(x_h\&y)>f(x_h\&y_h)$，则设置 $y_h=y$。执行步骤2.3。

步骤2.3 执行 $m=m+1$。若 $m<(d_2+d_3)$，返回步骤2.2。

4.2.3 仿真及分析

1. 单资源算例测试

为比较算法性能，取文献[8]、文献[10]和文献[11]中的加工数据，构造如下四个算例进行测试。其中，准备操作在加工任务到达之前就能进行，即允许机器提前进行准备。

算例1 4工件6机器生产系统，各工件的加工批量为8，工序的单件加工时间如表4.1所示，工序的准备时间等于工序的单件加工时间。

算例2 4工件6机器生产系统，各工件的加工批量为20，工序的单件加工时间如表4.1所示，工序的准备时间等于工序的单件加工时间。

算例3 6工件6机器生产系统，各工件的加工批量为10，工序的单件加工时间和准备时间如表4.2所示。

算例4 6工件6机器生产系统，各工件的加工批量为20，工序的单件加工时间和批量准备时间如表4.2所示。

表 4.1　4×6 问题单件加工时间表

工件	工序	E_1	E_2	E_3	E_4	E_5	E_6	工件	工序	E_1	E_2	E_3	E_4	E_5	E_6
J_1	1	2	3	4	—	—	—	J_3	1	5	6	—	—	—	—
	2	—	3	—	2	4	—		2	—	4	—	3	5	—
	3	1	4	5	—	—	—		3	—	—	13	—	9	12
J_2	1	3	—	5	—	2	—	J_4	1	9	—	7	9	—	—
	2	4	3	—	—	6	—		2	—	6	—	4	—	5
	3	—	—	4	—	7	11		3	1	—	3	—	—	3

表 4.2　6×6 问题单件加工时间/准备时间表

工件	工序	E_1	E_2	E_3	E_4	E_5	E_6	工件	工序	E_1	E_2	E_3	E_4	E_5	E_6
J_1	1	2/1	—	—	—	—	—	J_4	1	4/2	—	—	4/1	—	—
	2	—	—	3/2	2/1	—	—		2	—	—	2/1	—	—	—
	3	—	2/1	—	2/2	3/2	2/1		3	—	4/1	—	3/1	—	3/1
	4	—	5/3	—	6/2	—	—		4	—	—	6/2	—	5/2	—
	5	—	—	2/1	—	—	2/1		5	6/1	—	—	—	—	—
	6	—	1/1	—	—	1/1	—		6	—	3/1	—	2/2	2/1	—
J_2	1	—	2/1	—	1/1	—	—	J_5	1	2/1	—	—	3/1	—	—
	2	—	—	4/2	—	—	—		2	—	5/1	—	—	4/1	—
	3	8/2	—	—	—	7/2	7/3		3	—	—	1/1	1/1	—	—
	4	—	4/2	5/1	5/2	—	—		4	—	—	3/1	—	—	2/1
	5	—	—	1/1	—	—	1/1		5	—	3/1	2/2	—	—	—
	6	—	4/2	—	—	5/1	—		6	—	—	—	—	2/2	—
J_3	1	4/2	—	5/2	—	—	—	J_6	1	2/1	—	3/1	—	2/2	—
	2	—	5/3	—	5/2	—	—		2	—	4/1	—	—	3/2	—
	3	—	—	1/1	—	1/1	—		3	—	—	—	6/2	—	6/1
	4	—	6/3	—	—	7/2	—		4	—	2/1	—	2/1	—	—
	5	—	2/2	2/1	—	—	3/1		5	—	—	1/2	—	—	—
									6	2/2	—	—	3/1	2/2	—

现有的对上述算例的研究成果有：安进[10]针对算例 1，采用算法对各工件的批次数进行了优化，基于等量分批原则得到的最优分批方案是 J_1 不分批，J_2、J_3 和 J_4分别划分为 3 批、5 批和 4 批，最优生产周期是 87；而各工件不分批的情况下得到的最优生产周期为 141。潘全科和朱剑英[8]针对算例 2，在将批量工件分别划分成一个、二个、四个、五个均等子批的四种情况下，得到最优生产周期分别为 345、

216、196 和 194。林楠等[11]采用遗传退火算法求解算例 3,针对各工件都不分批的情况得到最优生产周期为 243。

为了比较算法的性能且验证自适应算子和局部搜索操作的有效性,分别标记三种算法 ALGRM1、ALGRM2 和 ALGRM3:ALGRM1 表示 4.2.2 节所设计的混合算法;ALGRM2 表示在 ALGRM1 基础上不采用局部搜索步骤;ALGRM3 表示在 ALGRM2 基础上不采用自适应算子。

采用 Visual C++.NET 编程,程序运行环境为 P4 CPU、主频 2.53 GHz、内存 1.00GB。设置算法参数 $t_{max}=500$, $N_p=20$, $CR_0=0.3$, $F_0=0.5$, $\alpha=0.9$, $\beta=0.95$,采用三种算法分别对四个算例随机运行 20 次,得到的结果如表 4.3 所示。其中,F_B、F_W、N_{BF}和 T_A 分别表示算法 20 次运行结果中所得的最优生产周期、最差生产周期、获得最优生产周期的次数和单次运行所消耗的平均 CPU 时间(s)。

表 4.3　三种算法运行结果

算例	ALGRM1				ALGRM2				ALGRM3			
	F_B	F_W	N_{BF}/次	T_A/s	F_B	F_W	N_{BF}/次	T_A/s	F_B	F_W	N_{BF}/次	T_A/s
算例 1	86	99	9	12	91	99	8	6.6	92	99	6	6.6
算例 2	192	225	9	11.6	201	221	6	6.2	212	231	7	6.2
算例 3	220	266	5	25.4	245	281	1	11.7	246	278	1	11.6
算例 4	423	495	4	26.2	478	533	1	12.5	484	542	1	11.9

与文献[8]、文献[10]和文献[11]成批调度(不分批)结果比较,可以看出采用批量划分可显著缩短生产周期,提高生产效率。根据表 4.3,4.2.2 节所提的算法能提供较好的优化结果,所得最优生产周期优于文献[8]和文献[10]所得的分批调度结果。三种算法中,ALGRM1 算法所得优化结果最好,ALGRM3 算法最差。显然,局部搜索操作明显提高了算法的寻优性能,但也消耗了更多的时间。

ALGRM1 算法所得的批量划分结果如表 4.4 所示,相应的甘特图如图 4.3～图 4.6 所示。根据算例 1 中工件各道工序的并行机数,得到 $b_i'=3$, $i=1,2,3,4$,即预先将各工件划分成 3 批。由表 4.4 可知,算例 1 中工件 J_1 的三个子批的最优批量分别为 4、4、0,即工件 J_1 的最优子批数实际上为 2。批量大小为 0 的子批在甘特图中不显示。

表 4.4　ALGRM1 所得最优批量划分方案

算例	最优批量划分方案					
	J_1	J_2	J_3	J_4	J_5	J_6
算例 1	4, 4, 0	4, 4, 0	2, 2, 4	2, 2, 4	—	—
算例 2	20, 0, 0	6, 6, 8	6, 6, 8	6, 6, 8	—	—
算例 3	10, 0, 0, 0	5, 5, 0	10, 0, 0	5, 5, 0	10, 0	5, 5, 0
算例 4	10, 10, 0, 0	10, 10, 0	10, 10, 0	6, 6, 8	20, 0	10, 10, 0

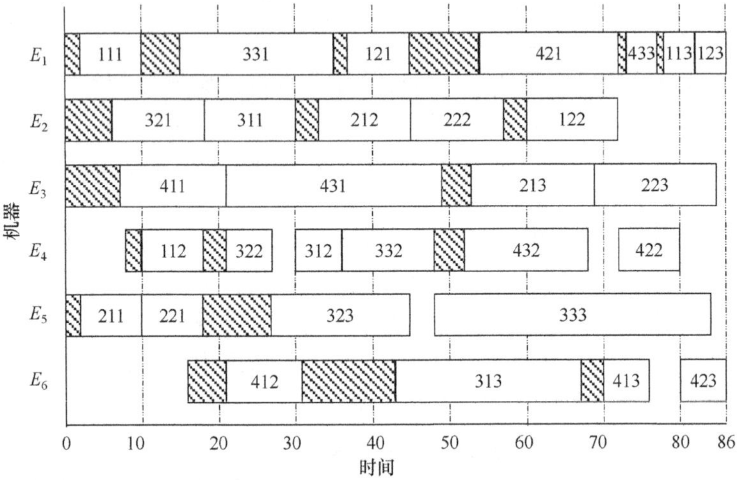

图 4.3　算例 1 最优甘特图

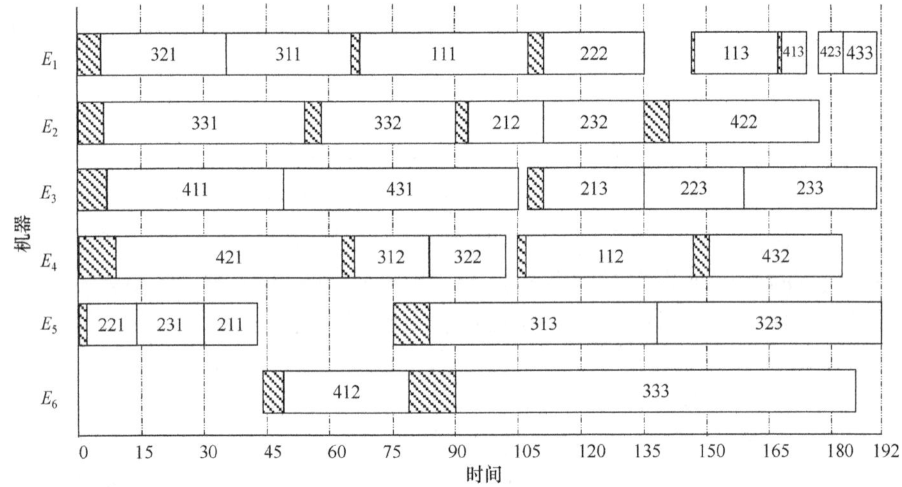

图 4.4　算例 2 最优甘特图

甘特图中 E_1 表示机器 1，E_2 表示机器 2，依次类推。斜纹填充的方块表示准备操作，标记“ikj”的方块表示工件 i 第 k 子批的第 j 道工序的加工操作。以图 4.3为例，机器 1 上标记“111”的方块表示工件 J_1 第一个子批的第一道工序的加工操作，该方块前向紧邻的斜纹方块表示该批任务的准备操作。结合甘特图时间轴和表 4.4 可以得到，工件 J_1 第一子批的批量大小为 4，该批的第一道工序在机器 1 上加工，其准备操作从时间 0 开始到 2 结束，加工操作从 2 开始到 10 结束。而对于图 4.3 中机器 5 上标记“221”的方块，不存在前向紧邻的斜纹方块，说明机器 5 上安排的前一个批任务与当前批属于同一工件的同道工序，因此该子批在机器 5 上不需要事先进行准备操作。

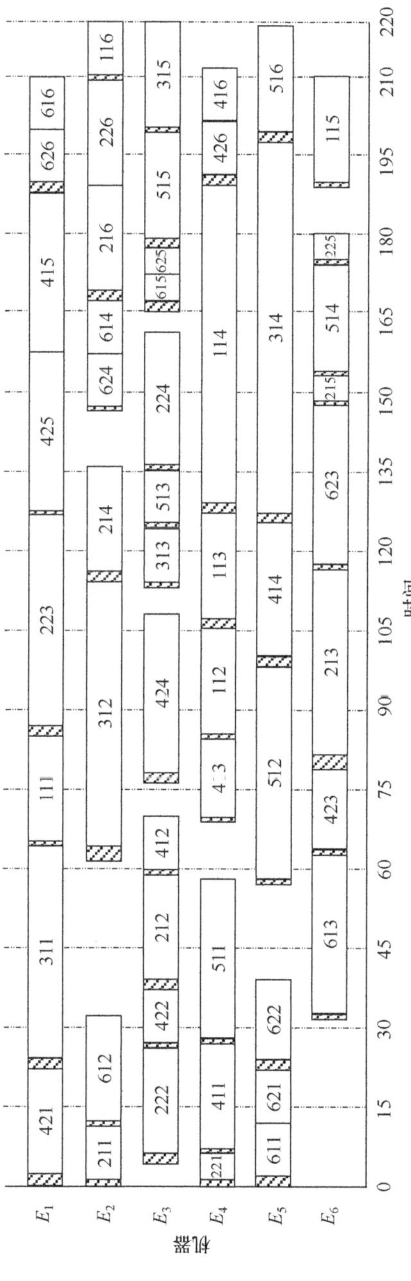

图 4.5　算例 3 最优甘特图

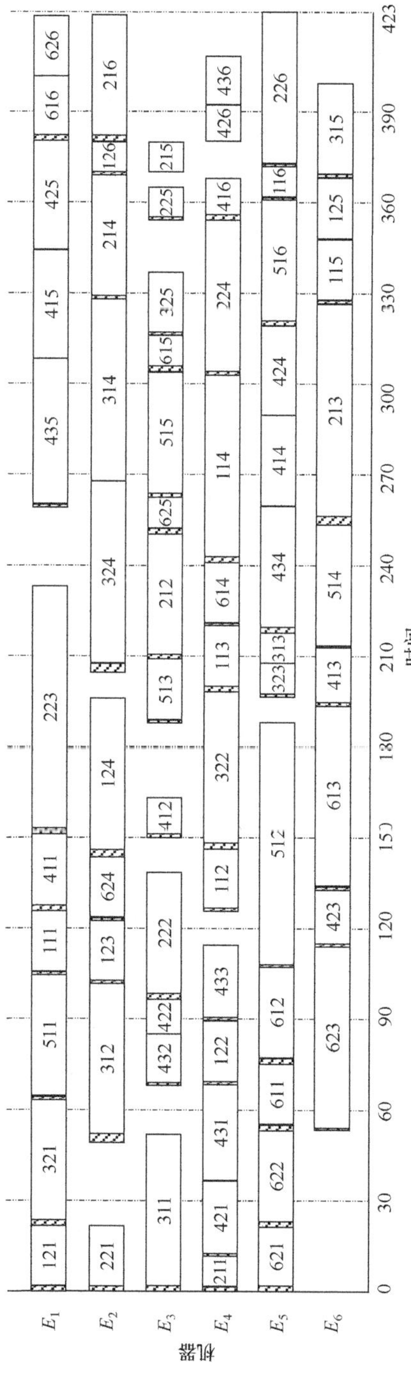

图 4.6　算例 4 最优甘特图

2. 多资源实例仿真

Job-shop 生产系统中，若有两种或两种以上的制造资源制约着车间的生产能力，则分别称为双资源、多资源调度问题。这些制造资源包括机器、工人、传输设备和辅助资源，如刀具、夹具和货盘等。这类问题是传统单资源(机器)调度问题的扩展，在实际生产中普遍存在。目前越来越多的研究涉及了这一类调度问题。Thomalla[24]把各种制造资源如工人、车辆、容器等组合起来看成设备，资源组合固定不变，将多资源调度问题转化为单资源调度问题。EIMaraghy 等[25]针对受机床和工人两种资源制约的双资源作业调度问题，采用双染色体编码的遗传算法同时解决资源分配和排序问题。潘全科和朱剑英[26]研究了受机床、工人和传输小车制约且工序存在多种可选资源的调度问题，根据资源的最早可用时间来为工序选择制造资源。孙志峻等[27]在进行资源分配时，取能最早完成某道工序的资源作为该工序的制造资源，采用遗传算法解决受机器、操作人员和机器人三种制造资源制约的作业车间动态调度问题。

多资源 Job-shop 分批优化调度问题涉及批量划分、排序优化和资源分配三个子问题，在单资源问题基础上，增加了多资源约束。以某电声企业生产车间为例，制造资源信息如表 4.5 和表 4.6 所示，工件工序信息、各工序对资源的需求以及在制造资源上的时间信息如表 4.7 所示。加工时间、准备时间单位为 s，“—”表示该资源不能用于加工对应工序，“√”表示该模具可用于加工对应工序。本例中，制造资源包括模具、机器及其操作者、操作人员，同一道工序可能存在多个制造资源，且各工序对资源的需求不同，有些工序加工时需要同时配备机器及其操作者、模具，有些则不需要模具，而有些只需要操作人员即可完成加工操作。其中，模具作为辅助工具，需要安装在机器上才能发挥作用，当某道工序不需要机器时，它显然也不需要模具。一般情况下，模具可以在需要时，从一台机器转移到另一台机器。当生产时，根据工序的资源需求为每一批任务的每一道工序分配制造资源，需要配备机器的工序在加工前需要进行准备操作。实际生产车间中机器与其操作者之间的对应关系在一个工作班内一般是固定的，因此可采用机器和操作者绑定的方法，即只有不需要机器的工序才需要单独分配操作人员。

表 4.5　机器信息表

编号	E_1	E_2	E_3	E_4	E_5	E_6	E_7	E_8	E_9	E_{10}	E_{11}	E_{12}	E_{13}
资源名称	捞浆机	简易压力机				可倾压力机		切边机			涂胶机		

表 4.6　模具、人员信息表

编号	P_1	P_2	P_3	P_4	P_5	P_6	P_7	D_1	D_2	D_3	D_4	D_5
资源名称	中检操作人员			成检操作人员				冲切模			热压模	

表 4.7　工件工序加工信息表

工件	加工批量/只	工序（按顺序）	机器（包括操作者）的单件加工时间/准备时间													操作人员的单件加工时间							模具与工序对应关系				
			E_1	E_2	E_3	E_4	E_5	E_6	E_7	E_8	E_9	E_{10}	E_{11}	E_{12}	E_{13}	P_1	P_2	P_3	P_4	P_5	P_6	P_7	D_1	D_2	D_3	D_4	D_5
布边纸盆（J_1）	3600	上胶	—	—	—	—	—	—	—	—	—	—	5/5	7/5	8/5	—	—	—	—	—	—	—	—	—	—	—	—
		落料	—	—	—	—	—	—	—	10/2	13/4	13/1	—	—	—	—	—	—	—	—	—	—	—	—	—	—	—
		热压	—	—	—	—	—	2/5	2/4	—	—	—	—	—	—	—	—	—	—	—	—	—	—	—	—	√	√
		冲切	—	—	—	—	—	—	—	5/2	7/2	6/2	—	—	—	—	—	—	—	—	—	—	√	√	√	—	—
		成检	—	—	—	—	—	—	—	—	—	—	—	—	—	—	—	—	15	12	14	12	—	—	—	—	—
泡沫边纸盆（J_2）	500	涂里圈	—	—	—	—	—	—	—	—	—	—	5/5	9/4	6/7	—	—	—	—	—	—	—	—	—	—	—	—
		中检	—	—	—	—	—	—	—	—	—	—	—	—	—	3	4	3	—	—	—	—	—	—	—	—	—
		压搭纸盆	—	4/8	4/3	7/2	5/1	—	—	—	—	—	—	—	—	—	—	—	—	—	—	—	—	—	—	—	—
		正封口	—	15/4	7/7	6/7	11/5	—	—	—	—	—	—	—	—	—	—	—	—	—	—	—	—	—	—	—	—
		反封口	—	5/3	5/3	5/2	4/3	—	—	—	—	—	—	—	—	—	—	—	—	—	—	—	—	—	—	—	—
		成检	—	—	—	—	—	—	—	—	—	—	—	—	—	—	—	—	10	10	8	9	—	—	—	—	—
橡皮边纸盆（J_3）	1800	涂里圈	—	—	—	—	—	—	—	—	—	—	5/4	7/6	8/6	—	—	—	—	—	—	—	—	—	—	—	—
		上胶	—	—	—	—	—	—	—	—	—	—	6/6	6/8	10/6	—	—	—	—	—	—	—	—	—	—	—	—
		中检	—	—	—	—	—	—	—	—	—	—	—	—	—	4	5	4	—	—	—	—	—	—	—	—	—
		压搭纸盆	—	15/5	14/3	14/2	12/2	—	—	—	—	—	—	—	—	—	—	—	—	—	—	—	—	—	—	—	—
		反封口	—	5/3	3/1	5/4	5/2	—	—	—	—	—	—	—	—	—	—	—	—	—	—	—	—	—	—	—	—
		成检	—	—	—	—	—	—	—	—	—	—	—	—	—	—	—	—	11	10	11	11	—	—	—	—	—

续表

工件	加工批量/只	工序（按顺序）	机器（包括操作者）的单件加工时间/准备时间													操作人员的单件加工时间							模具与工序对应关系				
			E_1	E_2	E_3	E_4	E_5	E_6	E_7	E_8	E_9	E_{10}	E_{11}	E_{12}	E_{13}	P_1	P_2	P_3	P_4	P_5	P_6	P_7	D_1	D_2	D_3	D_4	D_5
纸小双盆（J_4）	2000	做铜丝网	—	—	—	—	—	—	—	6/2	6/2	3/2	—	—	—	—	—	—	—	—	—	—	—	—	—	—	—
		捞浆成形	4/2	—	—	—	—	—	—	—	—	—	—	—	—	—	—	—	—	—	—	—	—	—	—	√	√
		中检	—	—	—	—	—	—	—	—	—	—	—	—	—	3	5	4	—	—	—	—	—	—	—	—	—
		冲切	—	—	—	—	—	—	—	5/3	8/4	5/4	—	—	—	—	—	—	—	—	—	—	√	√	√	—	—
		成检	—	—	—	—	—	—	—	—	—	—	—	—	—	—	—	—	8	6	9	8	—	—	—	—	—
纸锥（J_5）	500	涂里圈	—	—	—	—	—	—	—	—	—	—	5/4	6/4	6/5	—	—	—	—	—	—	—	—	—	—	—	—
		上胶	—	—	—	—	—	—	—	—	—	—	5/6	5/6	6/6	—	—	—	—	—	—	—	—	—	—	—	—
		中检	—	—	—	—	—	—	—	—	—	—	—	—	—	5	5	5	—	—	—	—	—	—	—	—	—
		热压	—	—	—	—	—	7/5	6/4	—	—	—	—	—	—	—	—	—	—	—	—	—	—	—	—	√	√
		正封口	—	9/2	10/4	8/3	9/2	—	—	—	—	—	—	—	—	—	—	—	—	—	—	—	—	—	—	—	—
		反封口	—	5/2	4/2	8/2	6/2	—	—	—	—	—	—	—	—	—	—	—	—	—	—	—	—	—	—	—	—
		成检	—	—	—	—	—	—	—	—	—	—	—	—	—	—	—	—	9	9	10	10	—	—	—	—	—

4.2.2 节混合 DE 算法可稍作调整用于求解多资源分批优化调度问题，即在算法解码步骤 3 中根据待安排任务对资源的需求，选择能最早完成任务的机器或机器-模具组合或操作人员作为加工资源，安排准备、加工操作。算法编码及进化操作均保持不变。具体步骤不再详述。

设置算法参数 $t_{max}=500$，$N_p=50$，$CR_0=0.3$，$F_0=0.5$，$\alpha=0.9$，$\beta=0.95$，采用算法 ALGRM1 对该实例随机运行 20 次，得到的结果如表 4.8 所示。其中，批量为 0 的子批在批量划分结果中不显示。对应的生产资源上的甘特图如图 4.7 所示。

表 4.8　实例求解结果

F_B	F_W	N_{BF}/次	T_A/s	批量划分方案				
				J_1	J_2	J_3	J_4	J_5
48009	52805	5	23.1	1200，1200，1200	166，166，168	600，600，600	666，666，668	250，250

甘特图中 E 表示机器，P 表示操作人员，D 表示模具。方块里的数字“ikj”表示工件 $i(J_i)$第 k 子批的第 j 道工序，对应的子批批量信息如表 4.8 所示。灰色填充的方块表示对应的工序需要配备模具，方块上方标记的是为该工序分配的模具。方块在时间轴上的起止时间为：从该工序的开始准备时间（若需要事先准备）或开始加工时间（若无须进行事先准备）到该工序的结束加工时间。由于本例中，相对于批任务的加工时间，准备时间较短，因此图里未单独标记准备操作。

由以上单资源、多资源算例仿真结果分析可得到以下结论：采用批量划分将工件划分成若干较小子批独立处理，可大大缩短生产周期，提高生产效率；所提出的 Job-shop 等量分批优化调度方法适用于多品种、中小批量生产方式下的调度问题；所提出的算法能有效地实现批量划分和子批任务工序排序优化，所设计的自适应算子和局部搜索操作能有效地改进算法性能，算法能在合理的时间内获得令人满意的优化结果。

4.3　一致子批划分策略下的 Job-shop 分批优化调度

在企业生产活动中，为防止机器故障需对其进行维护保养，从而导致机器在某段时间不可用。本节在柔性 Job-shop 分批优化调度问题中考虑机器带有不可用时间段约束和任务在工序间的传输时间约束，基于一致子批划分策略，提出一种混合算法实现批量划分和排序优化。

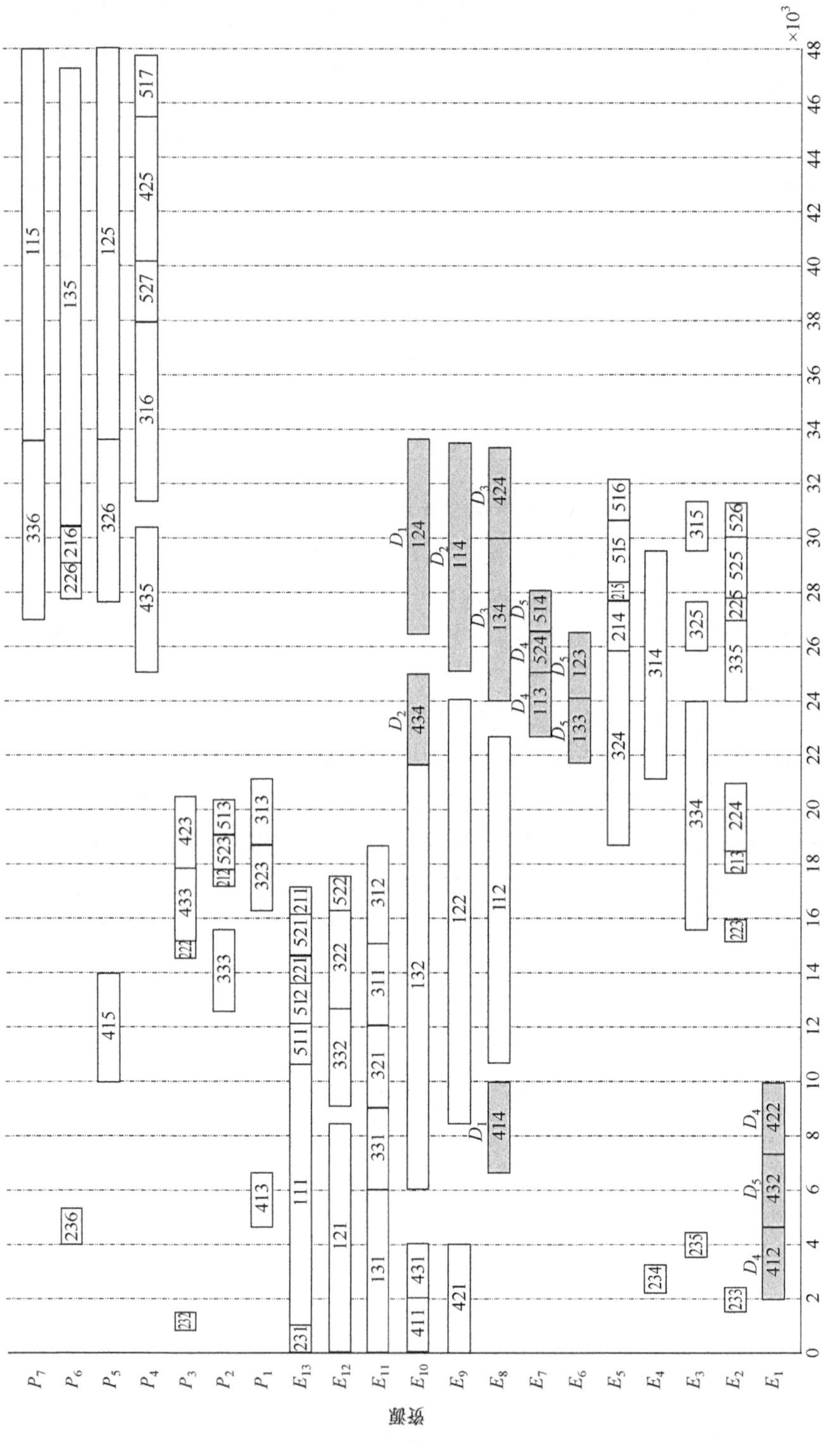

图 4.7　主生产资源上的最优甘特图

4.3.1 问题模型

在 4.2.1 节定义的参数和决策变量基础上，增加如下参数和决策变量：记 Nt_l 为机器 l 的不可用时段数，LT_{lq}、UT_{lq} 分别为机器 l 上第 q 个不可用时间段的下限和上限，$q=1,2,\cdots,\mathrm{Nt}_l$，$l=1,2,\cdots,M$；$\mathrm{TT}_{ll'}$ 表示从机器 l 到机器 l' 的传输时间，$l=1,2,\cdots,M$，$l'=1,2,\cdots,M+1$（其中，$l'=M+1$ 表示仓库）；定义决策变量 STT_{ikj}、CTT_{ikj} 分别表示工件 i 的第 k 批完成第 j 道工序后的开始、结束传输时间，$j=n_i$ 时表示完工的子批传输入库，否则表示子批上下道工序之间的传输。

在 4.2.1 节所建模型的基础上，进一步考虑机器不可用时段和子批的传输时间，建立本节问题模型如下。

(1) 目标函数：如式(4.1)所示，问题以最小化生产周期为目标，即使最大完工时间 $C_{\max}$ 最小化。考虑子批的传输时间后，最大完工时间为最大完工入库时间，如式(4.20)所示：

$$C_{\max}=\max_{i=1}^{N}\left\{\max_{k=1}^{b_i}\{\mathrm{CTT}_{ikn_i}\}\right\} \tag{4.20}$$

(2) 批量划分约束：如式(4.3)所示。一致子批划分策略下各子批批量 BN_{ik} 可不相等。

(3) 机器分配约束：如式(4.4)和式(4.5)所示。

(4) 工序约束：考虑子批的传输时间后，同一子批任务前后道工序之间的工艺顺序约束如式(4.21)和式(4.22)所示。若涉及的准备操作在子批任务到达之后才能进行，则需满足式(4.21)；否则，允许机器提前进行准备，如式(4.22)所示：

$$\mathrm{SPT}_{ikj}\geqslant\mathrm{CTT}_{ik(j-1)},\quad \forall i,k,\forall j>1 \tag{4.21}$$

$$\mathrm{SWT}_{ikj}\geqslant\mathrm{CTT}_{ik(j-1)},\quad \forall i,k,\forall j>1 \tag{4.22}$$

(5) 机器约束：如式(4.8)所示，要求分配到同一机器上的批任务根据加工顺序依次进行处理。

(6) 机器不可用时段约束：如式(4.23)和式(4.24)所示，表示在安排准备操作和加工操作时均应避开所分配机器的不可用时段：

$$(\mathrm{SPT}_{ikj},\mathrm{CPT}_{ikj})\cap(\mathrm{LT}_{l'q},\mathrm{UT}_{l'q})=\varnothing,\quad \forall i,j,k,$$
$$l'=\sum_{l=1}^{M}(\phi_{ikjl}\times l),\quad \forall q=1,2,\cdots,\mathrm{Nt}_{l'} \tag{4.23}$$

$$(\mathrm{SWT}_{ikj},\mathrm{CWT}_{ikj})\cap(\mathrm{LT}_{l'q},\mathrm{UT}_{l'q})=\varnothing,\quad \forall i,j,k,$$
$$l'=\sum_{l=1}^{M}(\phi_{ikjl}\times l),\quad \forall q=1,2,\cdots,\mathrm{Nt}_{l'} \tag{4.24}$$

(7) 准备操作和加工操作：如式(4.9)和式(4.11)所示，其中，加工操作在准备操作之后进行。由于机器不可用时段的存在，机器完成准备操作后未必立即开始加工操作，如式(4.25)所示：

$$\mathrm{SWT}_{ikj} \geqslant \mathrm{CPT}_{ikj}, \quad \forall i,j,k \tag{4.25}$$

(8) 传输操作：式(4.26)表示子批加工结束后立即开始传输操作，将子批从当前机器传输至下一道工序的加工机器上，如式(4.27)所示，或者当子批的最后一道工序完工时，将该完工的子批传输入库，如式(4.28)所示，即

$$\mathrm{STT}_{ikj} = \mathrm{CWT}_{ikj}, \quad \forall i,j,k \tag{4.26}$$

$$\mathrm{CTT}_{ikj} = \mathrm{STT}_{ikj} + \sum_{l=1}^{M}\sum_{l'=1}^{M}(\phi_{ikjl} \times \phi_{ik(j+1)l'} \times \mathrm{TT}_{ll'}), \quad \forall i,k, \forall j < n_i \tag{4.27}$$

$$\mathrm{CTT}_{ikj} = \mathrm{STT}_{ikj} + \sum_{l=1}^{M}(\phi_{ikjl} \times \mathrm{TT}_{l(M+1)}), \quad \forall i,k,j = n_i \tag{4.28}$$

4.3.2 算法设计

一致子批划分策略下，各工件可采取不等量分批，划分过程中需满足子批批量总和保持不变的约束。本节采用两级编码方式，分别对应批量划分和子批排序问题：借鉴第2章所设计的基于块变异、块交叉的差分进化思路进行批量划分，使批量划分约束得到保证；采用GA交叉算子——部分匹配交叉PMX[23]进行子批排序序列更新。通过算法优化确定各工件的子批数、子批批量、子批加工顺序和加工机器。算法具体如下。其中，适应度函数同式(4.16)。

1. *编码解码方案*

算法采用整数编码，种群中的个体h由一条批量划分队列x_h和一条排序队列y_h组成，$h=1,2,\cdots,N_\mathrm{p}$，$N_\mathrm{p}$为种群规模。为使个体长度保持一致以便于进化操作，预先为各工件设置一个公共批次数b，b的大小可根据各工件的加工批量大小以及各工序的并行机信息视情况而定。如此，共有$N\times b$个子批。$N\times b$个子批的批量信息组成划分队列x_h，子批各道工序的加工顺序信息组成排序队列y_h。

初始化时，对工件i，随机产生b个$[0,\mathrm{BS}_i]$范围内的整数，使这b个整数总和为BS_i，组成工件i的批量划分队列块。N个工件的划分队列块组成了种群中个体h上的划分队列$x_h=\{x_{h,1},x_{h,2},\cdots,x_{h,N\times b}\}$。其中，$x_{h,(i-1)\times b+1},x_{h,(i-1)\times b+2},\cdots,x_{h,(i-1)\times b+b}$为工件$i$的划分队列块；$x_{h,(i-1)\times b+k}$代表工件$i$第$k$个子批的批量大小，即$\mathrm{BN}_{ik}=x_{h,(i-1)\times b+k}$，$i=1,2,\cdots,N$，$k=1,2,\cdots,b$。去除工件$i$划分队列块中批量值为0的子批后剩下的子批数为该工件的实际子批数。

对$N\times b$个子批分别从1到$N\times b$进行标号，采用基于工序的编码方式得到排序队列y_h，队列长度为$L=\sum_{i=1}^{N}(n_i\times b)$。假定在某个分批优化调度问题中，$N=2$，

$BS_1 = BS_2 = 10, n_1 = 2, n_2 = 3, b = 3$，则图 4.8 和图 4.9 分别是该问题中划分队列和排序队列的示例。中括号里内容仅作解释用，不包含在队列内。图 4.8 中标号为 1、2、3 的子批属于工件 J_1，各含两道工序，而标号为 4、5、6 的子批属于工件 J_2，各含三道工序。因此，图 4.9 中，排序队列上标号 1、2、3 的子批各出现两次，标号 4、5、6 的子批各出现三次，队列长度为 $2\times3+3\times3=15$。根据队列上从左到右相同的标号出现的次数来解释对应的工序号，例如，图 4.9 中从左到右安排在第五位的"2"代表工件 J_1 的第二子批，此为 y_h 上第二次出现的"2"，因此表示该子批的第二道工序。根据图 4.8，工件 J_1 实际只划分成两个子批，子批量均为 5。

x_h

	5	5	0	2	4	4
[工件	1	1	1	2	2	2]
[子批	1	2	3	1	2	3]
[标号	1	2	3	4	5	6]

图 4.8　划分队列示例

y_h

	6	1	4	2	2	3	6	6	1	5	5	3	4	4	5
[工序	1	1	1	1	2	1	2	3	2	1	2	2	2	3	3]

图 4.9　排序队列示例

解码时，根据 x_h 上的批量划分信息和 y_h 上的子批排序信息，考虑机器不可用时段约束，为各子批选择加工机器，并安排准备、加工和传输操作。通过以下步骤得到调度方案：

步骤 1　设置 $FT_l=0$，表示机器 l 的开始空闲时间；设置 $EJ_l=-1$ 和 $EO_l=-1$，分别表示机器 l 上当前安排的批任务的工件号、工序号；$l=1,2,\cdots,M$。初始化 $\phi_{ikjl}=0$、$CWT_{ikj}=0(i=1,2,\cdots,N;k=1,2,\cdots,b;j=1,2,\cdots,n_i;l=1,2,\cdots,M)$。设置 $m=1$。

步骤 2　选择 y_h 上从左到右第 m 位待安排子批任务，获得其工件号 i、子批号 k 和工序号 j。根据 x_h 获得该子批批量 BN_{ik}。若 $BN_{ik}=0$，执行步骤 4；否则，执行步骤 3。

步骤 3　考虑传输时间和机器不可用时段约束，从并行机中选择能最早完成待安排任务的机器作为工件 i 第 k 子批第 j 道工序的加工机器。具体见步骤 3.1～步骤 3.8。

步骤 3.1　若 $j>1$，设置 $l'=\sum_{l=1}^{M}(\phi_{ik(j-1)l}\times l)$ 表示该子批上一道工序分配的机器。设置 $l=1, l^*=-1$。

步骤 3.2　若 $WT_{ijl}\neq0$，执行步骤 3.3；否则，执行步骤 3.7。

步骤 3.3　设置 RT=0，表示待安排任务的最早开始时间。若 $j>1$，设置 $RT=CWT_{ik(j-1)}+TT_{l'l}$。若准备操作在子批任务到达之后才能开始，则设置 $SP=\max\{FT_l, RT\}$；否则，设置 $SP=\max\{FT_l, RT-PT_{ijl}\times\varphi_{ikjl}\}$。设置 $CP=SP+PT_{ijl}\times\varphi_{ikjl}$，$SW=CP$，$CW=SW+BN_{ik}\times WT_{ijl}$。若 $Nt_l>0$，设置 $q=1$，执行步骤 3.4；否则，执行步骤 3.6。

步骤 3.4　若 $(SP, CP)\cap(LT_{lq}, UT_{lq})\neq\varnothing$，则设置 $CP=CP+(UT_{lq}-SP)$，$SW=SW+(UT_{lq}-SP)$，$CW=CW+(UT_{lq}-SP)$，$SP=UT_{lq}$。若 $(SW, CW)\cap(LT_{lq}, UT_{lq})\neq\varnothing$，则设置 $CW=CW+(UT_{lq}-SW)$，$SW=UT_{lq}$。

步骤 3.5　设置 $q=q+1$。若 $q\leqslant Nt_l$，返回步骤 3.4；否则，若 SP=CP，设置 SP=SW 和 CP=SW。

步骤 3.6　若 $l^*=-1$，或者当 $l^*\neq-1$ 且 $CWT_{ikj}>CW$ 时，设置 $l^*=l$。若 $l^*=l$，则设置 $SPT_{ikj}=SP$，$CPT_{ikj}=CP$，$SWT_{ikj}=SW$，$CWT_{ikj}=CW$。

步骤 3.7　设置 $l=l+1$。若 $l\leqslant M$，返回步骤 3.2。

步骤 3.8　设置 $\phi_{ikjl^*}=1$，更新机器 l^* 的开始空闲时间 $FT_{l^*}=CWT_{ikj}$，并设置 $EJ_{l^*}=i$，$EO_{l^*}=j$。若 $j>1$，设置 $STT_{ik(j-1)}=CWT_{ik(j-1)}$，$CTT_{ik(j-1)}=STT_{ik(j-1)}+TT_{l'l^*}$。若 $j=n_i$，则设置 $STT_{ikj}=CWT_{ikj}$，$CTT_{ikj}=STT_{ikj}+TT_{l^*(M+1)}$。

步骤 4　设置 $m=m+1$。若 $m\leqslant L$，返回步骤 2。

2. 迭代进化过程

种群中每个个体均由一条划分队列和一条排序队列组成，进化时对 x_h 采用 2.4.3 节基于块变异、块交叉算子的差分进化操作，对 y_h 采用遗传进化操作。每次迭代过程中，按如下步骤对当前种群(第 t 代种群)进行进化操作：

步骤 1　设置 $h=1$。

步骤 2　对于第 t 代种群中个体 h 的划分队列(记为 x_h^t)，以各工件的批量划分队列块为单元，按式(4.29)进行块变异操作($i=1,2,\cdots,N$)，获得变异队列记为 x'_h。在对工件 i 的划分队列块进行变异操作时，为了保证产生的 $x'_{h,g}$ 符合 $[0, BS_i]$ 范围约束，F_i 的取值需满足式(4.30)和式(4.31)，这里采用随机产生该范围内的数值作为 F_i 的取值。由于此处为整数编码，式(4.29)采用了取整操作[]。

$$x'_{h,g}=[x_{h_1,g}^t+F_i\times(x_{h_2,g}^t-x_{h_3,g}^t)],\quad g=(i-1)\times b+1,\cdots,(i-1)\times b+b \tag{4.29}$$

$$F_i\geqslant\max\left\{0,\max_{g=(i-1)\times b+1}^{(i-1)\times b+b}\left\{\min\left\{\frac{BS_i-x_{h_1,g}^t}{x_{h_2,g}^t-x_{h_3,g}^t},\frac{-x_{h_1,g}^t}{x_{h_2,g}^t-x_{h_3,g}^t}\right\}\right\}\right\} \tag{4.30}$$

$$F_i\leqslant\min\left\{2,\min_{g=(i-1)\times b+1}^{(i-1)\times b+b}\left\{\max\left\{\frac{BS_i-x_{h_1,g}^t}{x_{h_2,g}^t-x_{h_3,g}^t},\frac{-x_{h_1,g}^t}{x_{h_2,g}^t-x_{h_3,g}^t}\right\}\right\}\right\} \tag{4.31}$$

式中，h_1、h_2 和 h_3 表示随机选中的用于执行差分变异操作的个体；$x^t_{h_1,g}$、$x^t_{h_2,g}$ 和 $x^t_{h_3,g}$ 分别表示第 t 代种群中父代个体 h_1、h_2 和 h_3 上划分队列中的第 g 位分量。

x^t_h 上工件 i 划分队列块中各子批量总和等于 BS_i，在经过差分变异操作后得到的新队列块 $x'_{h,(i-1)\times b+1}$，$x'_{h,(i-1)\times b+2}$，…，$x'_{h,(i-1)\times b+b}$ 总和也基本保持不变，但在经过取整操作后，可能会出现 $\sum_{g=(i-1)\times b+1}^{(i-1)\times b+b} x'_{h,g} < BS_i$ 的情况，需要进行微调。此处，将两者之间的差额加到新队列块中非零子批量中的最小子批量上。

在对所有工件的划分队列块逐一完成块变异操作和微调后，获得一条完整的变异队列 x'_h。以各工件的划分队列块为单元，在 x'_h 与 x^t_h 之间执行块交叉操作获得试验队列 x''_h（块交叉操作见 2.4.3 节）。

步骤 3　对第 t 代种群中个体 h 上的排序队列（记为 y^t_h）进行遗传进化操作：将 y^t_h 分别与个体 h_1、h_2 和 h_3 上的排序队列进行部分匹配交叉（PMX 操作）[23]得到六条新的排序队列。

步骤 4　在两条划分队列（x^t_h 和 x''_h）和七条排序队列（y^t_h 和步骤 3 新产生的六条排序队列）之间进行组合，可得到 14 个个体，将这些个体存入临时种群。执行 $h=h+1$。若 $h\leqslant N_p$，返回步骤 2。

步骤 5　此时，临时种群中的个体达到了 $14\times N_p$ 个。在临时种群中采用最优个体保存和轮盘赌选择操作[23]选择 N_p 个个体进入下一代，作为第 $t+1$ 代种群。

4.3.3　仿真及分析

1. 公共批次数 b 参数实验

为研究算法性能并测试公共批次数 b 的设置对算法优化结果的影响，使用 4.2.3 节的 4 个算例进行测试，暂不考虑工件在机器间的传输时间及机器的不可用时段约束，分别标记两类算法 ALGRM1 和 ALGRM2：ALGRM1 表示 4.3.2 节所设计的算法；ALGRM2 表示基于遗传算法进化框架，分别以概率 p_c 和 p_m 进行交叉与变异，对排序队列采用部分匹配交叉操作和随机互换变异操作，对划分队列采用块互换交叉操作和块随机变异操作，使批量划分约束在进化过程中仍能满足。

设置参数 $t_{max}=500$，$N_p=50$，ALGRM1 算法交叉概率 CR、ALGRM2 算法交叉概率 p_c 和变异概率 p_m 均从[0, 1]范围内随机产生。在 b 取值为 1～8 的情况下，采用 ALGRM1 算法和 ALGRM2 算法分别求解算例 1～算例 4。程序运行环境同 4.2.3 节，所得 20 次随机运行结果如表 4.9 所示。表中 F_B、F_W、N_{BF} 和 T_A 分别表示算法 20 次运行结果中所得的最优生产周期、最差生产周期、获得最优生产周期的次数和单次运行所消耗的平均 CPU 时间(s)。

表 4.9　公共批次数 b 参数实验

算例	b	ALGRM1				ALGRM2			
		F_B	F_W	N_{BF}/次	T_A/s	F_B	F_W	N_{BF}/次	T_A/s
算例 1	1	141	141	20	25.4	141	141	20	8.5
	2	90	111	14	46.4	107	110	9	15.6
	3	85	93	13	70	93	108	7	24.7
	4	85	106	10	96.3	90	108	3	33.9
	5	85	108	6	127.3	90	105	3	43.2
	6	85	92	7	164.2	88	107	2	55.8
	7	85	92	4	213.5	87	105	3	73.3
	8	85	90	5	262.9	87	105	2	87.5
算例 2	1	345	345	20	25.5	345	345	20	8.5
	2	203	210	13	46.8	204	211	6	16.1
	3	189	204	11	72	195	204	5	25.2
	4	186	203	11	101.2	193	203	6	32.7
	5	186	204	8	131.8	193	204	4	45.8
	6	186	203	7	169.9	192	204	2	56.9
	7	186	203	6	219.9	192	203	1	75.4
	8	186	202	4	270.2	192	202	2	90
算例 3	1	242	256	13	52.4	242	254	12	17.3
	2	220	240	9	117.8	223	237	9	37.8
	3	218	236	9	204.15	223	236	7	69.2
	4	218	239	7	308.85	221	240	4	105.1
	5	218	237	5	436.8	221	239	1	147.3
	6	218	235	3	582.3	221	239	3	200
	7	218	237	2	751.8	221	237	2	254.4
	8	218	236	2	951.2	221	236	1	321.6
算例 4	1	484	506	11	51.75	484	506	12	17.5
	2	426	461	8	115.65	429	461	5	39.2
	3	423	453	5	205.7	427	453	4	68
	4	423	451	6	315.5	427	456	3	105.4
	5	420	452	4	441	429	452	1	149.1
	6	420	454	3	596.8	426	456	1	199.7
	7	420	456	3	763.2	426	459	1	257.4
	8	420	451	2	958.55	426	456	1	325.8

$b=1$ 表示各工件不分批，此情况下 ALGRM1 和 ALGRM2 算法求解算例 1 和算例 2 所得最优结果与文献[8]和文献[10]成批调度结果一致，对算例 3 的求解

结果略优于文献[11]所得解。由表 4.9 可知，算法所得最优生产周期随着 b 的增加而逐步缩短。随着 b 的增加，各工件允许划分的子批数增加，经过合理分批、机器分配和加工排序，有利于均衡并行机利用率、减少机器空闲时间，从而缩短完工时间。各算例在 b 增加到一定值后，最优生产周期达到稳定，此后再继续增加 b 将无法使生产周期得到进一步缩短。这是因为过多子批次会导致过多的准备操作，从而花费更多的时间，不利于缩短生产周期。从算法计算时间可知，随着 b 的增大，个体长度越长，运行时间就越长。因此，参数 b 的设置对能否较快地获得满意解具有重要影响。b 的取值与工件的批量大小以及并行机加工能力信息有关。

从算法优化性能角度，ALGRM1 算法比 ALGRM2 算法表现出更好的寻优性和稳定性。由于 ALGRM1 算法是基于 DE 算法进化流程，对每条划分队列和排序队列均执行进化操作，且每条排序队列在一次迭代进化过程中执行三次 PMX 操作，生成六条新队列以供选择；而 ALGRM2 采用的是 GA 进化流程，排序和划分队列均分别以概率 p_c 和 p_m 参与交叉和变异操作。因此，与 ALGRM2 算法相比，ALGRM1 算法需要花费更多的计算时间。

与 4.2.3 节等量分批策略下对 4 个算例的求解结果相比，本节非等量一致子批划分策略在相应的预划分子批数下所得结果如表 4.10 所示。其中，4.2 节的求解方法中，各工件的预划分子批数根据可选并行机数而定，各工件之间不一定相同。根据表 4.10，从生产周期性能指标角度，一致子批划分策略一般要优于等量分批策略(实际上，后者是前者的一个特例)。这是由于实际生产系统中存在机器能力不均衡的情况(表现为各机器可加工的任务不同、不同并行机加工同一任务所需时间不同等)，一致子批策略通过非等量分批能对这种不均衡现象进行一定程度的补偿，在增加子批次则花费在准备操作上的时间会增多而减少子批次则会加长工件的等待时间两者矛盾中起到了较好的折中作用。从生产管理角度，等量分批策略实施起来要比一致子批策略更方便。

表 4.10　等量分批(4.2 节)与非等量一致子批划分策略所得结果比较

算例	等量分批		非等量一致子批划分
	各工件预划分子批数	生产周期	生产周期 (公共子批数)
算例 1	3 (J_1、J_2、J_3、J_4)	86	85 ($b=3$)
算例 2	3 (J_1、J_2、J_3、J_4)	192	189 ($b=3$)
算例 3	4 (J_1)，3 (J_2、J_3、J_4、J_6)，2 (J_5)	220	218($b=4$)，218($b=3$)，220($b=2$)
算例 4	4 (J_1)，3 (J_2、J_3、J_4、J_6)，2 (J_5)	423	423($b=4$)，423($b=3$)，426($b=2$)

ALGRM1 算法在不同 b 值下求解各算例所得的最优生产周期达到稳定后，将对应最优批量划分方案中子批量为零的无效子批去除，得到结果如表 4.11 所示，相应的甘特图如图 4.10～图 4.13 所示。

表 4.11 ALGRM1 所得最优批量划分方案

问题	批量划分方案					
	J_1	J_2	J_3	J_4	J_5	J_6
算例 1	4,4	8	2,2,4	1,2,5	—	—
算例 2	11,9	10,10	7,3,1,9	3,2,2,13	—	—
算例 3	2,8	4,6	4,6	4,3,3	6,4	5,4,1
算例 4	5,9,2,4	4,3,12,1	10,4,1,1,4	1,7,12	3,2,5,2,8	12,4,4

注:最优化方案并不唯一,此处只列出一种。

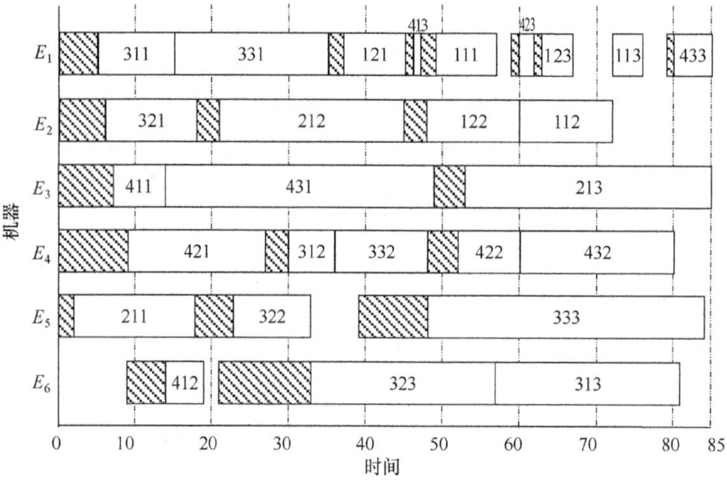

图 4.10 算例 1 甘特图

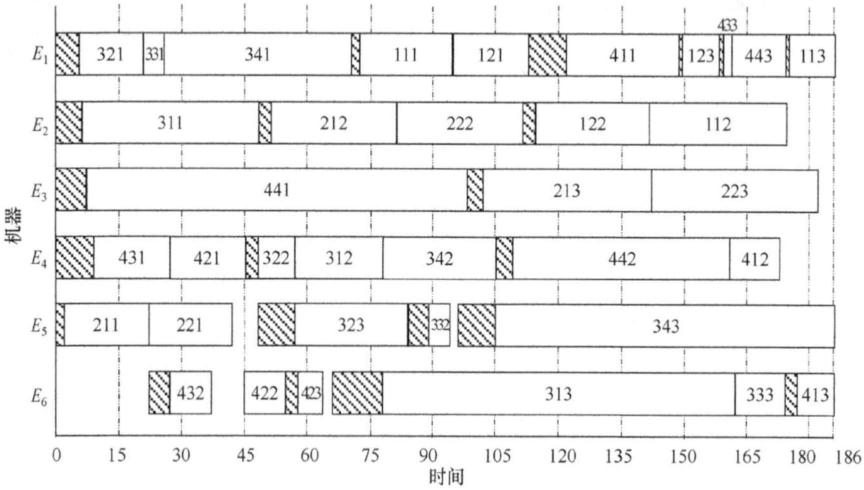

图 4.11 算例 2 甘特图

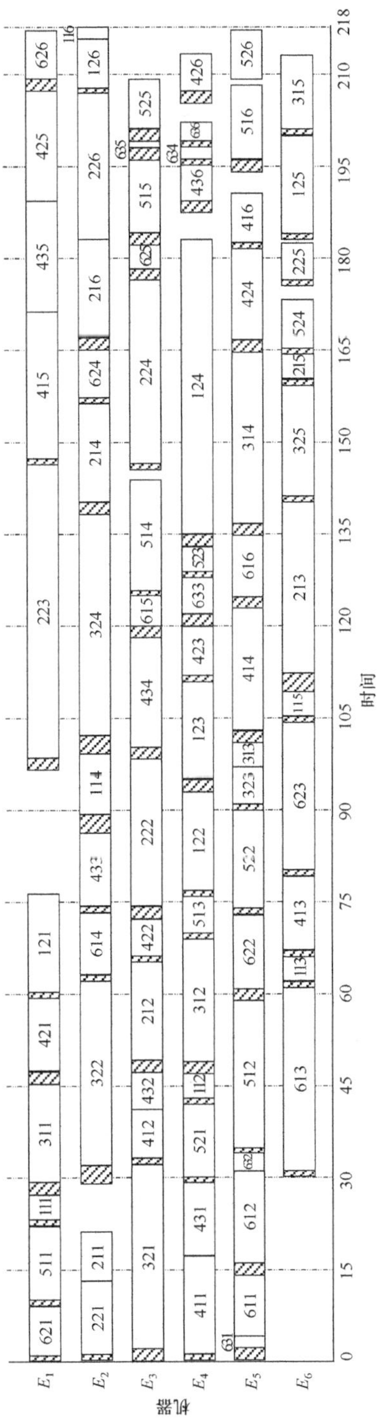

图 4.12　算例 3 甘特图

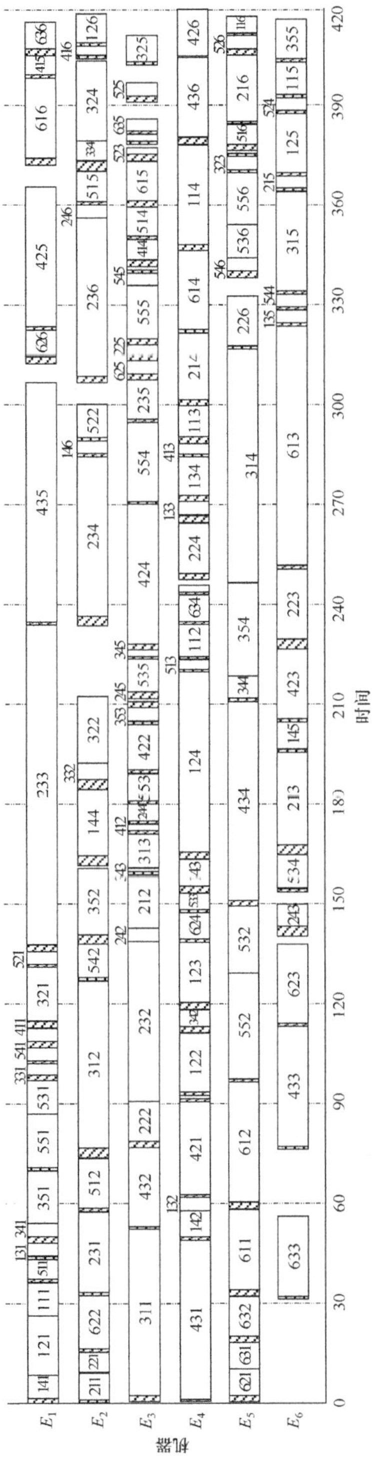

图 4.13　算例 4 甘特图

2. 考虑传输时间和机器不可用时段约束

在 Job-shop 分批优化调度问题中，进一步考虑工序间的传输操作以及机器的不可用时段约束，增加如下两个算例。这里假设不同种类的工件在两台给定机器之间的传输时间相同。

算例 5：在算例 2 的基础上，考虑传输时间和机器不可用时段约束(表 4.12)。

算例 6：在算例 4 的基础上，考虑传输时间和机器不可用时段约束(表 4.12)。

由表 4.9 可知，ALGRM1 算法在求解算例 2 和算例 4 时，所得最优生产周期分别在 $b=4$ 和 $b=5$ 时达到稳定。因此，此处对算例 5 和算例 6 分别设置 $b=4$ 和 $b=5$，采用 ALGRM1 算法进行求解，其余参数设置同上。20 次随机运行所得结果及最优批量划分方案如表 4.13 所示，相应的甘特图如图 4.14 和图 4.15 所示。

表 4.12　传输时间与机器不可用时段

从 \ 至	传输时间							机器不可用时段
	E_1	E_2	E_3	E_4	E_5	E_6	仓库	
E_1	0	3	2	3	1	4	2	(1, 10)　(100, 108)
E_2	3	0	7	6	1	1	2	(230, 242)
E_3	2	7	0	2	2	3	1	(11, 19)　(22, 27)　(40, 50)
E_4	3	6	2	0	4	6	3	(7, 13)　(400, 413)
E_5	1	1	2	4	0	5	5	(120, 125)　(200, 205)
E_6	4	1	3	6	5	0	7	(2, 10)　(98, 105)

表 4.13　ALGRM1 算法求解算例 5 和算例 6 的结果

问题	F_B	F_W	N_{BF}	T_A/s	批量划分方案					
					J_1	J_2	J_3	J_4	J_5	J_6
算例 5	220	240	10	102.3	4,5,11	4,16	9,6,1,4	1,3,4,12	—	—
算例 6	461	502	5	445.5	11,1,5,3	4,1,7,6,2	1,8,2,6,3	1,15,1,1,2	9,7,4	7,4,6,3

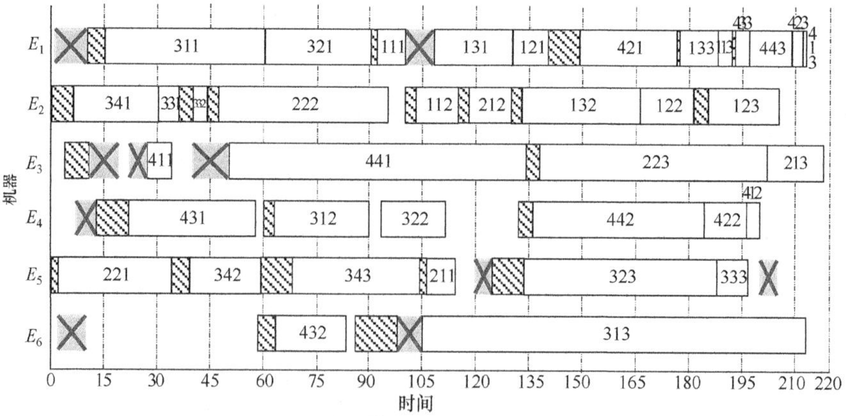

图 4.14　算例 5 甘特图

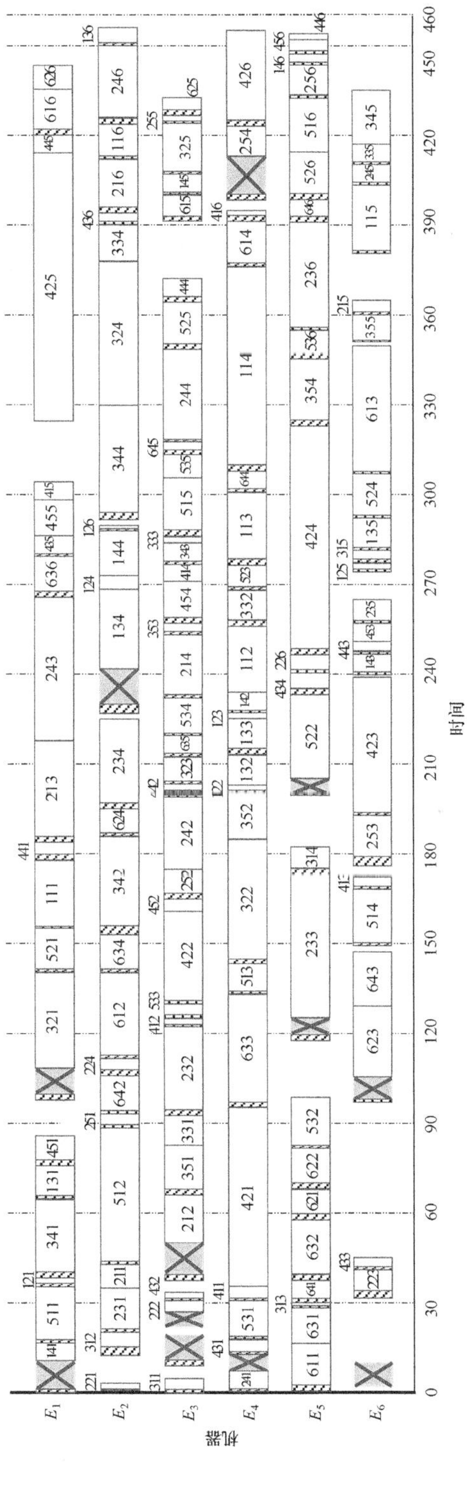
0
30
60
90
120
150
180
210
240
270
300
330
360
390
420
450
460
时间
E_1
E_2
E_3
E_4
E_5
E_6
机器

图 4.15　算例 6 甘特图

甘特图上带叉号阴影区域表示机器的不可用时段，图中只显示了在机器上进行的准备和加工操作，对应子批各道工序的传输操作时间如表 4.14 和表 4.15 所示。若某子批某道工序的开始传输时间等于结束传输时间，则该子批该道工序的加工机器与下道工序的加工机器相同，不需要传输操作。各子批的最后一道工序的结束传输时间表示子批的完工入库时间。

表 4.14 算例 5 工序传输时间(开始传输时间-结束传输时间)

工件	子批	工序 1	工序 2	工序 3
J_1	1	100-103	115-118	192-194
	2	140-143	181-181	205-207
	3	130-133	166-169	188-190
J_2	1	114-115	130-137	218-219
	2	34-35	95-102	202-203
J_3	1	60-63	90-96	213-220
	2	90-93	111-115	188-193
	3	36-36	44-45	197-202
	4	30-31	59-59	104-109
J_4	1	34-36	200-203	213-215
	2	176-179	196-199	212-214
	3	58-64	84-88	197-199
	4	134-136	184-187	209-211

表 4.15 算例 6 工序传输时间(开始传输时间-结束传输时间)

工件	子批	工序 1	工序 2	工序 3	工序 4	工序 5	工序 6
J_1	1	178-181	257-257	301-301	376-382	404-405	424-426
	2	38-41	204-204	228-234	272-273	275-276	289-291
	3	75-78	214-214	226-232	267-268	290-291	456-458
	4	16-19	235-241	247-248	287-294	407-409	449-454
J_2	1	42-49	66-68	218-220	256-259	365-366	412-414
	2	3-10	31-34	41-42	112-119	202-204	246-251
	3	34-41	123-125	174-175	226-227	265-270	392-397
	4	7-9	200-202	266-268	353-356	411-412	450-452
	5	93-100	176-179	193-199	423-425	427-429	445-450

续表

工件	子批	工序 1	工序 2	工序 3	工序 4	工序 5	工序 6
J_3	1	7-14	19-20	30-30	183-188	279-286	—
	2	140-143	186-188	214-221	378-385	424-425	—
	3	93-95	269-271	289-296	390-391	418-425	—
	4	64-67	187-194	287-294	330-331	436-443	—
	5	83-85	201-203	260-262	346-351	360-367	—
J_4	1	36-38	126-129	172-175	280-282	305-308	395-398
	2	96-98	162-165	239-244	323-324	414-417	455-458
	3	18-20	34-37	45-50	240-241	287-290	394-396
	4	184-186	205-208	251-254	377-379	420-421	456-461
	5	85-87	166-169	257-260	274-276	299-300	454-459
J_5	1	35-38	88-94	144-150	168-171	309-311	434-439
	2	155-156	233-237	277-283	305-308	369-371	416-421
	3	31-35	99-101	131-131	235-235	317-319	356-361
J_6	1	16-17	141-142	348-354	391-393	400-402	436-438
	2	68-68	82-87	129-130	196-203	433-435	444-446
	3	28-28	58-62	134-140	154-161	222-224	280-282
	4	38-39	106-107	147-153	308-310	322-324	400-405

4.4　可变子批划分策略下的 Job-shop 分批优化调度

均等子批和一致子批划分策略下，批量工件在各道工序上保持相同的划分方案。而实际车间中工件在各道工序上可用的加工资源情况不尽相同(各工序可用并行机数、并行机加工能力等不同)，因此在生产管理条件允许的情况下，可采用可变子批划分策略来均衡资源利用率，即允许工件采用灵活多变的划分方式，在各道工序上的划分方案不必保持相同(子批数、子批量可不同)。本节基于可变子批划分策略，介绍作业车间多工艺路线批量调度问题。

4.4.1　问题模型

在 4.2.1 节定义的参数和决策变量基础上，可变子批划分策略下问题的决策变量稍有不同：b_{ij} 表示工件 i 在第 j 道工序划分的子批数；BN_{ijk} 表示工件 i 第 j 道工序的第 k 子批批量；$\phi_{ijkl}=1$ 表示工件 i 第 j 道工序的第 k 子批安排到机器 l 上加工，否则，$\phi_{ijkl}=0$；$\delta_{ijk\_i'j'k'}=1$ 表示工件 i 第 j 道工序的第 k 子批排在工件 i' 第 j' 道工序的第 k' 子批之前，否则，$\delta_{ijk\_i'j'k'}=0$；$\varphi_{ijkl}=1$ 表示工件 i 第 j 道工序的第 k 子批在机器 l 上需要事先进行准备操作，否则，$\varphi_{ijkl}=0$；SPT_{ijk}、CPT_{ijk} 分别表示工件 i 第 j 道工序的第 k 批的开始、结束准备时间，SWT_{ijk}、CWT_{ijk} 分别表示工件 i 第 j 道工序的第 k 批的开始、结束加工时间；$\mathrm{CT}_{ij}(\mathrm{num})$ 表示当完成工件 i 第 j 道工序的批量达到 num 时的时间。

可变子批划分策略下作业车间分批优化调度问题模型如下：

$$\min Z = C_{\max} = \max_{i=1}^{N}\{\max_{k=1}^{b_{in_i}}\{\mathrm{CWT}_{in_ik}\}\} \tag{4.32}$$

$$\text{s.t.}\quad \sum_{k=1}^{b_{ij}} \mathrm{BN}_{ijk} = \mathrm{BS}_i,\quad \forall i,j;\ \mathrm{BN}_{ijk}\ \text{为整数},\ \forall i,j,k \tag{4.33}$$

$$\sum_{l=1}^{M} \phi_{ijkl} = 1,\quad \forall i,j,k \tag{4.34}$$

$$\sum_{l=1}^{M} (\phi_{ijkl} \times \mathrm{WT}_{ijl}) > 0,\quad \forall i,j,k \tag{4.35}$$

$$\mathrm{SPT}_{ijk} \geqslant \mathrm{CT}_{i(j-1)}\Big(\sum_{k'=1}^{k} \mathrm{BN}_{ijk'}\Big),\quad \forall i,k,\forall j>1 \tag{4.36}$$

$$\mathrm{SWT}_{ijk} \geqslant \mathrm{CT}_{i(j-1)}\Big(\sum_{k'=1}^{k} \mathrm{BN}_{ijk'}\Big),\quad \forall i,k,\forall j>1 \tag{4.37}$$

$$\mathrm{SPT}_{ijk} \geqslant \mathrm{CWT}_{i'j'k'} \times \delta_{i'j'k'\_ijk} \times \sum_{l=1}^{M} (\phi_{ijkl} \times \phi_{i'j'k'l}),\quad \forall i,j,k,i',j',k' \tag{4.38}$$

$$\mathrm{CPT}_{ijk} = \mathrm{SPT}_{ijk} + \sum_{l=1}^{M} (\mathrm{PT}_{ijl} \times \phi_{ijkl} \times \varphi_{ijkl}),\quad \forall i,j,k \tag{4.39}$$

$$\mathrm{SWT}_{ijk} = \mathrm{CPT}_{ijk},\quad \forall i,j,k \tag{4.40}$$

$$\mathrm{CWT}_{ijk} = \mathrm{SWT}_{ijk} + \mathrm{BN}_{ijk} \times \sum_{l=1}^{M} (\phi_{ijkl} \times \mathrm{WT}_{ijl}),\quad \forall i,j,k \tag{4.41}$$

$$i,i' = 1,2,\cdots,N;\quad j = 1,2,\cdots,n_i;\quad k = 1,2,\cdots,b_{ij};\quad j' = 1,2,\cdots,n_{i'};\ k' = 1,2,\cdots,b_{i'j'} \tag{4.42}$$

式(4.32)～式(4.35)分别表示可变子批划分策略下调度问题的目标函数、批量划分约束以及机器分配约束。式(4.36)和式(4.37)表示工艺顺序约束：工件 i 第 j 道工序的第 k 子批只有在该子批所含批量在上一道工序全部完成加工后才能开始第 j 道工序的准备操作(针对与加工任务不可分离的准备操作)/加工操作(针对可提前进行准备操作的情况)；由于工件在一道工序上划分的各子批是根据加工先后顺序来进行批号赋值(见 4.4.2 节的编码解码方案)，式中存在求和操作。式(4.38)～式(4.41)分别表示机器约束(按子批加工顺序依次处理)、准备操作和加工操作约束。

4.4.2　算法设计

可变子批划分策略下，工件在每道工序上批量划分方案较为灵活。为便于算法的求解，设置 $b_{ij}=\mathrm{Eb}_{ij}$，Eb_{ij} 表示工件 i 第 j 道工序存在的可选择并行机数。通过算法优化确定每个工件在每道工序各子批的批量(允许零批量)，为各子批分配加工机器，并确定子批任务的加工顺序。算法流程如图 4.16 所示，适应度函数同式(4.16)。

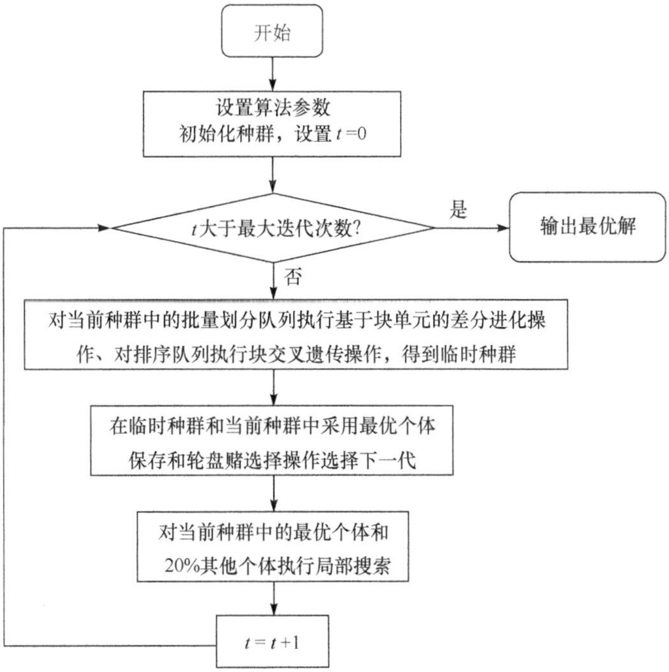

图 4.16　算法流程

1. 编码解码方案

算法采用整数编码，个体 h 由一条批量划分队列 x_h 和一条排序队列 y_h 组成，$h=1,2,\cdots,N_{\mathrm{p}}$，$N_{\mathrm{p}}$ 为种群规模。x_h 包含共 $\sum\limits_{i=1}^{N}\sum\limits_{j=1}^{n_i}b_{ij}$ 个子批的批量信息，y_h 则包含

这些子批的加工排序信息。

初始化时，对工件 i 的第 j 道工序，随机产生 b_{ij} 个$[0,\mathrm{BS}_i]$范围内的整数，使这 b_{ij} 个整数总和为BS_i，组成工件 i 第 j 道工序的批量划分队列块。N 个工件各道工序的划分队列块组成了划分队列 x_h，长度为 $L=\sum_{i=1}^{N}\sum_{j=1}^{n_i}b_{ij}$，如图 4.17 所示。其中，$|\ x_{h,ij,1}x_{h,ij,2}\cdots x_{h,ij,b_{ij}}\ |$ 代表工件 i 第 j 道工序 b_{ij} 个子批的批量队列块，$x_{h,ij,k}\in[0,\mathrm{BS}_i]$ 代表工件 i 第 j 道工序的第 k 子批批量，即 $\mathrm{BN}_{ijk}=x_{h,ij,k}$，$i=1,2,\cdots,N$，$j=1,2,\cdots,n_i$，$k=1,2,\cdots,b_{ij}$。去除工件 i 第 j 道工序批量队列块中批量值为 0 的子批得到的子批数为该工件在该工序上的实际子批数。图 4.17 中，中括号里内容仅作解释用，不包含在队列中。

$$
x_h\quad x_{h,11,1}\ x_{h,11,2}\cdots x_{h,11,b_{11}}\ |\cdots|\ x_{h,1n_1,1}\ x_{h,1n_1,2}\cdots x_{h,1n_1,b_{1n_1}}\ |\cdots|\ x_{h,N1,1}\ x_{h,N1,2}\cdots x_{h,N1,b_{N1}}\ |\cdots|\ x_{h,Nn_N,1}\ x_{h,Nn_N,2}\cdots x_{h,Nn_N,b_{Nn_N}}
$$

$$
\left[\begin{array}{l}
\text{工件}\ \ 1\quad 1\ \cdots\ 1\qquad 1\quad 1\ \cdots\ 1\qquad N\quad N\ \cdots\ N\qquad N\quad N\ \cdots\ N\\
\text{工序}\ \ \underbrace{1\quad 1\ \cdots\ 1}_{b_{11}\text{个}}\qquad \underbrace{n_1\quad n_1\ \cdots\ n_1}_{b_{1n_1}\text{个}}\qquad \underbrace{1\quad 1\ \cdots\ 1}_{b_{N1}\text{个}}\qquad \underbrace{n_N\quad n_N\ \cdots\ n_N}_{b_{Nn_N}\text{个}}
\end{array}\right]
$$

图 4.17　批量划分队列 x_h

对 N 个工件各道工序上的各子批进行排序得到加工排序队列 y_h，长度为 L。假定在某个分批优化调度问题中，$N=2$，$\mathrm{BS}_1=20$，$\mathrm{BS}_2=15$，$n_1=n_2=2$，$b_{11}=2$，$b_{12}=3$，$b_{21}=3$，$b_{22}=2$，那么图 4.18 和图 4.19 分别是该问题中划分队列和排序队列的一个示例。排序队列上“ij”表示工件 i 在第 j 道工序的子批，根据从左到右“ij”出现的次数来解释批次号，即工件在一道工序上划分的各子批是根据加工先后顺序来进行批号赋值。例如，y_h 上从左到右第三位加工任务“21”表示工件 J_2 的第一道工序的第二批，结合图 4.18 中的批量划分信息可得，该批批量大小为 4。

$$
\begin{array}{lcccccccccc}
 & & & & & x_h & & & & & \\
 & 13 & 7\ | & 10 & 0 & 10\ | & 5 & \underline{4} & 6\ | & 7 & 8\\
\left[\text{工件}\right. & 1 & 1 & 1 & 1 & 1 & 2 & 2 & 2 & 2 & 2\\
\ \ \text{工序} & 1 & 1 & 2 & 2 & 2 & 1 & 1 & 1 & 2 & \left.2\right]
\end{array}
$$

图 4.18　批量划分队列示例

$$
\begin{array}{lcccccccccc}
 & & & & & & y_h & & & & \\
 & 11 & 21 & \underline{21} & 11 & 12 & 21 & 22 & 12 & 12 & 22\\
[\text{子批号} & 1 & 1 & 2 & 2 & 1 & 3 & 1 & 2 & 3 & 2]
\end{array}
$$

图 4.19　排序队列示例

为满足子批的工艺顺序约束，要求 y_h 上工件 i 第 j 道工序的所有子批排在该

工件后续工序 j'（$\forall j'>j$）的任一子批之前。如此，在安排某工件某道工序的子批任务时，可根据该工件前一道工序各子批任务的安排情况计算得到前一道工序完成一定任务量的时间（见式（4.36）和式（4.37）约束）。

解码过程大致如下：

步骤 1　设置 $m=1$。

步骤 2　选择 y_h 上从左到右第 m 位子批任务，获得其工件号 i，工序号 j，子批号 k。根据 x_h 获得该子批批量 BN_{ijk}。若 $BN_{ijk}=0$，执行步骤 5；否则，执行步骤 3。

步骤 3　若 $j>1$，则根据该工件前一道工序各子批的排产情况，计算当完成工件 i 第 $j-1$ 道工序的批量达到 $\sum_{k'=1}^{k} BN_{ijk'}$ 时的时间（工序约束）。

步骤 4　根据工件 i 第 j 道工序各并行机上已安排的任务情况，在满足工序约束和机器约束的前提下，从并行机中选择能最早完成工件 i 第 j 道工序第 k 子批的机器安排准备操作和加工操作。

步骤 5　设置 $m=m+1$。若 $m\leqslant L$，返回步骤 2。

2. 全局搜索

种群中的个体由一条划分队列和一条排序队列组成，根据两部分不同的编码，对它们分别采用不同的进化方法：对 x_h，以各工件在各道工序的批量划分队列块为单元，采用 2.4.3 节基于块变异、块交叉算子的差分进化操作；对 y_h 采用块交叉遗传操作。每次迭代过程中，按如下步骤对当前种群（第 t 代种群）进行进化操作。

(1) 按步骤 1～步骤 4 对种群中划分队列进行进化操作。

步骤 1　设置 $h=1$。

步骤 2　对于第 t 代种群中个体 h 的划分队列（记为 x_h^t），以各工件在各道工序的批量划分队列块为单元，按式（4.43）执行块变异操作，并进行取整微调以保证满足批量划分约束。获得变异队列记为 x'_h。F_{ij} 表示对工件 i 第 j 道工序的划分队列进行块变异操作时的缩放比例因子，$i=1,2,\cdots,N$，$j=1,2,\cdots,n_i$。为了保证产生的 $x'_{h,ij,k}$ 符合 $[0,BS_i]$ 范围约束，F_{ij} 的取值需满足式（4.44）和式（4.45）。

$$x'_{h,ij,k}=[x_{h_1,ij,k}^t+F_{ij}\times(x_{h_2,ij,k}^t-x_{h_3,ij,k}^t)],\quad k=1,2,\cdots,b_{ij} \tag{4.43}$$

$$F_{ij}\geqslant\max\left\{0,\max_{k=1}^{b_{ij}}\left\{\min\left\{\frac{BS_i-x_{h_1,ij,k}^t}{x_{h_2,ij,k}^t-x_{h_3,ij,k}^t},\frac{-x_{h_1,ij,k}^t}{x_{h_2,ij,k}^t-x_{h_3,ij,k}^t}\right\}\right\}\right\} \tag{4.44}$$

$$F_{ij}\leqslant\min\left\{2,\min_{k=1}^{b_{ij}}\left\{\max\left\{\frac{BS_i-x_{h_1,ij,k}^t}{x_{h_2,ij,k}^t-x_{h_3,ij,k}^t},\frac{-x_{h_1,ij,k}^t}{x_{h_2,ij,k}^t-x_{h_3,ij,k}^t}\right\}\right\}\right\} \tag{4.45}$$

式中，h_1、h_2 和 h_3 表示随机选中的用于执行差分变异操作的个体。

步骤 3　以各工件在各道工序的批量划分队列块为单元，按式(4.46)在 x_h^t 和所得变异队列 x_h' 之间执行块交叉操作获得试验队列 x_h'' 存入临时种群。交叉概率 CR 如式(4.47)自适应调整，Ω 的定义如式(4.17)所示。

$$x''_{h,ij,1}x''_{h,ij,2}\cdots x''_{h,ij,b_{ij}}=\begin{cases}x'_{h,ij,1}x'_{h,ij,2}\cdots x'_{h,ij,b_{ij}}, & r_{ij}\leqslant \text{CR 或}(i=r\_i \text{ 且 } j=r\_j)\\ x^t_{h,ij,1}x^t_{h,ij,2}\cdots x^t_{h,ij,b_{ij}}, & \text{其他}\end{cases} \tag{4.46}$$

$$\text{CR}=\begin{cases}\text{CR}_0, & t=1\\ \text{CR}_0\times 2^{1-\Omega}, & t>1\end{cases} \tag{4.47}$$

步骤 4　设置 $h=h+1$。若 $h\leqslant N_{\text{p}}$，返回步骤 2。

(2) 按步骤 5～步骤 8 对种群中排序队列进行进化操作。

步骤 5　对当前种群中共 N_{p} 条排序队列进行两两随机配对，在每一对父代排序队列之间按步骤 6～步骤 8 进行块交叉遗传操作。

步骤 6　随机产生[1,N]范围内的自然数 i，随机产生[1,n_i]范围内的自然数 j。从两父代排序队列中找到包含工件 i 第 j 道工序上所有子批的最小队列块。以图 4.20 两父代排序队列为例(源自图 4.19 所述调度问题)，假设 $i=1$、$j=2$，那么找到的部分队列块如图 4.20 中阴影部分。

$y_{h_1}^t$　11　21　21　11　12　21　22　12　12　22

$y_{h_2}^t$　11　11　12　21　12　21　21　22　12　22

图 4.20　参与交叉的两父代排序队列示例

步骤 7　交换两父代排序队列中的部分队列块得到两条新排序队列，如图 4.21 所示。两部分队列块长度一般不同，因此交叉产生的后代可能是非法的，需要进行调整。

y'_{h_1}　11　21　21　11　12　21　12　21　21　22　12　22

y'_{h_2}　11　11　12　21　22　12　12　22

图 4.21　交叉产生的新排序队列示例

步骤 8　对交叉所得两条新排序队列进行修正，在部分队列块中删除多余子批、插入缺失的子批。插入时先查找部分队列块中是否有与缺失的子批属于同类工件但不同工序的子批，若有，且找到的子批对应的工序号大于(小于)待插入子批的工序号，那么要求插入的位置在该子批之前(后)。图 4.22 为对图 4.21 两子代排序队列修正后的示例，带下划线的子批表示插入的缺失子批。将修正后所得的两条新排序队列存入临时种群。

y'_{h_1}	11	21	21	11	12	12	21	22	12	22
y'_{h_2}	11	11	12	21	21	21	22	12	12	22

图 4.22　修正后的新排序队列示例

(3) 选择操作。此时,临时种群中划分队列和排序队列各有 N_p 条,x''_h 和 y'_h 组成新的个体 h,$h=1,2,\cdots,N_p$。采用最优个体保存和轮盘赌选择操作[23]在当前种群和临时种群共 $2\times N_p$ 个个体中选择 N_p 个个体进入下一代(第 $t+1$ 代)。

3. 局部搜索

根据调度问题的编码方案,采用 Insert 邻域结构,执行如下步骤对选中的个体 h 执行局部搜索。

步骤 1　随机产生[1,L]范围内的自然数 d,获得 y_h 上从左到右第 d 位子批的工件号 i、工序号 j、子批号 k。随机产生[0,1]范围内的自然数 r。设置 $x=x_h$,$y=y_h$。

步骤 2　若 $r=1$,则执行步骤 3;否则($r=0$),根据步骤 2.1～步骤 2.5 执行前向搜索。

步骤 2.1　若 $j>1$,查找 y 上工件 i 第 $j-1$ 道工序第 $b_{i(j-1)}$ 子批的位置,记为 d_1。否则($j=1$),设置 $d_1=0$。

步骤 2.2　若 y 在 $d-1$ 位置上子批的工件号为 i、工序号为 j,那么交换 x 上 BN_{ijk} 和 $\mathrm{BN}_{ij(k-1)}$ 的取值,设置 $k=k-1$。

步骤 2.3　执行 $y=\mathrm{Insert}(y,d,d-1)$,表示将 y 上第 d 位子批插入 $d-1$ 位置上,原 y 上 $d-1$ 位置的子批调整到 d 位置。

步骤 2.4　若 $f(x\&y)>f(x_h\&y_h)$,则设置 $x_h=x$,$y_h=y$。$f(x\&y)$ 表示步骤 2.2 和步骤 2.3 所得新划分队列 x 和新排序队列 y 组成的个体的适应度值(式(4.16))。

步骤 2.5　设置 $d=d-1$。若 $d>d_1+1$,返回步骤 2.2;否则,结束对个体 h 的局部搜索。

步骤 3　根据步骤 3.1～步骤 3.5 执行后向搜索。

步骤 3.1　若 $j<n_i$,查找 y 上工件 i 第 $j+1$ 道工序第一子批的位置,记为 d_2。否则($j=n_i$),设置 $d_2=L+1$。

步骤 3.2　若 y 在 $d+1$ 位置上子批的工件号为 i、工序号为 j,那么交换 x 上 BN_{ijk} 和 $\mathrm{BN}_{ij(k+1)}$ 的取值,设置 $k=k+1$。

步骤 3.3　执行 $y=\mathrm{Insert}(y,d,d+1)$,表示将 y 上第 d 位子批插入 $d+1$ 位

置上。

步骤 3.4 若 $f(x\&y)>f(x_h\&y_h)$，则设置 $x_h=x$，$y_h=y$。

步骤 3.5 设置 $d=d+1$。若 $d<d_2-1$，返回步骤 3.2；否则，结束对个体 h 的局部搜索。

4.4.3 仿真及分析

为了比较算法的性能且验证自适应交叉算子和局部搜索操作的有效性，分别标记三种算法 ALGRM1、ALGRM2 和 ALGRM3：ALGRM1 表示本节所设计的算法；ALGRM2 表示采用 ALGRM1 全局搜索进化过程，但不进行局部搜索；ALGRM3表示在 ALGRM2 基础上不采用自适应交叉算子。设置参数 $t_{max}=200$，$N_p=50$，$CR_0=0.3$，程序运行环境同 4.2.3 节。采用 ALGRM1、ALGRM2 和 ALGRM3算法分别求解 4.2.3 节的算例 1～算例 4，所得 20 次随机运行结果如表 4.16 所示。

表 4.16 算法运行结果

算例	ALGRM1				ALGRM2				ALGRM3			
	F_B	F_W	N_{BF}/次	T_A/s	F_B	F_W	N_{BF}/次	T_A/s	F_B	F_W	N_{BF}/次	T_A/s
算例 1	85	92	11	10.25	85	91	7	3	85	92	6	2.82
算例 2	183	196	8	12.3	185	203	5	3.84	188	210	3	3.65
算例 3	213	239	5	22.35	218	254	3	6.74	223	253	1	6.05
算例 4	415	464	4	31.8	431	485	2	8.1	432	491	1	7.48

从算例 1、算例 2 到算例 3、算例 4，问题规模增加，导致排序优化难度增加；而从算例 1、算例 3 到算例 2、算例 4，工件的加工批量增加，则导致批量划分问题难度增加。因此，算法在求解这 4 个算例时表现不同。从表 4.16 可看出，三种算法中，ALGRM1 算法所得优化结果最好，ALGRM3 算法的计算时间最短。显然，自适应交叉算子和局部搜索操作提高了算法的寻优性能，但也消耗了更多的时间。仿真结果说明所提出的算法能有效地求解可变子批划分策略下的批量划分和子批任务排序问题，在合理的时间内获得令人满意的优化结果。

与 4.2 节等量分批策略和 4.3 节一致子批划分策略按工件分批的形式相比，可变子批划分策略考虑到工件在各道工序上的加工资源能力不均衡情况，允许工件在各道工序上采用灵活多变的分批形式。三种策略中，可变分批策略涵盖的范围最广、灵活性最大。在生产管理条件允许的情况下，采用可变分批策略更能缩短生产周期、提高生产效率。

ALGRM1 所得最优批量划分方案如表 4.17 所示(已去除批量值为 0 的无效

子批)，相应的甘特图如图4.23～图4.26所示。甘特图中斜纹填充的方块表示准备操作，标记“ijk”的方块表示工件i第j道工序上第k子批的加工操作。以图4.23为例，机器6上标记“421”的方块表示工件J_4第二道工序上第一个子批的加工操作，其前向紧邻带斜纹填充的方块表示该批任务的准备操作。从表4.17可知，该子批批量为2，根据J_4在第一道工序上三个子批的排产情况(见图4.23中“411”、“412”和“413”方块)，可以得到J_4在第一道工序上完成的量达到2个的时间为18。考虑到此例中允许机器提前进行准备操作，因此，子批“421”的准备操作从时间13开始到18结束，加工操作从18开始到28结束。对于图中机器3上标记“413”的方块，不存在前向斜纹方块，这是因为该机器上安排的前一个批任务“411”与“413”同属于工件J_4的第一道工序，所以批任务“413”不需要再进行准备操作。

表4.17 ALGRM1算法所得最优批量划分方案

算例	工序	最优批量划分方案					
		J_1	J_2	J_3	J_4	J_5	J_6
算例1	1	1,7	3,5	5,3	1,2,5	—	—
	2	5,3	2,2,4	1,7	2,3,3	—	—
	3	3,1,4	4,4	2,3,3	1,6,1	—	—
算例2	1	6,9,5	4,3,13	11,9	13,4,3	—	—
	2	3,8,9	2,4,14	4,9,7	3,3,14	—	—
	3	9,6,5	7,5,8	4,10,6	7,10,3	—	—
算例3	1	10	9,1	6,4	8,2	3,7	6,4
	2	6,4	10	2,8	10	4,6	5,5
	3	1,9	4,3,3	4,6	5,1,4	7,3	8,2
	4	4,6	6,4	4,6	7,3	4,6	9,1
	5	3,7	9,1	1,9	10	4,6	10
	6	7,3	6,4	—	1,9	10	4,6
算例4	1	20	11,9	5,15	13,7	15,5	1,15,4
	2	11,9	20	8,12	20	13,7	10,10
	3	2,1,17	13,1,6	14,6	7,10,3	5,15	13,7
	4	15,5	11,4,5	9,11	12,8	8,12	6,14
	5	20	12,8	2,18	20	1,19	20
	6	10,10	12,8	—	7,8,5	20	7,2,11

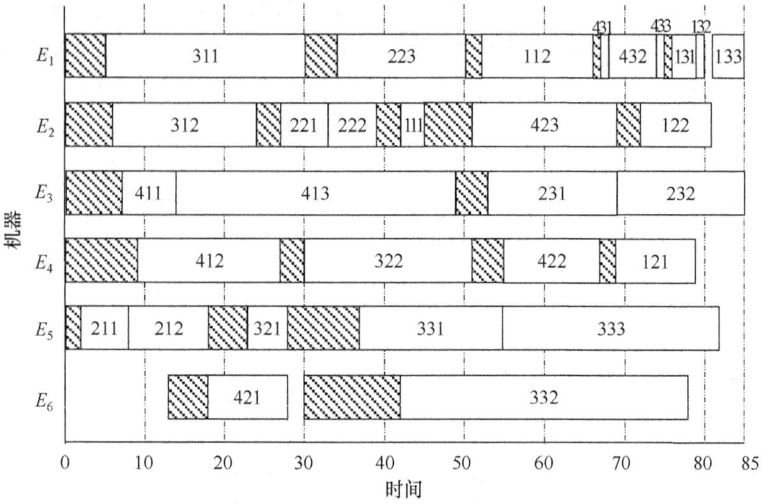

图 4.23　算例 1 甘特图

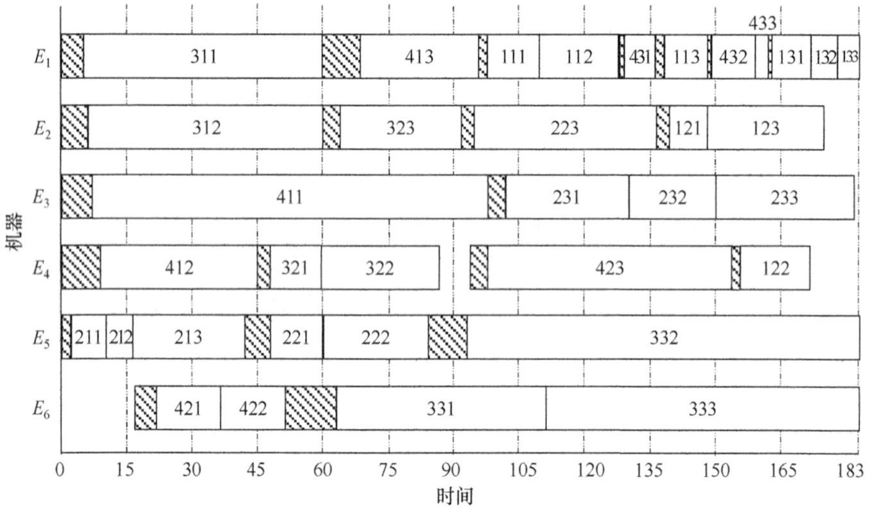

图 4.24　算例 2 甘特图

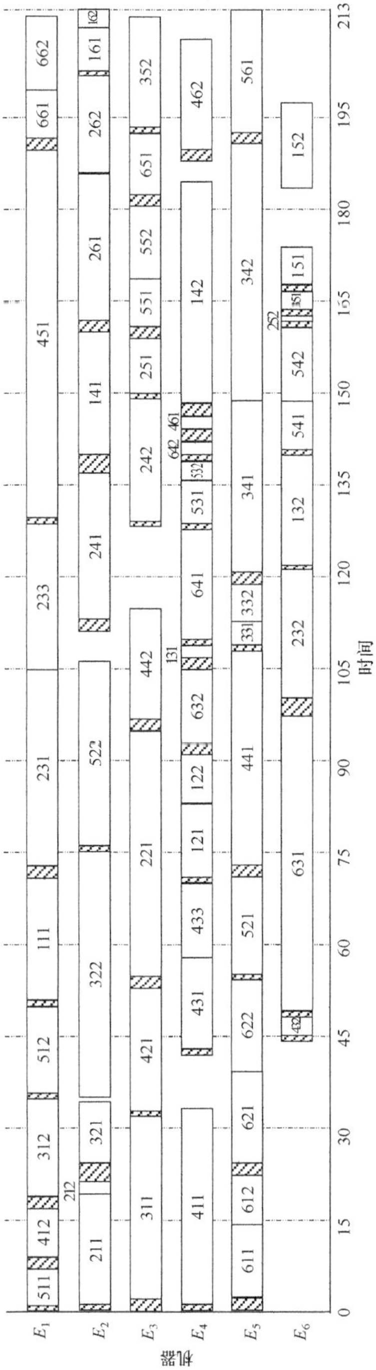

图 4.25　算例 3 甘特图

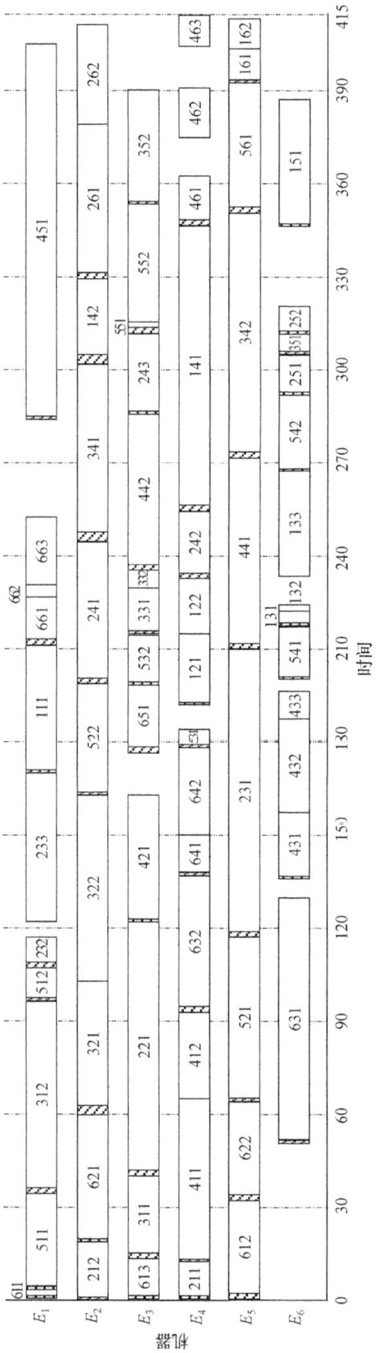

图 4.26　算例 4 甘特图

4.5 模糊操作时间和模糊交货期下的多资源 Job-shop 分批优化调度

由于实际生产过程受诸多随机因素的影响，有些参数往往是不确定的，如工序的操作时间会随着操作者的操作速度的不同而不同、产品的交货期并非严格固定在某个时间点且根据不同客户的要求而不同等。本节采用模糊数来描述不确定参数，基于可变子批划分策略，介绍在模糊操作时间（加工时间、准备时间）和模糊交货期下的多资源作业车间分批优化调度问题。

4.5.1 模糊操作时间和模糊交货期

1. 模糊数及数学描述

考虑到生产过程中操作时间的不确定性，采用三角模糊数 $\widetilde{T}=(T^{L},T^{M},T^{U})$ 来表示实际中在一定区间内变化的加工时间和准备时间。T^{L}、T^{M} 和 T^{U} 分别表示模糊操作时间的最乐观、最大可能和最悲观值。其隶属度曲线如图 4.27 所示，函数表达式如式(4.48)所示。隶属度 μ 代表操作时间为某个值的可能性，当操作时间为最大可能值时，其隶属度为 1；而当操作时间小于等于最乐观值或大于等于最悲观值时，隶属度为 0。

$$\mu(t)=\begin{cases}\dfrac{t-T^{L}}{T^{M}-T^{L}}, & t\in[T^{L},T^{M}]\\ \dfrac{t-T^{U}}{T^{M}-T^{U}}, & t\in[T^{M},T^{U}]\\ 0, & \text{其他}\end{cases} \tag{4.48}$$

实际中，工件交货期往往不是一个固定的时间点，而是一个与客户满意度相关联的时间窗口，其满意度曲线根据不同的客户对提前交货和延期交货的接受程度而不同。本节对交货期采用模糊数 $\widetilde{\mathrm{dt}}=(\mathrm{dt}^{L},\mathrm{dt}^{U})$ 形式表示，如图 4.28 所示，函数表达式如式(4.49)所示。当在时间点 dt^{L} 之前交货时，客户满意度为 1；当交货时间处于 $[\mathrm{dt}^{L},\mathrm{dt}^{U}]$ 范围内时，客户的满意度随着交货时间的延后而降低；当交货时间超过时间点 dt^{U} 时，客户满意度为 0。

$$\mathrm{sati}(t)=\begin{cases}\dfrac{t-\mathrm{dt}^{U}}{\mathrm{dt}^{L}-\mathrm{dt}^{U}}, & t\in[\mathrm{dt}^{L},\mathrm{dt}^{U}]\\ 1, & t\leqslant \mathrm{dt}^{L}\\ 0, & \text{其他}\end{cases} \tag{4.49}$$

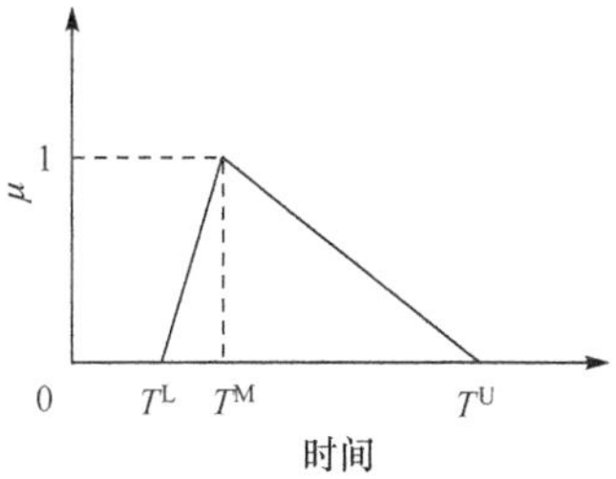

图 4.27　模糊操作时间

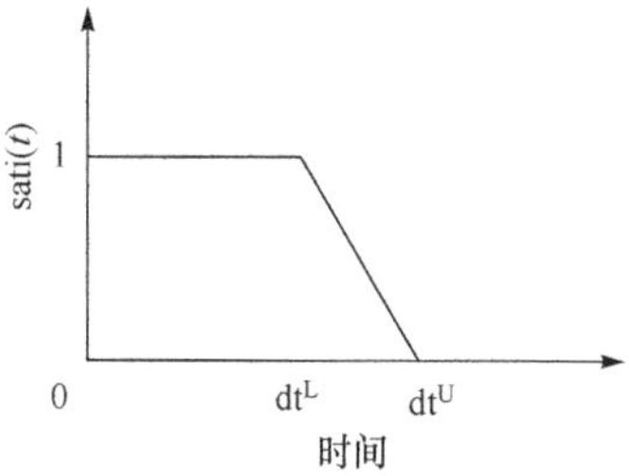

图 4.28　模糊交货期

2. 模糊数运算操作

模糊调度中用到的模糊数运算操作主要包括模糊数的取大、求和操作。多资源 Job-shop 生产调度问题涉及多资源约束和工序约束，在确定各工序的开始操作时间时，采用模糊数取大操作处理各类约束。以两个三角模糊数$\widetilde{T_1}=(T_1^{\mathrm{L}},T_1^{\mathrm{M}},T_1^{\mathrm{U}})$和$\widetilde{T_2}=(T_2^{\mathrm{L}},T_2^{\mathrm{M}},T_2^{\mathrm{U}})$为例，用$\vee$表示取大操作，则两个模糊数取大运算如下：$\widetilde{T_1}\vee\widetilde{T_2}=(T_1^{\mathrm{L}}\vee T_2^{\mathrm{L}},T_1^{\mathrm{M}}\vee T_2^{\mathrm{M}},T_1^{\mathrm{U}}\vee T_2^{\mathrm{U}})$。而在计算工序的完工时间时，需要用到模糊数加法操作：$\widetilde{T_1}+\widetilde{T_2}=(T_1^{\mathrm{L}}+T_2^{\mathrm{L}},T_1^{\mathrm{M}}+T_2^{\mathrm{M}},T_1^{\mathrm{U}}+T_2^{\mathrm{U}})$。通过三角模糊数取大和加法操作后，所得的工序开始操作时间和结束操作时间也为三角模糊数。

此外，调度问题还可能涉及模糊数与精确数之间的乘、除、加、减、取大运算操作。以三角模糊数$\widetilde{T}=(T^{\mathrm{L}},T^{\mathrm{M}},T^{\mathrm{U}})$和精确数$a$为例，则$a\times\widetilde{T}=(a\times T^{\mathrm{L}},a\times T^{\mathrm{M}},a\times T^{\mathrm{U}})$，$a/\widetilde{T}=(a/T^{\mathrm{L}},a/T^{\mathrm{M}},a/T^{\mathrm{U}})$，$a+\widetilde{T}=(a+T^{\mathrm{L}},a+T^{\mathrm{M}},a+T^{\mathrm{U}})$，$a-\widetilde{T}=(a-T^{\mathrm{L}},a-T^{\mathrm{M}},a-T^{\mathrm{U}})$，$a\vee\widetilde{T}=(a\vee T^{\mathrm{L}},a\vee T^{\mathrm{M}},a\vee T^{\mathrm{U}})$。例如，在批量调度问题中，假定某工件在某道工序上单件加工时间为$\widetilde{T}=(T^{\mathrm{L}},T^{\mathrm{M}},T^{\mathrm{U}})$，且该工件的加工批量为 BN，则该批任务的加工时长为$\mathrm{BN}\times\widetilde{T}=(\mathrm{BN}\times T^{\mathrm{L}},\mathrm{BN}\times T^{\mathrm{M}},\mathrm{BN}\times T^{\mathrm{U}})$。

3. 模糊完工时间与模糊交货期交集求满意度

记某工件的完工时间为$\widetilde{\mathrm{CT}}=(\mathrm{CT}^{\mathrm{L}},\mathrm{CT}^{\mathrm{M}},\mathrm{CT}^{\mathrm{U}})$，该工件交货期为$\widetilde{\mathrm{dt}}=(\mathrm{dt}^{\mathrm{L}},\mathrm{dt}^{\mathrm{U}})$，在时间轴上如图 4.29 所示。

由于完工时间和交货期均为模糊值，这里采用文献[28]利用模糊数重叠程度来确定客户满意度的方法，将工件的客户满意度定义为模糊完工时间与模糊交货期交叠区域的面积（图 4.29 中阴影部分区域）与模糊完工时间隶属度函数在时间轴上形成的区域面积之比。式(4.50)中，AI 表示客户满意度，$S(\cdot)$表示求面积运算。

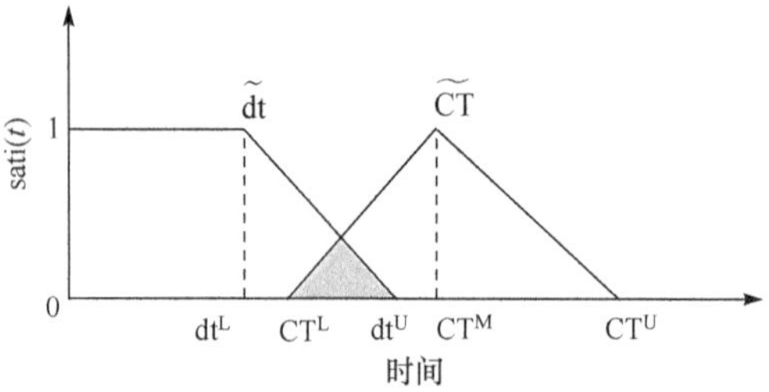

图 4.29　模糊完工时间与模糊交货期交集求满意度

$$\mathrm{AI}=\frac{S(\widetilde{\mathrm{dt}}\cap\widetilde{\mathrm{CT}})}{S(\widetilde{\mathrm{CT}})} \tag{4.50}$$

4.5.2　调度问题模型

定义参数：N 为车间内待加工的工件数，J_i 表示工件 i，其需求量(加工批量)为 BS_i，工件交货期$\widetilde{\mathrm{dt}}_i=(\mathrm{dt}_i^{\mathrm{L}},\mathrm{dt}_i^{\mathrm{U}})$；车间内共有 M 种资源(车床、注塑机、冲切模等)，R_l 表示第 l 种资源的数目(并行资源数，如车间有多台车床可供选择)，0-1 参数 Atr_l 表示第 l 种资源是否属于主生产资源，$\mathrm{Atr}_l=1$ 表示该类资源属于主生产资源(如机器类资源、操作工等)，$\mathrm{Atr}_l=0$ 表示该类资源属于辅助生产资源(如模具、刀具等)；n_i 为工件 i 所含工序数，0-1 参数 ER_{ijl} 表示工件 i 的第 j 道工序对第 l 种资源的需求，$\mathrm{ER}_{ijl}=0$ 表示该工序加工时无须配备第 l 种资源，$\mathrm{ER}_{ijl}=1$ 表示该工序加工时需要配备第 l 种资源；整数参数 QR_{ijl} 表示工件 i 的第 j 道工序需要配备第 l 种资源的数量，若 $\mathrm{ER}_{ijl}=0$，则 $\mathrm{QR}_{ijl}=0$；主生产资源决定了工序的操作时间，每道工序只需要配备一个主生产资源，分别用模糊数$\widetilde{\mathrm{WT}}_{ijld}=(\mathrm{WT}_{ijld}^{\mathrm{L}},\mathrm{WT}_{ijld}^{\mathrm{M}},\mathrm{WT}_{ijld}^{\mathrm{U}})$和$\widetilde{\mathrm{PT}}_{ijld}=(\mathrm{PT}_{ijld}^{\mathrm{L}},\mathrm{PT}_{ijld}^{\mathrm{M}},\mathrm{PT}_{ijld}^{\mathrm{U}})$表示工件 i 的第 j 道工序在第 l 种资源中的第 d 个并行资源上的单件加工时间和批量准备时间，允许提前进行准备操作；若 $\mathrm{ER}_{ijl}=0$，即工件 i 的第 j 道工序不能在机器 l 上加工，则 $\mathrm{WT}_{ijld}^{\mathrm{L}}=\mathrm{WT}_{ijld}^{\mathrm{M}}=\mathrm{WT}_{ijld}^{\mathrm{U}}=0$，$i=1,2,\cdots,N$，$j=1,2,\cdots,n_i$，$l=1,2,\cdots,M$，$d=1,2,\cdots,R_l$。

定义决策变量：$\delta_{ij\_i'j'}=1$ 表示工件 i 第 j 道工序排在工件 i' 第 j' 道工序之前，否则，$\delta_{ij\_i'j'}=0$；b_{ij} 表示工件 i 在第 j 道工序划分的子批数；BN_{ijk} 表示工件 i 第 j 道工序的第 k 子批批量；0-1 变量 ϕ_{ijkld} 表示工件 i 第 j 道工序的第 k 子批的资源分配情况，$\phi_{ijkld}=1$ 表示该子批安排到第 l 种资源中的第 d 个并行资源上加工；$\widetilde{\mathrm{SPT}}_{ijk}=(\mathrm{SPT}_{ijk}^{\mathrm{L}},\mathrm{SPT}_{ijk}^{\mathrm{M}},\mathrm{SPT}_{ijk}^{\mathrm{U}})$和$\widetilde{\mathrm{CPT}}_{ijk}=(\mathrm{CPT}_{ijk}^{\mathrm{L}},\mathrm{CPT}_{ijk}^{\mathrm{M}},\mathrm{CPT}_{ijk}^{\mathrm{U}})$分别表示工件 i 第 j 道工序的第 k 批的开始、结束准备时间，$\widetilde{\mathrm{SWT}}_{ijk}=(\mathrm{SWT}_{ijk}^{\mathrm{L}},\mathrm{SWT}_{ijk}^{\mathrm{M}},\mathrm{SWT}_{ijk}^{\mathrm{U}})$和

$\widetilde{\mathrm{CWT}}_{ijk}=(\mathrm{CWT}_{ijk}^{\mathrm{L}},\mathrm{CWT}_{ijk}^{\mathrm{M}},\mathrm{CWT}_{ijk}^{\mathrm{U}})$分别表示工件 i 第 j 道工序的第 k 批的开始、结束加工时间；$\widetilde{\mathrm{CT}}_i=(\mathrm{CT}_i^{\mathrm{L}},\mathrm{CT}_i^{\mathrm{M}},\mathrm{CT}_i^{\mathrm{U}})$表示工件 i 的完工时间(工件 i 完成 n_i 道工序的批量达到 BS_i 的时间)；AI_i 表示工件 i 的客户满意度；$\widetilde{C}_{\max}=(C_{\max}^{\mathrm{L}},C_{\max}^{\mathrm{M}},C_{\max}^{\mathrm{U}})$表示生产周期，即所有工件完工的时间。

假定所有工件和所有机器在 $T_0=0$ 时刻准备就绪，建立问题模型如下。

1. 优化目标

式(4.51)表示调度问题以最大化最小客户满意度和最小化生产周期(此处取生产周期的最大可能值)为优化目标。$\omega\in[0,1]$为两目标之间的权值，可根据需求设置权值大小。

$$\max Z=\omega\times\min_{i=1}^{N}\{\mathrm{AI}_i\}+(1-\omega)\times\frac{1}{C_{\max}^{\mathrm{M}}}=\omega\times\min_{i=1}^{N}\left\{\frac{S(\widetilde{\mathrm{dt}}_i\cap\widetilde{\mathrm{CT}}_i)}{S(\widetilde{\mathrm{CT}}_i)}\right\}+(1-\omega)\times\frac{1}{C_{\max}^{\mathrm{M}}} \tag{4.51}$$

2. 批量划分约束

考虑到各道工序上可能存在并行加工资源，对每个批量工件在各道工序上进行批量划分。式(4.52)表示在进行批量划分时应使同一工件在一道工序上的各子批批量总和保持不变，等于该工件的加工批量大小。

$$\sum_{k=1}^{b_{ij}}\mathrm{BN}_{ijk}=\mathrm{BS}_i,\quad \forall i,j;\mathrm{BN}_{ijk}\text{ 为非负整数},\forall i,j,k \tag{4.52}$$

3. 资源分配约束

根据工序对生产资源的需求进行资源分配，若工件 i 的第 j 道工序加工时需要配备第 l 种资源，则确保为该工件在该道工序上的每个非零批量的子批分配 QR_{ijl} 个该类资源，如式(4.53)所示：

$$\text{若 }\mathrm{BN}_{ijk}>0,\quad \text{则}\sum_{d=1}^{R_l}\phi_{ijkld}=\mathrm{QR}_{ijl},\quad \forall i,j,k,l \tag{4.53}$$

4. 加工资源约束

对于各工件的第一道工序($j=1$)，在安排该工序上的各子批时需要考虑加工资源约束，即分配到同一加工资源上的批任务根据排序依次进行处理，如式(4.54)所示：

$$\begin{aligned}&\widetilde{\mathrm{SWT}}_{ijk}\\&=T_0 \vee \left\{\bigvee_{\forall l}\left\{\bigvee_{\forall d=1,2,\cdots,R_l}\left\{\bigvee_{\forall i',j',k'}\{\widetilde{\mathrm{CWT}}_{i'j'k'}\times \mathrm{ER}_{ijl}\times \phi_{ijkld}\mid \delta_{i'j'\_ij}=1\text{ 且 }\phi_{i'j'k'ld}=1\}\right\}\right\}\\&\quad+\sum_{l=1}^{M}\left(\mathrm{ER}_{ijl}\times \mathrm{Atr}_l\times \sum_{d=1}^{R_l}(\phi_{ijkld}\times \widetilde{\mathrm{PT}}_{ijld})\right),\quad \forall i,k,j=1\end{aligned} \tag{4.54}$$

式中,第一行表示资源约束,$\bigvee_{\forall i',j',k'}\{\widetilde{\mathrm{CWT}}_{i'j'k'}\times \mathrm{ER}_{ijl}\times \phi_{ijkld}\mid \delta_{i'j'_ij}=1\text{ 且 }\phi_{i'j'k'ld}=1\}$表示在符合条件的模糊数之间进行取大操作,这里指的是在分配到与工件 i 第 j ($j=1$)道工序的第 k 子批同一资源上的且安排在该子批之前的各子批任务的模糊完工时间之间进行取大。第二行表示在所分配的资源上进行准备操作后开始子批的加工操作,由所分配的主生产资源决定准备操作时间。

5. 工序约束与加工资源约束

当 $j>1$ 时,在安排各工件第 j 道工序上的各子批时需要同时考虑加工资源约束和工序约束,如式(4.55)所示。其中,工序约束指的是同一工件的各道工序之间按工艺顺序进行加工,即在工件的上一道工序上所有子批完工之后才能开始该工件下一道工序的加工。

$$\begin{aligned}&\widetilde{\mathrm{SWT}}_{ijk}\\&=\left\{T_0 \vee \left\{\bigvee_{\forall l}\left\{\bigvee_{\forall d=1,2,\cdots,R_l}\left\{\bigvee_{\forall i',j',k'}\{\widetilde{\mathrm{CWT}}_{i'j'k'}\times \mathrm{ER}_{ijl}\times \phi_{ijkld}\mid \delta_{i'j'\_ij}=1\text{ 且 }\phi_{i'j'k'ld}=1\}\right\}\right\}\right.\\&\quad\left.+\sum_{l=1}^{M}(\mathrm{ER}_{ijl}\times \mathrm{Atr}_l\times \sum_{d=1}^{R_l}(\phi_{ijkld}\times \widetilde{\mathrm{PT}}_{ijld}))\right\}\vee\left\{\bigvee_{\forall k'=1,2,\cdots,b_{i(j-1)}}\{\widetilde{\mathrm{CWT}}_{i(j-1)k'}\}\right\},\\&\quad\forall i,k,\forall j>1\end{aligned} \tag{4.55}$$

式中,第一部分与式(4.54)相同,表示资源约束;第二行$\bigvee_{\forall k'=1,2,\cdots,b_{i(j-1)}}\{\widetilde{\mathrm{CWT}}_{i(j-1)k'}\}$表示在工件的上一道工序各子批的完工时间之间进行取大操作。

6. 准备操作和加工操作

准备操作需要在资源空闲的情况下才能开始,而加工操作不但要求资源空闲还要求子批任务到达之后才能进行。在式(4.54)和式(4.55)确定的开始加工时间的基础上,通过式(4.56)~式(4.58)安排子批的准备操作和加工操作的开始、结束时间,即

$$\widetilde{\mathrm{SPT}}_{ijk}=\widetilde{\mathrm{SWT}}_{ijk}-\sum_{l=1}^{M}\left(\mathrm{ER}_{ijl}\times \mathrm{Atr}_l\times \sum_{d=1}^{R_l}(\phi_{ijkld}\times \widetilde{\mathrm{PT}}_{ijld})\right),\quad \forall i,j,k \tag{4.56}$$

$$\widetilde{\mathrm{CPT}}_{ijk}=\widetilde{\mathrm{SWT}}_{ijk},\quad \forall i,j,k \tag{4.57}$$

$$\widetilde{\mathrm{CWT}}_{ijk}=\widetilde{\mathrm{SWT}}_{ijk}+\mathrm{BN}_{ijk}\times \sum_{l=1}^{M}\left(\mathrm{ER}_{ijl}\times \mathrm{Atr}_l\times \sum_{d=1}^{R_l}(\phi_{ijkld}\times \widetilde{\mathrm{WT}}_{ijld})\right),\quad \forall i,j,k \tag{4.58}$$

式(4.57)表示完成准备操作后立即开始加工操作。由所分配的主生产资源决定单件加工时间，子批的加工时间等于单件加工时间乘以批量大小，如式(4.58)所示。准备、加工操作一旦开始就不允许被中断，直到该操作完成。

7. 工件完工时间

在各工件最后一道工序上各子批的完工时间之间进行取大操作得到该工件的完工时间，如式(4.59)所示：

$$\widetilde{\mathrm{CT}}_i=\bigvee_{k=1,2,\cdots,b_{in_i}}\{\widetilde{\mathrm{CWT}}_{ijk}\mid j=n_i\},\quad \forall i \tag{4.59}$$

8. 生产周期

在各工件的完工时间之间进行取大操作得到生产周期，如式(4.60)所示：

$$\widetilde{C}_{\max}=\bigvee_{i=1,2,\cdots,N}\{\widetilde{\mathrm{CT}}_i\} \tag{4.60}$$

以上各式中，$i,i'=1,2,\cdots,N$；$j=1,2,\cdots,n_i$；$k=1,2,\cdots,b_{ij}$；$j'=1,2,\cdots,n_{i'}$；$k'=1,2,\cdots,b_{i'j'}$；$l=1,2,\cdots,M$，$d=1,2,\cdots,R_l$。

4.5.3 调度方法

1. 批量划分策略

由于各工序对制造资源的需求不同，本节采用批量划分和资源分配相结合的方法。在安排某工件的某道工序时，根据工序的可用并行资源的加工能力和空闲情况，将工件的加工批量划分到并行资源上进行加工，使得各子批在各并行资源上的完工时间基本相等。假定排序队列中当前待安排的任务为工件 i 的第 j 道工序，按如下步骤进行操作。

步骤 1　根据该工序对资源的需求，查询可能的资源组合。记资源组合数为 num_z。

例如，假设该工序加工时需要配备两种资源，各需要配备的数量分别为 1 和

2。其中,第一种资源为主生产资源,并行资源数为 3 个,第二种资源为辅助生产资源,并行资源数为 7 个。那么,从中可选择的资源组合为 3 个,每个组合均由 1 个主生产资源和 2 个辅助生产资源组成,满足该工序加工的资源配备需求。组合时,根据各资源的开始空闲时间升序顺序进行选择,即先选择拥有最早开始空闲时间的主生产资源和两个最早空闲的辅助生产资源进行组合,记为组合 1,依次类推。

步骤 2　对每个组合内各资源的开始空闲时间进行取大操作,得到组合的开始空闲时间。并根据各组合内的主生产资源获得组合的操作时间。记组合 q 的开始空闲时间、准备时间和单件加工时间分别为 $\widetilde{\mathrm{ZFT}}_q=(\mathrm{ZFT}_q^{\mathrm{L}},\mathrm{ZFT}_q^{\mathrm{M}},\mathrm{ZFT}_q^{\mathrm{U}})$,$\widetilde{\mathrm{ZPT}}_q=(\mathrm{ZPT}_q^{\mathrm{L}},\mathrm{ZPT}_q^{\mathrm{M}},ZPT_q^{\mathrm{U}})$ 和 $\widetilde{\mathrm{ZWT}}_q=(\mathrm{ZWT}_q^{\mathrm{L}},\mathrm{ZWT}_q^{\mathrm{M}},\mathrm{ZWT}_q^{\mathrm{U}})$,$q=1,2,\cdots,\mathrm{num}_z$。

步骤 3　根据各组合的开始空闲时间、准备时间和单件加工时间,将工件的加工批量划分到各组合上进行加工,使得各子批在各组合上的完工时间基本相等,如图 4.30(a)所示。计算时以各模糊时间的最大可能值为准。

图中,白色方块表示批量划分后分配到各组合上的任务。由于各组合的开始空闲时间和操作时间各异,当实际进行批量划分和资源分配时,可能只需要在其中几组中进行分配即可,如图 4.30(b)所示。

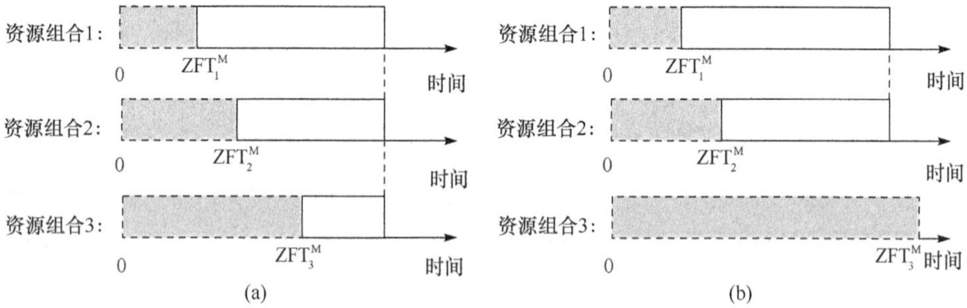

图 4.30　根据可用并行资源进行批量划分

2. 算法设计

1) 编码解码方案

算法采用[0,1]范围内的实数编码,用 $y_h=\{y_{h,1},y_{h,2},\cdots,y_{h,L}\}$ 表示个体 h,$h=1,2,\cdots,N_{\mathrm{p}}$,$N_{\mathrm{p}}$ 为种群规模,$L=\sum_{i=1}^{N}n_i$ 表示个体长度。y_h 上每一维分量对应一道工序,$y_{h,m}\in[0,1]$ 值的大小表示工序的加工优先级,$m=1,2,\cdots,L$。根据如下操作将 y_h 转化成加工排序序列:从左到右将 y_h 上前 n_1 位分量作为工件 J_1 的 n_1 道工序,标记工件号 $i=1$,将随后的 n_2 位分量作为工件 J_2 的 n_2 道工序,标记工件号 $i=2$,依次类推;然后,根据分量值 $y_{h,m}(m=1,2,\cdots,L)$ 的降序顺序将分量对应

的工件号从左到右进行排列，得到加工排序序列 σ。σ 上工件号 i 共出现 n_i 次（$i=1,2,\cdots,N$），根据它们在排序序列中出现的顺序解释其工序号。

假定在调度问题中，$N=2,n_1=3,n_2=2$，表示共有两种工件 J_1 和 J_2，J_1 包含三道工序，J_2 包含两道工序，那么个体长度 $L=5$。假定产生的个体 $y_h=\{0.63,\ 0.81,\ 0.17,\ 0.32,\ 0.97\}$，将 y_h 上前三位分量标记工件号为 1，后两位标记为 2，根据 y_h 上分量值降序顺序将对应的工件号从左到右进行排列，得到加工排序序列 σ，如图 4.31 所示（中括号里内容仅作解释用）。σ 上阴影标记的“1”表示工件 J_1；由于此是 σ 上从左到右第二次出现的“1”，将其作为工件 J_1 的第二道工序；结合其在 σ 上的位置，表示工件 J_1 的第二道工序在排序序列中安排在第三位进行加工。

	y_h							σ					
	0.63	0.81	0.17	0.32	0.97	→		2	1	1	2	1	
[工件	1	1	1	2	2]		[工序	1	1	2	2	3]	

图 4.31　连续个体转换成加工排序序列的示例

根据 y_h 获得加工排序序列 σ，执行以下步骤解码为调度方案。

步骤 1　初始化各资源的开始空闲时间，设置 $\widetilde{\mathrm{FT}}_{ld}=(\mathrm{FT}_{ld}^{\mathrm{L}},\mathrm{FT}_{ld}^{\mathrm{M}},\mathrm{FT}_{ld}^{\mathrm{U}})=(0,\ 0,\ 0)$，表示第 l 种资源中的第 d 个并行资源的释放时间（即开始空闲时间），$l=1,2,\cdots,M,d=1,2,\cdots,R_l$；设置 $\widetilde{C}_{i0}=(C_{i0}^{\mathrm{L}},C_{i0}^{\mathrm{M}},C_{i0}^{\mathrm{U}})=(0,\ 0,\ 0)$，$i=1,2,\cdots,N$，表示各工件在零时刻准备就绪。设置 $m=1$，执行步骤 2。

步骤 2　选择 σ 上从左到右排在第 m 位的加工任务，获得其工件号 i 和工序号 j。根据 4.5.3 节批量划分策略的步骤，为工件 i 在第 j 道工序进行批量划分和资源分配，获得子批数 b_{ij} 和子批批量 BN_{ijk}（$k=1,2,\cdots,b_{ij}$）以及各子批的资源分配情况（ϕ_{ijkld}）。

步骤 3　根据工件 i 在第 j 道工序上的批量划分和资源分配结果，对每个子批 $k(k=1,2,\cdots,b_{ij})$ 计算子批准备操作和加工操作的开始、结束时间：

$$\widetilde{\mathrm{SWT}}_{ijk}=\left\{\sum_{l=1}^{M}\left(\mathrm{ER}_{ijl}\times\mathrm{Atr}_l\times\sum_{d=1}^{R_l}\left(\phi_{ijkld}\times(\widetilde{\mathrm{FT}}_{ld}+\widetilde{\mathrm{PT}}_{ijl})\right)\right)\right\}\vee\widetilde{C}_{i(j-1)}$$

根据式（4.56）～式（4.58）计算得到 $\widetilde{\mathrm{SPT}}_{ijk}$、$\widetilde{\mathrm{CPT}}_{ijk}$、$\widetilde{\mathrm{CWT}}_{ijk}$。

步骤 4　若 $j=n_i$，根据式（4.59）得到工件的完工时间 $\widetilde{\mathrm{CT}}_i$，根据 $\widetilde{\mathrm{CT}}_i$ 和交货期 $\widetilde{\mathrm{dt}}_i$ 可计算得到工件 i 的客户满意度 AI_i；否则，设置 $\widetilde{C}_{ij}=\bigvee_{k=1,2,\cdots,b_{ij}}\{\widetilde{\mathrm{CWT}}_{ijk}\}$，表示工件 i 在第 j 道工序上所有子批的完工时间，作为该工件进行下一道工序时需要考虑的工序约束。

步骤 5　更新工件 i 第 j 道工序加工资源上的开始空闲时间，即对每个非零子批 k，若 $\phi_{ijkld}=1$，则设置 $\widetilde{\mathrm{FT}}_{ld}=\widetilde{\mathrm{CWT}}_{ijk}$。

步骤 6 设置 $m=m+1$，若 $m\leqslant L$，则返回步骤 2。否则，至此，所有的批任务都被安排，根据式(4.60)获得生产周期，进而通过式(4.51)计算得到目标函数值。

2) 适应度函数

以目标函数作为适应度函数，如式(4.61)所示。种群中的个体解码为调度方案后，通过式(4.51)计算目标函数值来评价个体，计算所得目标值越高表示个体越优秀。目标函数中涉及各工件客户满意度的计算，采用式(4.50)节根据工件模糊完工时间与模糊交货期交集求满意度的方法。

$$\max f=Z \tag{4.61}$$

3) 全局搜索操作

算法采用基于 DE 的全局搜索操作。其中，变异、交叉操作采用 DE/rand/1/bin 机制(见第 1 章)，即在随机选择的父代基向量基础上采用一个差向量进行干扰的变异方式和二项式交叉方式。算法采用种群迭代进化形式，当达到一定的迭代次数时，输出种群中最优个体作为问题的解。每一次迭代进化过程中，对种群中每个个体 y_h 执行 DE/rand/1/bin 进化操作产生试验个体记为 $y'_h=\{y'_{h,1},y'_{h,2},\cdots,y'_{h,L}\}$，通过式(3.11)将 y'_h 上溢出[0, 1]范围的参数进行调整，通过贪婪准则在原个体 y_h 和调整后的试验个体 y'_h 之间进行选择作为个体 h 进入下一代，$h=1,2,\cdots,N_p$。涉及的算法参数有缩放比例因子 F、交叉概率 CR、种群规模 N_p 和最大迭代次数 $t_{\max}$。

4.5.4 仿真及分析

为了说明算法求解模糊操作时间和模糊交货期下 Job-shop 分批优化调度问题的有效性，使用算例进行测试，加工数据如表 4.18 和表 4.19 所示。表 4.18 给出了各工件的加工批量、模糊交货期以及所含工序对资源的需求，共有 10 个工件，各工件包含 3～8 道工序，各工序对资源的需求不同。本例中，若某工序加工时需要配备某种资源，则需要配备该类资源的数量为 1。表 4.19 给出了车间内生产资源情况，共有 9 种资源，最后 2 种为辅助生产资源(Ⅷ和Ⅸ)，其余为主生产资源；各种资源包含 1～3 个并行资源，各并行资源(主生产资源)的单件加工时间不同，而同一主生产资源在加工不同工件时花费的时间基本相同，准备时间忽略不计。

表 4.18 工件工序信息

工件	加工批量	交货期	各工序对资源的需求							
			1	2	3	4	5	6	7	8
J_1	50	1200,1500	Ⅴ	Ⅶ	Ⅳ	Ⅳ	Ⅵ	—	—	—
J_2	10	1200,1500	Ⅴ	Ⅱ+Ⅸ	Ⅶ	Ⅰ+Ⅷ	Ⅵ	—	—	—

续表

工件	加工批量	交货期	各工序对资源的需求							
			1	2	3	4	5	6	7	8
J_3	40	1700,2000	Ⅴ	Ⅱ+Ⅸ	Ⅶ	Ⅰ+Ⅷ	Ⅵ	—	—	—
J_4	20	1700,2000	Ⅴ	Ⅴ	Ⅶ	Ⅲ+Ⅸ	Ⅳ	Ⅰ+Ⅷ	Ⅳ	Ⅵ
J_5	80	1200,1300	Ⅴ	Ⅴ	Ⅶ	Ⅲ+Ⅸ	Ⅳ	Ⅰ+Ⅷ	Ⅳ	Ⅵ
J_6	35	700,1000	Ⅶ	Ⅱ+Ⅸ	Ⅴ	Ⅵ	—	—	—	—
J_7	60	1200,1400	Ⅶ	Ⅴ	Ⅵ	—	—	—	—	—
J_8	70	1000,1300	Ⅰ	Ⅰ	Ⅰ+Ⅷ	Ⅳ	Ⅲ+Ⅸ	Ⅵ	—	—
J_9	50	1200,1500	Ⅲ	Ⅲ+Ⅸ	Ⅴ	Ⅲ+Ⅸ	Ⅰ+Ⅷ	Ⅵ	—	—
J_{10}	45	1400,1700	Ⅲ	Ⅲ+Ⅸ	Ⅴ	Ⅲ+Ⅸ	Ⅰ+Ⅷ	Ⅵ	—	—

表 4.19　资源信息

资源种类	并行资源		单件加工时间	资源种类	并行资源		单件加工时间
	序号	标号			序号	标号	
Ⅰ	1	E_1	4,5,6	Ⅵ	1	E_{11}	3,4,5
	2	E_2	5,6,7		2	E_{12}	1,2,3
	3	E_3	2,3,4		3	E_{13}	8,10,11
Ⅱ	1	E_4	3,4,5	Ⅶ	1	E_{14}	4,5,6
Ⅲ	1	E_5	1,2,3		2	E_{15}	3,4,5
	2	E_6	7,9,10		3	E_{16}	4,5,6
Ⅳ	1	E_7	2,3,4	Ⅷ	1	E_{17}	—
	2	E_8	5,7,9		2	E_{18}	—
Ⅴ	1	E_9	5,6,7	Ⅸ	1	E_{19}	—
	2	E_{10}	1,2,3		2	E_{20}	—
					3	E_{21}	—

用模糊 DE 算法对该算例进行求解。设置目标权值 $\omega=0.9$,种群规模为 50,迭代次数为 500,缩放比例因子为 0.7,交叉概率为 0.1。算法运行所得最优工件加工顺序为[6 10 5 6 5 10 9 2 3 7 2 9 5 4 5 2 3 4 8 8 4 8 1 2 7 8 3 5 6 3 4 6 8 10 7 2 5 1 4 10 9 1 3 8 5 9 5 4 9 10 1 4 9 1 4 10],对应的目标值为 0.601。对应各工序的结束加工时间、主生产资源甘特图和辅助生产资源甘特图(以三角模糊时间的最大可能值为准来画)分别如表 4.20、图 4.32 和图 4.33 所示。

表 4.20　工件的批量划分方案和各子批的结束加工时间

工件	各道工序上子批批量(子批的模糊结束加工时间)							
	1	2	3	4	5	6	7	8
J_1	12(370,448,638) 38(338,452,678)	16(492,616,842) 19(485,616,849) 15(488,611,836)	35(628,858,1133) 15(650,858,1118)	35(857,1146,1517) 15(870,1146,1504)	15(954,1253,1642) 29(901,1253,1695) 6(963,1251,1608)	—	—	—
J_2	2(210,252,334) 8(168,256,384)	10(240,296,434)	2(308,375,522) 4(305,380,535) 4(312,380,528)	4(328,414,559) 6(332,414,559)	3(583,718,1046) 6(552,718,1077) 1(586,714,1023)	—	—	—
J_3	10(260,312,404) 30(198,316,474)	40(380,476,674)	12(428,536,746) 16(428,540,754) 12(428,536,746)	22(516,650,886) 18(518,648,880)	11(616,762,1101) 24(576,766,1149) 5(626,764,1078)	—	—	—
J_4	5(285,342,439) 15(213,346,519)	5(310,376,554) 15(300,376,564)	7(338,411,606) 7(331,408,599) 6(336,410,600)	16(382,529,761) 4(426,527,695)	14(558,753,993) 6(575,753,983)	10(693,923,1213) 10(725,927,1189)	14(885,1188,1573) 6(900,1188,1558)	6(972,1277,1672) 12(913,1277,1731) 2(979,1271,1630)
J_5	20(100,120,140) 60(60,120,180)	20(200,240,320) 60(160,240,360)	25(300,365,510) 31(293,364,515) 24(296,360,504)	66(366,497,713) 14(398,491,655)	56(530,711,937) 24(545,711,929)	26(675,867,1119) 54(653,873,1153)	56(787,1041,1377) 24(795,1041,1369)	23(864,1133,1492) 48(843,1137,1521) 9(867,1131,1476)
J_6	11(44,55,66) 13(39,52,65) 11(44,55,66)	35(149,195,241)	9(490,592,806) 26(409,594,891)	10(520,634,941) 21(511,636,954) 4(522,634,935)	—	—	—	—

续表

工件	各道工序上子批批量(子批的模糊结束加工时间)							
	1	2	3	4	5	6	7	8
J_7	18(116,145,174) 24(111,148,185) 18(116,145,174)	15(445,538,743) 45(383,542,813)	18(574,706,1031) 35(546,706,1059) 7(578,704,1012)	—	—	—	—	—
J_8	20(80,100,120) 16(80,96,112) 34(68,102,136)	20(160,202,256) 16(160,198,248) 34(148,204,272)	38(312,394,500) 32(320,396,496)	49(418,543,696) 21(425,543,689)	58(483,659,935) 12(510,651,816)	21(679,846,1206) 41(617,848,1272) 8(690,844,1166)	—	—
J_9	41(134,230,345) 9(175,227,281)	41(216,312,468) 9(238,311,435)	13(610,736,974) 37(480,736,1104)	41(651,818,1227) 9(673,817,1194)	19(769,1018,1341) 31(787,1020,1351)	15(909,1193,1567) 29(872,1195,1608) 6(915,1191,1542)	—	—
J_{10}	37(37,74,111) 8(56,72,80)	37(93,148,222) 8(112,146,191)	11(545,658,883) 34(443,662,993)	37(532,736,1104) 8(601,734,1073)	25(869,1143,1491) 20(887,1140,1491)	13(1011,1329,1737) 26(939,1329,1809) 6(1027,1331,1696)	—	—

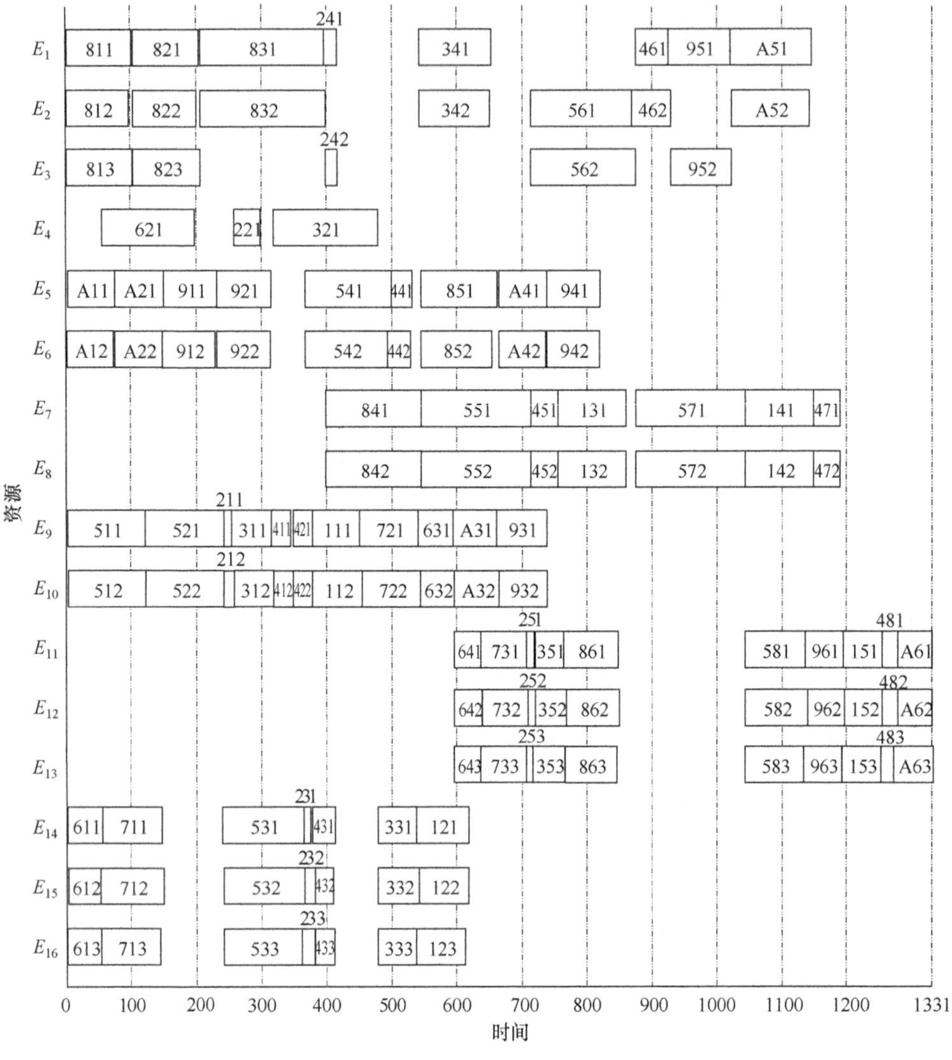

图 4.32　主生产资源甘特图

表 4.20 为各工件在各道工序上的批量划分方案和各子批的模糊结束加工时间，括号外的数字表示子批批量，括号内的数字表示该子批的完工时间，子批的开始加工时间＝结束加工时时间－单件加工时间×子批批量。从表 4.20 可以看出，工件 J_1 在第一道工序分成两批进行加工，在第二道工序分成三批进行加工……对应各子批的资源分配情况见甘特图。

甘特图中 E_1～E_{21}代表资源，与表 4.19 中资源标号对应。标记“ijk”的方块表示工件 i 第 j 道工序上第 k 子批的加工操作，其中，$i=A$ 代表工件 J_{10}。根据表 4.20 和图 4.32、图 4.33，可得到各子批的批量和开始、结束加工时间。例如，

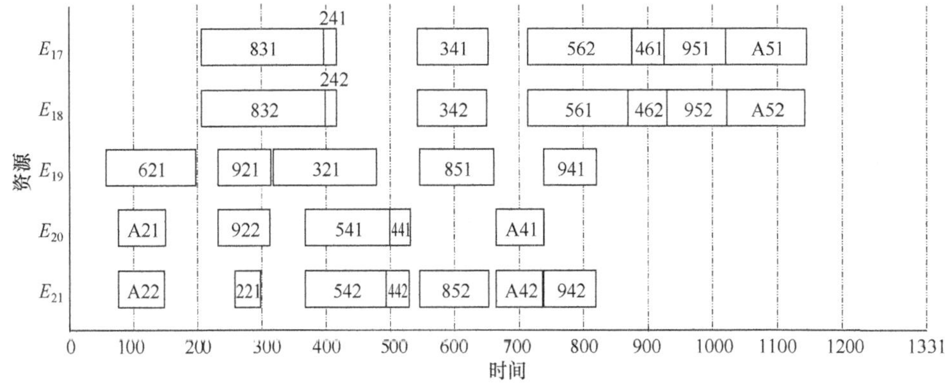

图 4.33　辅助生产资源甘特图

图 4.32中 E_1 上的方块“831”和图 4.33 中 E_{17}上的方块“831”代表工件 J_8 第三道工序上的第一子批，说明该子批在加工过程中同时配备资源 E_1 和资源 E_{17}；根据表 4.20 可知(表中阴影标记)，该子批批量为 38；结合甘特图时间轴可得，该子批的加工操作从时间 204 开始到 394 结束(模糊时间的最大可能值)。

4.6　基于差分进化算法的作业车间动态调度

车间调度问题是在车间有限的资源约束以及任务的工艺约束下，按时间分配资源来完成任务以满足某些特定的性能指标的问题。传统的对车间调度问题的研究是在调度环境和任务确定不变的前提下进行的，是静态调度。而在实际生产过程中，由于加工环境的动态性、不确定性，事先已经确定的优化调度方案在执行过程中，会遇到不可预期的事件或随机扰动，使得原有的调度方案不再可行。这就要求调度系统能够应对这些突如其来的变化，迅速、有效地对调度进行调整，使加工系统持续、优化地运行。

目前国内外研究动态调度的方法主要有人工智能和专家系统方法、仿真实验方法和滚动窗口重调度方法[29]。其中，滚动窗口重调度方法[30]把动态调度过程划分成多个连续的调度区间，对各个调度区间，考虑系统初始状态，进行在线优化以达到区间内最优，以适应复杂多变的动态环境。同时，该方法还适应实际环境中存在的大规模调度问题、加工过程中加工任务不断到来以及完成的任务不断离开的情况，因此得到了广泛的应用。本节基于周期和事件驱动的滚动窗口再调度策略，介绍作业车间动态环境调度问题。

4.6.1　基于周期和事件驱动的滚动窗口调度

作业车间动态调度问题是指在动态生产环境下，针对生产过程中出现的一些不可预期的事件或随机扰动，及时动态地调整原调度方案。根据系统当前的状态，进行机器分配和加工排序，使原方案和新方案合理衔接，在满足约束条件的前提下，优化调度目标。

为解决作业车间动态环境调度问题，这里采用基于周期和事件驱动的再调度策略，取周期时间点或突发事件发生时刻作为再调度时间点，根据实际生产工况进行系统状态更新，去除已完工的工件，利用滚动窗口技术，根据紧迫程度从待调度任务队列中选择任务，充实再调度工件窗口，以应对大规模调度问题以及加工任务不断到来的情况。

作业车间动态调度流程如图 4.34 所示，其中系统状态更新包括对加工资源的状态更新和调度工件窗口内任务的状态更新。为保证原方案和新方案之间的合理衔接，这里采用文献[31]的思路，对状态正常的加工资源，从再调度时间开始，保持一段时间(a frozen interval)之内该资源在原方案中已安排的任务排产不变，该特

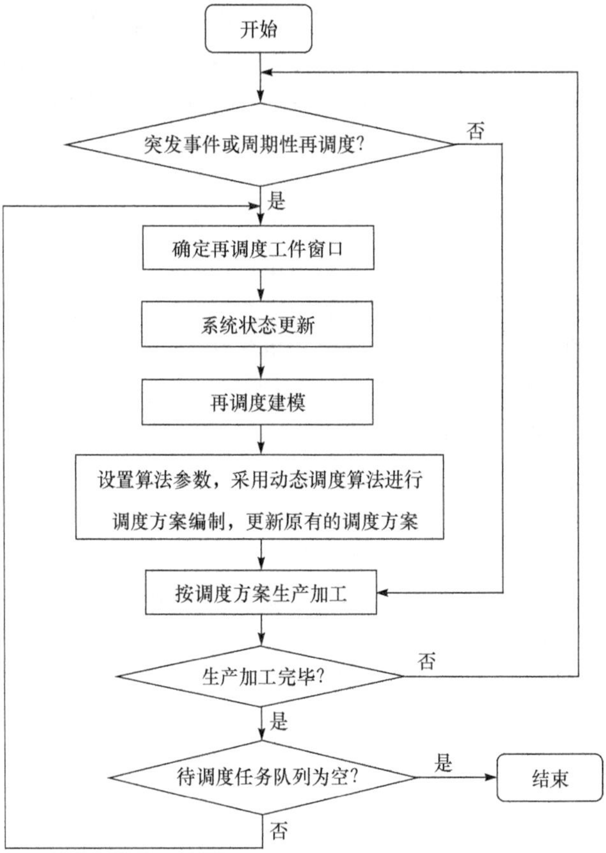

图 4.34　作业车间动态调度流程

定的时段称为冻结时段。为缩短完工时间，允许再调度时在冻结时段内资源上的闲置时段安排任务。由此，转化为加工资源上存在不可用时段约束的调度问题。根据更新后的系统状态建立机器存在不可用时段约束的作业车间动态调度模型，采用混合 DE 算法进行调度方案的编制，更新原有的调度方案。

1. 再调度工件窗口的确定

在加工过程中，不断到来的加工任务预先进入待调度任务队列，在再调度时间点到来时利用滚动窗口机制，根据任务的紧迫度选择进入调度工件窗口参与再调度。当周期时间点到来或突发事件发生时，按照实际工况，将已经完成加工的工件从调度工件窗口中删除，统计调度工件窗口中剩余工件数 N，若 $N<N_{\max}$且待调度任务队列非空，则按工件紧迫度从小到大选择 $\min\{(N_{\max}-N),N'\}$个工件纳入工件窗口，设置 $N=N+\min\{(N_{\max}-N),N'\}$。将工件的交货期减去再调度时间点，可获得工件的紧迫度值。式中，$N_{\max}$表示调度工件窗口大小，N'表示待调度任务队列中所含工件数。

2. 系统状态更新

在加工过程中不断到来的加工任务预先进入待调度任务队列，记 t_0 为再调度时间起点，t_d 为冻结时段长度（$[t_0,t_0+t_d]$为冻结时段），t_f 为再调度周期，Δt 为调度计划生成时间，t_d 满足约束 $\Delta t<t_d<t_f$。按如下步骤进行系统状态更新：

步骤 1　若是因机器故障而触发再调度，则撤销原方案中该机器上正在加工和 t_0 之后该机器上安排的任务，记撤销的任务集为 K。假设工件 i 的第 j 道工序包含在 K 中，则在原方案中该工件安排在其他机器上的所有后续工序也应被撤销并纳入 K。

步骤 2　根据执行步骤 1 之后的原方案，统计工件的最早可安排时间以及 t_0+t_d之前各工件已安排的工序数。对于 t_0+t_d 时刻正在加工的工件，由于加工的连续性，该工件只能在完成当前工序的加工操作后才能参与再调度。若是得到工件 i 的最早可安排时间 $\mathrm{AT}_i<(t_0+\Delta t)$，则设置 $\mathrm{AT}_i=(t_0+\Delta t)$。

步骤 3　根据执行步骤 1 之后的原方案中正常状态的机器上 $t_0\sim t_0+t_d$ 时间段内的任务排产情况，设置机器不可用时段数和不可用时段的上/下限时间。对于 t_0+t_d 时刻正在加工的机器，该机器的加工操作不能中断。如图 4.35 所示，机器 1 和机器 2 均处于正常状态，则机器 1 和机器 2 的不可用时段数分别为 1 和 3。其中，机器 1 在(t_2,t_6)时段内不可用，即在该时段内不参与再调度；机器 2 在(t_0,t_1)、(t_3,t_4)和(t_5,t_7)时段内不可用。

步骤 4　对于采用滚动窗口机制新纳入调度工件窗口的任务，设置工件的最早可安排时间为$(t_0+\Delta t)$，工件已安排的工序数为 0。

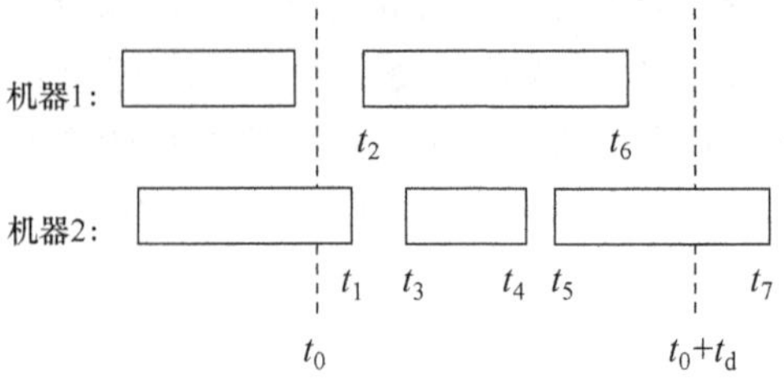

图 4.35　机器不可用时段约束

其中,再调度周期和窗口工件数的设置直接影响调度优化的实施效率。两次调度之间的时间间隔称为再调度周期,通常再调度时间点是均匀分布的,其缺点是没有考虑实际生产车间的负荷情况,因此更加合理的调度方案是使再调度频次与生产车间的负荷成正比,负荷越大,再调度频次越高。窗口工件的数量影响着调度优化的效果,若选取的工件太少,则优化调度的整体效果不理想且机床设备的利用率低;若选取的工件太多,则对突发事件的响应时间较长,影响车间的生产效率。再调度周期的时间和窗口工件的数量可以根据生产的实际情况加以确定。

冻结时段长度反映的是实际生产中,当发生故障时所需的应变时间(或称为调整时间)。冻结时段可以提高动态调度的稳定性,稳定性即新方案与原方案的衔接是否良好。较大的采用冻结时段长度能够使调度结果变得较好,但同时也使整个调度方案的稳定性变得更差,因此冻结时段长度不宜过大。具体的冻结时段长度需要根据生产的实际情况及需求而定。

4.6.2　作业车间动态调度模型

1. 变量定义

为了建模需要,记 i 为工件标号、j 为工序标号、l 为机器标号、q 为不可用时段标号,定义如下参数和变量。

1) 已知变量

N:工件数;

AT_i:工件 i 的最早可安排时间;

n_i:工件 i 所含工序数;

dn_i:工件 i 已安排的工序数;

M:机器数;

WT_{ijl}:工件 i 的第 j 道工序在机器 l 上的加工时间,加工时间为 0 表示工件 i 的第 j 道工序不能在机器 l 上加工;

Nt_l:机器 l 上不可用的时段数;

LT_{lq}：机器 l 上第 q 个不可用时段的下限时间；

UT_{lq}：机器 l 上第 q 个不可用时段的上限时间，表示(LT_{lp}，UT_{lp})时段内机器 l 不可用。

2) 决策变量

OE_{ij}：工件 i 第 j 道工序所分配到的加工机器；

ST_{ij}：工件 i 第 j 道工序开始加工时间；

CT_{ij}：工件 i 第 j 道工序结束加工时间；

$$\phi_{ijl}=\begin{cases}1, & \text{若工件 } i \text{ 第 } j \text{ 道工序被分配到机器 } l \text{ 上加工}\\ 0, & \text{其他}\end{cases}$$

$$\delta_{ij\_i'j'}=\begin{cases}1, & \text{若工件 } i \text{ 第 } j \text{ 道工序排在工件 } i' \text{ 第 } j' \text{ 道工序之前}\\ 0, & \text{其他}\end{cases}$$

2. 模型建立

数学模型及约束条件如下：

$$\min Z=\max_{i=1}^{N}\{CT_{in_i}\} \tag{4.62}$$

$$\text{s.t.}\quad ST_{ij}\geqslant AT_i,\quad j=(dn_i+1) \tag{4.63}$$

$$ST_{ij}\geqslant CT_{i(j-1)} \tag{4.64}$$

$$ST_{ij}\geqslant CT_{i'j'}\times\delta_{i'j'\_ij}\times\phi_{i'j'(OE_{ij})} \tag{4.65}$$

$$CT_{ij}=ST_{ij}+WT_{ij(OE_{ij})} \tag{4.66}$$

$$(ST_{ij},CT_{ij})\cap(LT_{(OE_{ij})q},UT_{(OE_{ij})q})=\varnothing \tag{4.67}$$

$$i,i'=1,2,\cdots,N;j=(dn_i+1),\cdots,n_i;j'=(dn_{i'}+1),\cdots,n_{i'};q=1,2,\cdots,Nt_{OE_{ij}} \tag{4.68}$$

式(4.62)表示调度问题以最小化生产周期为目标。式(4.63)表示工件的最早可安排时间约束，根据更新后的系统状态，工件 i 的前 dn_i 道工序已经在原方案中被安排，再调度只需要安排其后续工序即可，而该项约束也即工件 i 的第(dn_i+1)道工序的工序约束。式(4.64)表示工件的工序约束，只有当某个工件完成了上一道工序后，才能开始该道工序的加工操作。式(4.65)为机器约束，表示分配到同一机器上的任务根据加工顺序依次进行处理，只有在完成之前安排的所有任务后，才能在该机器上对当前任务进行操作。式(4.66)表示加工操作一旦开始就不能中断。式(4.67)表示加工操作需满足加工机器上的不可用时段约束。

4.6.3 基于差分进化算法的再调度算法

1. 编码解码方案

根据系统状态更新，工件 i 的前 dn_i 道工序已经完成加工，再调度时需要通过

算法确定工件 i 的第(dn_i+1)道以及后续所有工序(共($n_i-\mathrm{dn}_i$)道工序)的加工机器(柔性调度问题)与加工排序,$i=1,2,\cdots,N$。

算法采用[0,1]范围内的实数编码,用 $y_h=\{y_{h,1},y_{h,2},\cdots,y_{h,L}\}$ 表示个体 h,长度 $L=\sum_{i=1}^{N}(n_i-\mathrm{dn}_i)$,$h=1,2,\cdots,N_\mathrm{p}$,$N_\mathrm{p}$ 为种群规模。根据如下操作将 y_h 转化成离散加工排序序列:将个体上从左到右前($n_1-\mathrm{dn}_1$)位分量赋工件号 1,随后的($n_2-\mathrm{dn}_2$)位分量赋工件号 2,依次类推,$i=1,2,\cdots,N$;然后,将分量对应的工件号根据分量值 $y_{h,m}$($m=1,2,\cdots,L$)的大小从左到右降序排列,得到序列 σ,σ 上值为 i(表示工件号)的加工任务共有($n_i-\mathrm{dn}_i$)个;最后,根据 σ 上从左到右工件号出现的次数来解释工序号,σ 上从左到右第 j 次出现的值为 i 的任务代表工件 i 的第(dn_i+j)道工序。

将 DE 个体 y_h 转化成离散加工排序序列 σ 后,按照以下步骤对 σ 进行解码,得到调度方案。

步骤 1 设置 $\mathrm{FT}_l=t_0+\Delta t$,表示机器 l 的开始空闲时间,$l=1,2,\cdots,M$。设置 $m=1$,执行步骤 2。

步骤 2 选择 σ 上从左到右第 m 位加工任务,获得其工件号 i 和工序号 j。执行步骤 3~步骤 4 为待安排任务分配加工机器,安排加工操作。

步骤 3 设置 $\mathrm{RT}=\mathrm{AT}_i$,表示待安排任务的最早开始时间。若 $j>(\mathrm{dn}_i+1)$,设置 $\mathrm{RT}=\max\{\mathrm{RT},\mathrm{CT}_{i(j-1)}\}$。执行步骤 4。

步骤 4 从机器集中选择 $\mathrm{WT}_{ijl}\neq 0$ 的机器 l 根据步骤 4.1~步骤 4.3 处理待安排任务,从中选择能最早完成待安排任务(即拥有最小 C_l 值)的机器作为 OE_{ij},设置 $\mathrm{ST}_{ij}=S_{\mathrm{OE}_{ij}}$,$\mathrm{CT}_{ij}=C_{\mathrm{OE}_{ij}}$,执行步骤 5。

步骤 4.1 设置 $S_l=\max\{\mathrm{RT},\mathrm{FT}_l\}$,$C_l=S_l+\mathrm{WT}_{ijl}$。设置 $q=1$,根据步骤 4.2~步骤 4.3 处理机器不可用时段约束。

步骤 4.2 若$(S_l,C_l)\cap(\mathrm{LT}_{lq},\mathrm{UT}_{lq})\neq\varnothing$,设置 $C_l=C_l+(\mathrm{UT}_{lq}-S_l)$,$S_l=\mathrm{UT}_{lq}$。执行步骤 4.3。

步骤 4.3 设置 $q=q+1$,若 $q\leqslant \mathrm{Nt}_l$,返回步骤 4.2。

步骤 5 刷新机器开始空闲时间,设置 $\mathrm{FT}_{\mathrm{OE}_{ij}}=\mathrm{CT}_{ij}$。执行步骤 6。

步骤 6 设置 $m=m+1$。若 $m\leqslant L$,返回步骤 2。

2. 适应度函数

适应度函数同式(4.16)。

3. 全局搜索操作

1) 进化步骤

记 y_h 为当前种群中的个体 h，$y_{best}=\{y_{best,1},y_{best,2},\cdots,y_{best,L}\}$ 为当前种群中的最优个体。$h=1,2,\cdots,N_p$，N_p 表示种群规模。按如下步骤对当前种群中 y_h 进行进化操作：

步骤 1　随机产生[1,N_p]范围内互异且不等于 h 的自然数 h_1、h_2 和 h_3。随机产生[1,L]范围内的自然数 r_1 和 r_2，$r_1\neq r_2$。设置 $m=1$，执行步骤 2。

步骤 2　若 $m=r_1$，则执行步骤 3；若 $m=r_2$，执行步骤 4；否则，执行步骤 5。

步骤 3　对 y_h 上第 m 位分量执行基于 DE 的变异操作：

$$y'_{h,m}=y_{h_1,m}+F\times(y_{h_2,m}-y_{h_3,m}) \tag{4.69}$$

式中，F 表示缩放比例因子。选择变异新产生的分量进入新个体(记为 y'_h)，执行步骤 6。

步骤 4　借鉴文献[32]中量子旋转门更新量子位$\begin{bmatrix}\alpha\\ \beta\end{bmatrix}$的方法，设计如下变异操作：

$$\theta=\mathrm{e}^{-u/t_{max}}\times\theta_{best} \tag{4.70}$$

$$\begin{bmatrix}\alpha'\\ \beta'\end{bmatrix}=\begin{bmatrix}\cos\theta & -\sin\theta\\ \sin\theta & \cos\theta\end{bmatrix}\begin{bmatrix}\alpha\\ \beta\end{bmatrix} \tag{4.71}$$

式中，θ 表示量子旋转角；u 表示当前进化代数；t_{max} 表示最大进化代数；θ_{best} 表示最优个体对应的量子旋转角。

将 y_h 上第 m 位分量 $y_{h,m}$ 作为 α，$\sqrt{1-(y_{h,m})^2}$ 作为 β，执行如下变异操作：

$$y'_{h,m}=y_{h,m}\times\cos\theta-\sqrt{1-(y_{h,m})^2}\times\sin\theta \tag{4.72}$$

式中，$y'_{h,m}$ 表示变异新产生的分量；θ 由式(4.70)获得，$\theta_{best}=\arcsin(y_{best,m})$。选择变异新产生的分量进入 y'_h，执行步骤 6。

步骤 5　随机产生[0,1]范围内的实数 r_3。若 $r_3\leqslant CR_1$，则返回步骤 3；若 $CR_1<r_3\leqslant CR_2$，则返回步骤 4；否则，选择个体 h 上的分量 $y_{h,m}$ 进入 y'_h。CR_1 和 CR_2 为交叉概率，$0\leqslant CR_1<CR_2\leqslant 1$。执行步骤 6。

步骤 6　执行 $m=m+1$。若 $m\leqslant L$，返回步骤 2；否则，此时新个体 y'_h 已经是一个完整个体，通过式(3.11)将 y'_h 上溢出数值范围的参数 $y'_{h,m}$ 映射到[0,1]内，$m=1,2,\cdots,L$。将修正后的 y'_h 存入临时种群。

在全局搜索操作中，借鉴量子进化算法中量子旋转门更新量子位的方法，设计了一种新的变异操作；同时还设计了三段式交叉操作：根据交叉概率 CR_1 和 CR_2 决定对个体上的分量执行基于 DE 的变异操作，或执行基于量子旋转门更新方法的新的变异操作，又或者保留原个体上对应的分量。

2) 选择操作

在对当前种群中个体采用上述进化操作后，临时种群中共有 N_p 个新个体。在当前种群和临时种群共 $2\times N_p$ 个个体中采用最优个体保持和轮盘赌选择操作[23]，选择 N_p 个个体进入下一代。

4. 局部搜索操作

为进一步改进算法性能，在每一次迭代中，执行全局搜索操作后，对种群中最优个体和20%的其他个体执行局部搜索操作。根据问题编码方案，采用 Interchange 邻域结构对选中的个体 h 执行局部搜索。

根据本节算法的编码解码方案所述个体 y_h 转化成离散加工排序序列 σ 的过程，若是在相同工件号的分量之间交换分量值 $y_{h,m}$，则交换前后个体 y_h 对应的排序序列 σ 不变。考虑到这一点，设计局部搜索步骤如下：

步骤1　随机产生[1,L]范围内的自然数 d，获得 y_h 上第 d 位分量对应的工件号 i；随机产生[1,N]内的自然数 i'，$i'\neq i$。执行步骤2。

步骤2　若 $i'=1$，则设置 $d_1=1$；否则，$d_1=\sum_{k=1}^{(i'-1)}(n_k-\mathrm{dn}_k)+1$。设置 $d_2=(d_1-1)+(n_{i'}-\mathrm{dn}_{k'})$。表示 d_1 到第 d_2 位之间的分量(包括第 d_1 和第 d_2 位)为 y_h 上对应工件号为 i' 的队列。设置 $y'_h=y_h$。执行步骤3。

步骤3　交换 y'_h 上第 d 位分量值 $y'_{h,d}$ 和第 d_1 位分量值 y'_{h,d_1}，此交换操作不改变原位置上对应的工件号。若 $f(y'_h)>f(y_h)$，则设置 $y_h=y'_h$。执行步骤4。

步骤4　设置 $d_1=d_1+1$。若 $d_1\leqslant d_2$，则返回步骤3；否则，结束对个体 h 的局部搜索。

4.6.4 仿真及分析

1. 静态调度

为测试算法性能，采用 benchmark 问题中 FT06 和 LA31(加工数据见文献[33])以及文献[34]～文献[36]中的加工数据(表4.21和表4.22)，对4个不同规模的算例进行测试。表4.21和表4.22中，“—”表示该工序不能在对应机器上加工。

算例1　benchmark FT06 问题，为6工件6机器加工系统，工序的加工机器确定，求工序的最优排序。

算例2　8工件8机器加工系统，工序在各机器上的加工时间如表4.21所示，为柔性作业车间调度问题，需确定工序的加工机器及最优排序。

算例 3　10 工件 10 机器加工系统，工序在各机器上的加工时间如表 4.22 所示，为柔性作业车间调度问题，需确定工序的加工机器及最优排序。

算例 4　benchmark LA31 问题，为 30 工件 10 机器加工系统，工序的加工机器确定，求工序的最优排序。

表 4.21　算例 2 的工序加工信息

工件	工序	E_1	E_2	E_3	E_4	E_5	E_6	E_7	E_8
J_1	1	5	3	5	3	3	—	10	9
	2	10	—	5	8	3	9	9	6
	3	—	10	—	5	6	2	4	5
J_2	1	5	7	3	9	8	—	9	—
	2	—	8	5	2	6	7	10	9
	3	—	10	—	5	6	4	1	7
	4	10	8	9	6	4	7	—	—
J_3	1	10	—	—	7	6	5	2	4
	2	—	10	6	4	8	9	10	—
	3	1	4	5	6	—	10	—	7
J_4	1	3	1	6	5	9	7	8	4
	2	12	11	7	8	10	5	6	9
	3	4	6	2	10	3	9	5	7
J_5	1	3	6	7	8	9	—	10	—
	2	10	—	7	4	9	8	6	—
	3	—	9	8	7	4	2	7	—
	4	11	9	—	6	7	5	3	6
J_6	1	6	7	1	4	6	9	—	10
	2	11	—	9	9	9	7	6	4
	3	10	5	9	10	11	—	10	—
J_7	1	5	4	2	6	7	—	10	—
	2	—	9	—	9	11	9	10	5
	3	—	8	9	3	8	6	—	10
J_8	1	2	8	5	9	—	4	—	10
	2	7	4	7	8	9	—	10	—
	3	9	9	—	8	5	6	7	1
	4	9	—	3	7	1	5	8	—

表 4.22　算例 3 的工序加工信息

工件	工序	E_1	E_2	E_3	E_4	E_5	E_6	E_7	E_8	E_9	E_{10}
J_1	1	1	4	6	9	3	5	2	8	9	5
	2	4	1	1	3	4	8	10	4	11	4
	3	3	2	5	1	5	6	9	5	10	3
J_2	1	2	10	4	5	9	8	4	15	8	4
	2	4	8	7	1	9	6	1	10	7	1
	3	6	11	2	7	5	3	5	14	9	2
J_3	1	8	5	8	9	4	3	5	3	8	1
	2	9	3	6	1	2	6	4	1	7	2
	3	7	1	8	5	4	9	1	2	3	4
J_4	1	5	10	6	4	9	5	1	7	1	6
	2	4	2	3	8	7	4	6	9	8	4
	3	7	3	12	1	6	5	8	3	5	2
J_5	1	7	10	4	5	6	3	5	15	2	6
	2	5	6	3	9	8	2	8	6	1	7
	3	6	1	4	1	10	4	3	11	13	9
J_6	1	8	9	10	8	4	2	7	8	3	10
	2	7	3	12	5	4	3	6	9	2	15
	3	4	7	3	6	3	4	1	5	1	11
J_7	1	1	7	8	3	4	9	4	13	10	7
	2	3	8	1	2	3	6	11	2	13	3
	3	5	4	2	1	2	1	8	14	5	7
J_8	1	5	7	11	3	2	9	8	5	12	8
	2	8	3	10	7	5	13	4	6	8	4
	3	6	2	13	5	4	3	5	7	9	5
J_9	1	3	9	1	3	8	1	6	7	5	4
	2	4	6	2	5	7	3	1	9	6	7
	3	8	5	4	8	6	1	2	3	10	12

续表

工件	工序	E_1	E_2	E_3	E_4	E_5	E_6	E_7	E_8	E_9	E_{10}
	1	4	3	1	6	7	1	2	6	20	6
J_{10}	2	3	1	8	1	9	4	1	4	17	15
	3	9	2	4	2	3	5	2	4	10	23

采用 Visual C++.NET 编程，程序运行环境为 Intel CPU、主频 2.66GHz、内存 3.49GB。设置算法参数 $t_{max}=500$，$N_p=20$，$CR_1=0.3$，$CR_2=0.7$，$F=0.5$，采用所提出的算法分别对每个算例随机运行 20 次。得到的结果如表 4.23 所示，其中，F_B、F_A、N_{BF}分别表示算法 20 次运行结果中所得的最优生产周期、平均生产周期和获得最优生产周期的次数。表 4.23 中基本遗传算法的参数设置与混合 DE 算法相同。与其他算法比较，混合 DE 算法求解作业车间调度问题在寻优性和稳定性方面有较大提高。

表 4.23　静态调度测试结果比较

算例	Kacem 等[34]	Zhang 等[35]	张超勇等[36]		基本遗传算法			混合 DE 算法		
	F_B	F_B	F_B	F_A	F_B	F_A	N_{BF}/次	F_B	F_A	N_{BF}/次
算例 1	—	—	—	—	55	56.05	12	55	55.1	19
算例 2	16	15	14	16.2	15	15.55	9	14	14	20
算例 3	7	7	7	7.8	7	7.45	13	7	7	20
算例 4	—	—	—	—	1876	1919.5	1	1784	1820.95	4

算例 4 对应的最优甘特图如图 4.36 所示。甘特图中标记"ij"的方块表示工件 i 第 j 道工序的加工操作。甘特图中 A 代表 10，B 代表 11，依次类推。方块首末端在数轴上分别对应工序的开始、结束加工时间。

2. 动态调度

对算例 4，以静态调度所得最优结果为基础，如图 4.36 所示，最大完工时间为 1784 个时间单位。基于该调度方案，考虑新工件到来、机器故障和机器修复等情况进行动态调度。

假定工件窗口大小 $N_{max}=30$，再调度周期 $t_f=1120$，冻结时段长度 $t_d=50$，调度计划生成时间 Δt 忽略不计。这里考虑的动态事件有：一个新的工件(非紧急，标记为工件 J_{31})在第 1000 个时间单位到来，该工件的加工数据同 LA31 问题中的工件 J_{25}，如表 4.24 所示；机器 3 在第 1430 个时间单位突然损坏；机器 3 在第 1530 个时间单位修复。

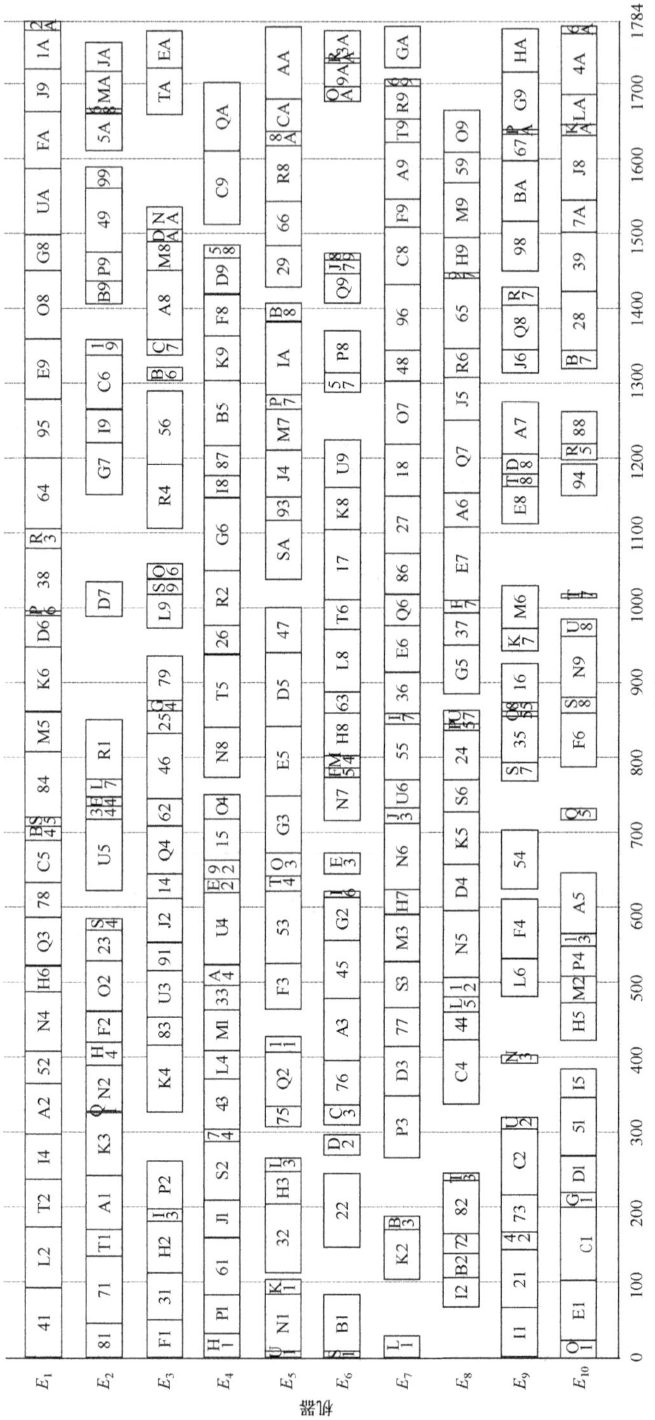

图 4.36　算例 4 的最优甘特图

表 4.24　新工件 J_{31} 的加工数据

工序	1	2	3	4	5	6	7	8	9	10
加工机器	4	3	7	10	8	1	5	6	2	9
加工时间	54	64	83	40	8	7	19	56	39	7

1）周期再调度

系统在执行图 4.36 所示的调度方案时，新工件在第 1000 个时间单位到达，由于该工件为非紧急工件，无须为此启动再调度，只需将工件 J_{31} 纳入待调度任务队列，此时队列所含工件数 $N'=1$。

到第 1120 个时间单位时，为周期调度时刻，需要启动周期再调度，再调度时间起点 $t_0=1120$，则$[t_0,t_0+t_d]=[1120,1170]$为冻结时段。根据图 4.36 所示初始方案，工件 J_{28}（对应甘特图中工件 S）在 t_0 之前已经完成加工，离开调度工件窗口，此时工件窗口内所含工件数 $N=30-1=29$。由于 $N<N_{\max}$，在重新确定再调度工件窗口时，将新工件 J_{31} 纳入调度工件窗口，从而 $N=29+1=30$，$N'=0$。其他工件的工件号保持不变。保持各机器在冻结时段内的任务排产不变，进行系统状态更新。周期再调度所得最大完工时间为 1856 个时间单位，对应甘特图如图 4.37 所示，图中 V 表示新工件 J_{31}。

2）机器故障再调度

系统在执行图 4.37 所示的调度方案时，机器 3 在第 1430 个时间单位突然损坏，需要启动再调度。再调度时间起点 $t_0=1430$，$[1430,1480]$为冻结时段。根据图 4.37 所示初始方案，工件 J_2 在 t_0 之前已经完成加工，离开调度工件窗口，此时工件窗口内所含工件数 $N=30-1=29$。其他工件的工件号保持不变。根据图 4.34所示流程进行再调度，所得最大完工时间为 1801 个时间单位，对应甘特图如图 4.38 所示。其中，工件 J_{10}的第 8 道工序（A8）及其所有后续工序、工件 J_{13}的第 10 道工序（DA）、工件 J_{14}的第 10 道工序（EA）、工件 J_{22}的第 8 道工序（M8）及其所有后续工序、工件 J_{23}的第 10 道工序（NA）、工件 J_{29}的第 10 道工序（TA）受机器故障的影响而无法安排，因此在图 4.38 中并未显示。

3）机器修复再调度

系统在执行图 4.38 所示的调度方案时，机器 3 在第 1530 个时间单位修复，需要启动再调度。再调度时间起点 $t_0=1530$，$[1530,1580]$为冻结时段。根据图 4.38 所示初始方案，工件 J_1、J_7、J_{21}（工件 L）在 t_0 之前已经完成加工，离开调度工件窗口，此时工件窗口内所含工件数 $N=29-3=26$。其他工件的工件号保持不变。根据图 4.34 所示流程进行再调度，所得最大完工时间为 1856 个时间单位，对应甘特图如图 4.39 所示。之前因机器故障而延滞的工序在新方案中被重新安排。允许再调度时在冻结时段内资源上的闲置时段里安排任务，如图 4.39 所示，机器 3 上冻结时段内的“A8”为再调度新安排的任务，以此来达到缩短完工时间的目的。

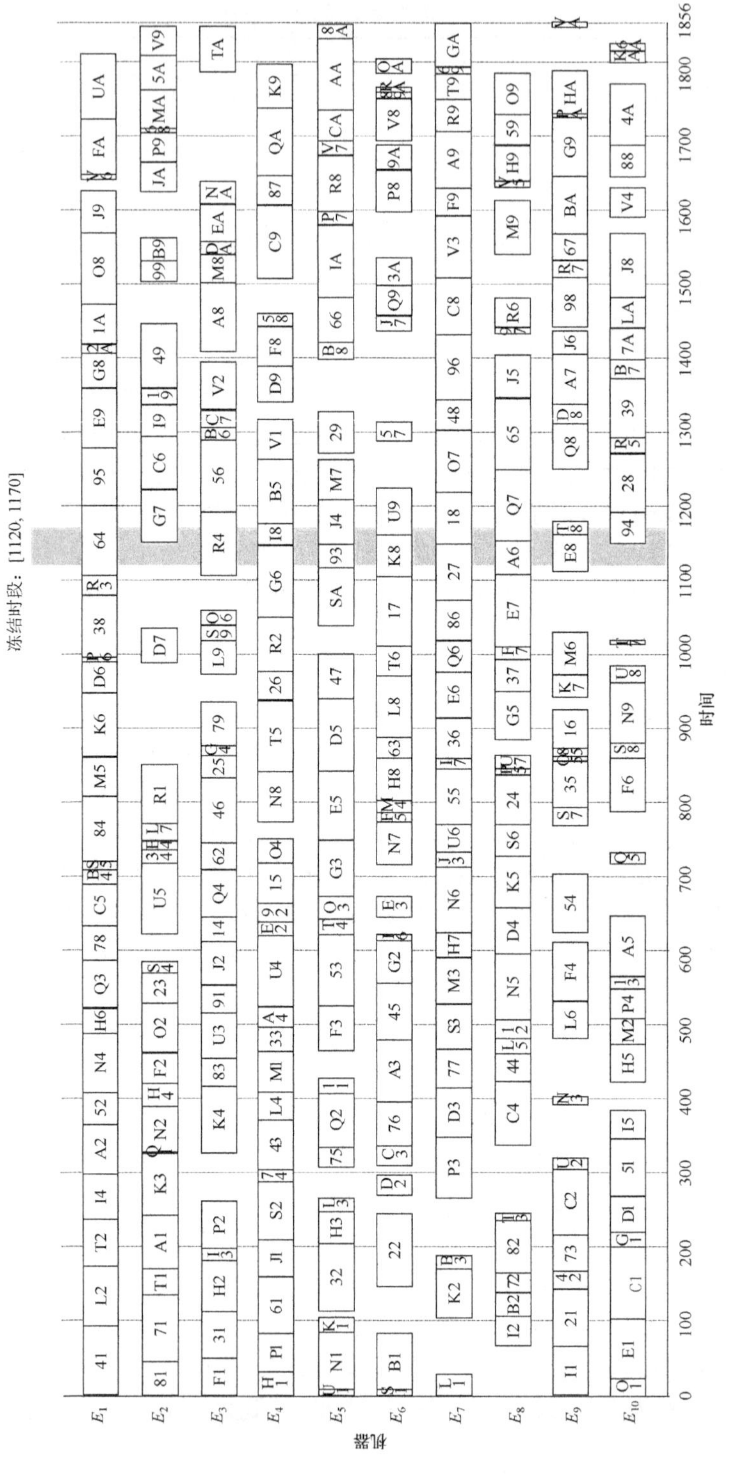

图 4.37　周期再调度最优甘特图

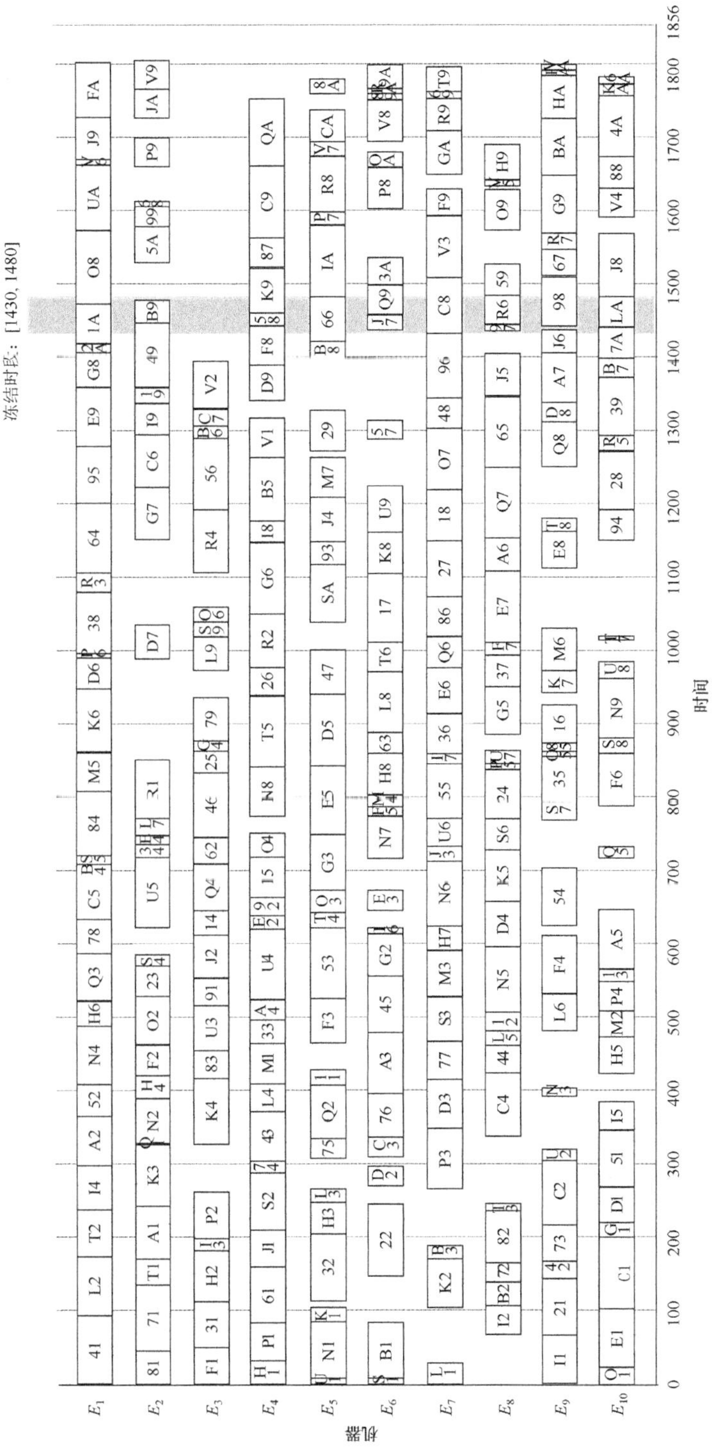

图 4.38　机器故障再调度最优甘特图

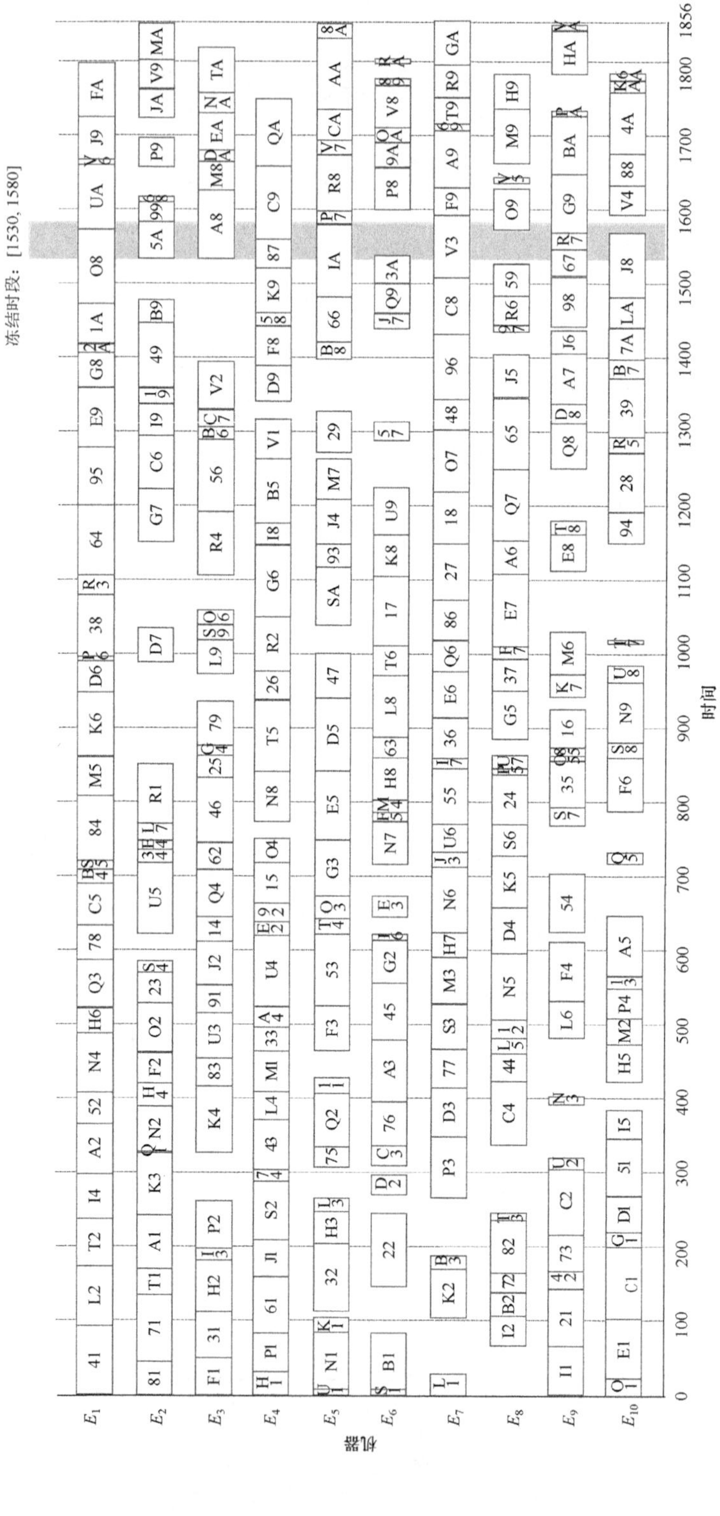

图 4.39　机器修复再调度最优甘特图

在动态调度中，通过对新工件的到来、机器故障和机器修复三类动态事件的调度实验研究可以看出，采用滚动窗口技术可以将一个大而复杂的动态调度问题分成多个连续调度区间，采用混合 DE 算法在线优化每个滚动区间，使得调度方法能适应连续加工过程中复杂动态多变环境，能及时地调整调度方案，保证了原方案和新方案之间的合理衔接；在动态事件出现后的再调度方案中，最大完工时间均可以控制在较好的范围之内，表明混合 DE 算法是解决调度优化问题的一种有效算法；本节仅讨论了三类动态事件的处理过程，但该调度方法具有很强的通用性，可以扩展到其他调度问题。

4.7 本章小结

本章介绍基于差分进化算法的作业车间分批优化调度方法。首先对等量、一致和可变子批划分模式下的柔性作业车间分批优化调度问题分别进行研究，建立对应的问题模型，基于两级编码方式，提出了相应的混合 DE 算法，通过仿真验证算法的有效性，并对三种策略进行比较。然后考虑实际生产过程中存在的不确定性，分别介绍了不确定参数下作业车间分批优化调度问题和动态环境下的作业车间调度问题：①针对加工时间、交货期不确定情况下的多资源作业车间分批优化调度问题，采用批量划分和资源分配相结合的方法，提出模糊 DE 算法实现批量划分、资源分配和加工排序优化；②针对动态多变环境下的作业车间调度问题，基于周期和事件驱动的滚动窗口再调度策略，采用冻结时段思想确保新旧方案之间的合理衔接，借鉴量子进化算法中量子旋转门更新量子位的方法，提出混合 DE 算法作为再调度算法，通过仿真说明动态调度方法的有效性。

参考文献

[1] Garey M R, Johnson D S, Sethi R. The complexity of flowshop and jobshop scheduling[J]. Mathematics of Operations Research, 1976, 1(2): 117-129.

[2] Martin C H. A hybrid genetic algorithm/mathematical programming approach to the multi-family flowshop scheduling problem with lot streaming[J]. Omega, 2009, 37(1): 126-137.

[3] Chang J H, Chiu H N. A comprehensive review of lot streaming[J]. International Journal of Production Research, 2005, 43(8): 1515-1536.

[4] Mortezaei N, Zulkifli N. Integration of lot sizing and flow shop scheduling with lot streaming[J]. Journal of Applied Mathematics, 2013: 1-9.

[5] Gómez-Gasquet P, Segura-Andrés R, Andrés-Romano C. A review of lot streaming in a flow shop environment with makespan criteria[J]. Journal of Industrial Engineering and Management, 2013, 6(3): 761-770.

[6] Low C, Hsu C M, Huang K I. Benefits of lot splitting in job-shop scheduling[J]. The

International Journal of Advanced Manufacturing Technology，2004，24(9/10)：773-780.

[7] Buscher U，Shen L. An integer programming formulation for the lot streaming problem in a job shop environment with setups[C]. Proceedings of The International MultiConference of Engineers and Computer Scientists，Hong Kong，2011：1343-1348.

[8] 潘全科，朱剑英. 多工艺路线的批量生产调度优化[J]. 机械工程学报，2004，40(4)：36-39.

[9] 孙志峻，安进，黄卫清. 作业车间多工艺路线批量作业计划优化[J]. 中国机械工程，2008，19(2)：183-187.

[10] 安进. 车间生产批量优化调度研究[D]. 南京：南京航空航天大学，2005.

[11] 林楠，孟飙，范玉青. 基于混合遗传算法车间多工艺路线批量调度[J]. 北京航空航天大学学报，2007，33(12)：1471-1476.

[12] Edis R S，Ornek A. Simulation analysis of lot streaming in job shops with transportation queue disciplines[J]. Simulation Modelling Practice and Theory，2009，17(2)：442-453.

[13] Wong T C，Ngan S C. A comparison of hybrid genetic algorithm and hybrid particle swarm optimization to minimize makespan for assembly job shop[J]. Applied Soft Computing，2013，13(3)：1391-1399.

[14] Huang R H. Multi-objective job-shop scheduling with lot-splitting production[J]. International Journal of Production Economics，2010，124(1)：206-213.

[15] Huang R H，Yu T H. An effective ant colony optimization algorithm for multi-objective job-shop scheduling with equal-size lot-splitting[J]. Applied Soft Computing，2017，57：642-656.

[16] Buscher U，Shen L. An integrated tabu search algorithm for the lot streaming problem in job shops[J]. European Journal of Operational Research，2009，199(2)：385-399.

[17] Lei D，Guo X. Scheduling job shop with lot streaming and transportation through a modified artificial bee colony[J]. International Journal of Production Research，2013，51(16)：4930-4941.

[18] 白俊杰，龚毅光，王宁生，等. 多目标柔性作业车间分批优化调度[J]. 计算机集成制造系统，2010，16(2)：396-403.

[19] 王云，冯毅雄，谭建荣，等. 柔性作业车间分批调度多目标优化方法[J]. 浙江大学学报(工学版)，2011，45(4)：719-726.

[20] 屈新怀，刘栋，丁必荣. 柔性作业车间分批调度的多样性可控粒子群优化算法[J]. 计算机辅助设计与图形学学报，2014，26(1)：121-130.

[21] 鞠全勇，朱剑英. 多目标批量生产柔性作业车间优化调度[J]. 机械工程学报，2007，43(8)：148-154.

[22] 王成栋，张优云. 基于实数编码的自适应伪并行遗传算法[J]. 西安交通大学学报，2003，37(7)：707-710.

[23] 王万良，吴启迪. 生产调度智能算法及其应用[M]. 北京：科学出版社，2007.

[24] Thomalla C S. Job shop scheduling with alternative process plans[J]. International Journal

of Production Economics，2001，74(1)：125-134.

[25] ElMaraghy H，Patel V，Abdallah I B. Scheduling of manufacturing systems under dual-resource constraints using genetic algorithms[J]. Journal of Manufacturing Systems，2000，19(3)：186-201.

[26] 潘全科，朱剑英．多工艺路线多资源多目标的作业调度优化[J]. 中国机械工程，2005，16(20)：1821-1826.

[27] 孙志峻，朱剑英，潘全科．基于遗传算法的多资源作业车间智能动态优化调度[J]. 机械工程学报，2002，38(4)：120-125.

[28] Sakawa M，Mori T. An efficient genetic algorithm for job-shop scheduling problems with fuzzy processing time and fuzzy duedate[J]. Computers & Industrial Engineering，1999，36(2)：325-341.

[29] 潘全科，朱剑英. 作业车间动态调度研究[J]. 南京航空航天大学学报，2005，37(2)：262-268.

[30] Nelson R T，Holloway C A，Wong R M. Centralized scheduling and priority implementation heuristics for a dynamic job shop model with due dates and variable processing time[J]. AIIE Transactions，1977，9(1)：96-102.

[31] Chen K J，Ji P. A genetic algorithm for dynamic advanced planning and scheduling (DAPS) with a frozen interval[J]. Expert Systems with Applications，2007，33(4)：1004-1010.

[32] 黄友锐. 智能优化算法及其应用[M]. 北京：国防工业出版社，2008.

[33] 王凌. 车间调度及其遗传算法[M]. 北京：清华大学出版社，2003.

[34] Kacem I，Hammadi S，Borne P. Approach by localization and multiobjective evolutionary optimization for flexible job-shop scheduling problems[J]. IEEE Transactions on Systems，Man and Cybemetics，Part C，2002，32(1)：408-419.

[35] Zhang H P，Gen M. Multistage-based genetic algorithm for flexible job-shop scheduling problem[J]. Complexity International，2005，11：223-232.

[36] 张超勇，饶运清，李培根，等. 柔性作业车间调度问题的两级遗传算法[J]. 机械工程学报，2007，43(4)：119-124.

第 5 章　基于差分进化算法的流程工业间歇批处理与连续混合生产过程调度

5.1 引　言

流程工业主要通过对原材料进行混合、分离、加热等物理或化学方法，使原材料增值[1]。流程工业包括连续和间歇两种类型生产过程。连续生产过程工序在加工时，输入物料以一定的流速“流”入设备，经过一定时间 TD(输入与输出之间的时滞)后，输出物料也是以一定的流速不断“流”出设备，一旦输入端停止输入物料，那么输出端在经过时间 TD 后也停止输出；而间歇生产过程在加工时，一定量的输入物料在某个时刻全部投入设备上经过一定时间后一次性全部产出。

关于流程工业的生产调度已经取得了一定的研究成果[1-11]。杨文明和顾幸生[1]针对流程工业企业外部环境的不确定性，建立了连续生产过程重调度模型，将生产时间离散化，运用混沌优化算法进行求解，通过重新调整各时间段各订单的生产率和生产资源，进行优化排产。双兵和顾幸生[4]根据订单交货期的约束，把一段连续的生产时间进行离散化，对各个时间段的设备生产率进行实数编码，采用遗传算法对模型进行优化求解，确定每天的设备生产率，属于订单在单台设备上的调度问题。Mendez 和 Cerda[5]采用混合整数规划方法对多产品连续生产过程短期调度问题进行求解。苏生等[6]针对单阶段并行机多产品间歇过程调度问题，采用连续时间混合整数规划模型，通过在每台设备上划分若干时间槽并确定每个时间槽所生产的产品种类，来解决分批与批次调度问题。Mockus 和 Reklaitis[7]、Behdani 等[8]建立连续时间模型，采用整数线性规划方法解决连续、间歇生产过程调度问题。

目前对连续生产过程的研究工作大多是为连续生产过程各条生产线制订生产计划，确定产品在各条生产线上的顺序和生产速率[1,4,9-11]。徐智[10]分别研究了连续生产过程和 Flow-shop 型离散生产过程相结合、连续生产过程和 Job-shop 型离散生产过程相结合的两类混合生产过程调度问题，解决产品在连续生产线上的调度以及离散生产过程的排序问题。徐智等在文献[11]中将离散生产所需的半成品原料的生产分解为连续生产过程各生产线的分段式生产任务，考虑的调度目标是为连续生产过程各条生产线及离散生产过程的各台机器制订生产计划，将连续生产调度问题转化为线性规划问题来求解，对于离散生产调度问题用遗传算法来求解。

本节针对连续生产过程和间歇生产过程混合的化工生产调度问题，介绍基于

DE 算法的优化方法，为生产线上连续过程各生产设备确定各个时刻的输入流速，为间歇过程各生产设备确定各个时间段内的输入物料处理量(批量)，使最大完工时间最小化。

5.2　问题模型

5.2.1　变量定义

为了建模需要，记 i 为产品标号、j 为工序标号、w 为物料标号、l 为设备标号、d 为贮槽标号、k 为批次号(针对间歇生产)，定义如下参数和变量。

N:产品数。

AM_i:产品 i 的需求量，$i=1,2,\cdots,N$。

Q:生产线上包含的工序数，包括连续生产过程工序和间歇生产过程工序；为便于排产操作，根据生产线上工序从末端到始端进行排序标号。

OP_j:工序 j 的类型，$\mathrm{OP}_j=1$ 表示工序 j 为连续生产过程，$\mathrm{OP}_j=0$ 表示工序 j 为间歇生产过程，$j=1,2,\cdots,Q$。

n_i:产品 i 包含的工序数，$n_i\leqslant Q$，$i=1,2,\cdots,N$。

TD_j:工序 j(针对 $\mathrm{OP}_j=1$ 情况)输入与输出之间的时滞，$j=1,2,\cdots,Q$。

W:生产线上包含的物料数，包括原料、中间品和产品。

IMT_j:工序 j 的输入物料集，$j=1,2,\cdots,Q$。

OMT_j:工序 j 的输出物料集，$j=1,2,\cdots,Q$。

$\mathrm{IO\_R}_{jw}$:表示工序 j 加工时物料 w 的输入比(若 $w\in\mathrm{IMT}_j$)或产出比(若 $w\in\mathrm{OMT}_j$)，$j=1,2,\cdots,Q$，$w=1,2,\cdots,W$。

DMT_w^t:t 时刻物料 w 的储量，$w=1,2,\cdots,W$。

UMO_w:需要消耗物料 w 的工序集，$w=1,2,\cdots,W$。

CMO_w:生成物料 w 的工序集，$w=1,2,\cdots,W$。

M:生产线上包含的设备数，包括连续生产过程加工设备和间歇生产过程加工设备。

EVL_l:设备 l 的最小输入流速(针对连续生产过程加工设备)/处理量(针对间歇生产过程加工设备)，$l=1,2,\cdots,M$。

EVU_l:设备 l 的最大输入流速(针对连续生产过程加工设备)/处理量(针对间歇生产过程加工设备)，$l=1,2,\cdots,M$。

ET_l:设备 l(针对间歇生产过程加工设备)的加工时间，$l=1,2,\cdots,M$；假定间歇生产设备的生产时间与设备上安排的生产批量无关。

OE_j:工序 j 的加工设备集，$j=1,2,\cdots,Q$。

D:生产线上包含的贮槽数；假设生产线上紧邻的工序之间都存在贮槽，且每个贮槽只能存储一种物料。

DV_d：贮槽 d 的容量，$d=1,2,\cdots,D$。

DIN_d^t：t 时刻贮槽 d 的储量，$d=1,2,\cdots,D$。

定义决策变量：确定各个时刻那些连续工序生产设备上的流速 VF_l^t，间歇工序生产设备上的生产批次数 b_l（表示为了完成所有的调度任务设备 l 上安排的任务批次数目）、各批的批量 CN_l^k 以及开始时间 TBN_l^k 和结束时间 TEN_l^k，$k=1,2,\cdots,b_l$。

5.2.2 数学模型

为了便于建模和算法的求解，将调度范围划分成许多等长度的时间段，更改生产流速/批量、开停设备、任务的开始和结束等事件只能在时间段的边界发生。在一个时间段内，连续生产工序的流速保持不变，且该工序处理的物料量等于该工序的流速乘以时间段长度，而间歇生产工序处理的物料量等于该工序的生产批量。时间段长度 Δt 可以视情况而定，但不能大于间歇工序生产设备的加工时间的最大公约数。一般而言，Δt 越短，精度越高，但会增加模型规模。

1. 约束条件

1) 设备能力约束

对于连续工序生产设备 l（即 $\exists j$，满足 $l\in OE_j$ 且 $OP_j=1$）：

$$EVL_l \leqslant VF_l^t \leqslant EVU_l \tag{5.1}$$

式中，$t=0,1,\cdots$，VF_l^t 表示 $[t\times\Delta t,(t+1)\times\Delta t)$ 时段内设备 l 上安排的流速，$l=1,2,\cdots,M$。

对于间歇工序生产设备 l（即 $\exists j$，满足 $l\in OE_j$ 且 $OP_j=0$）：

$$EVL_l \leqslant CN_l^k \leqslant EVU_l,\quad k=1,2,\cdots,b_l \tag{5.2}$$

2) 物料平衡约束

物料平衡约束如式(5.3)所示：

$$\begin{aligned}DMT_w^{t+1} = DMT_w^t &- \sum_{j\in UMO_w}\Bigg[OP_j\times\sum_{l\in OE_j}(VF_l^t\times\Delta t\times IO\_R_{jw}) \\ &+(1-OP_j)\times\sum_{l\in OE_j}\sum_{\substack{TBN_l^k=t\\ k=1,2,\cdots,b_l}}(CN_l^k\times IO\_R_{jw})\Bigg] \\ &+\sum_{j\in CMO_w}\Bigg[OP_j\times\sum_{l\in OE_j}(VF_l^t\times\Delta t\times IO\_R_{jw})+(1-OP_j) \\ &\times\sum_{l\in OE_j}\sum_{\substack{TEN_l^k=(t+1)\\ k=1,2,\cdots,b_l}}(CN_l^k\times IO\_R_{jw})\Bigg]\end{aligned} \tag{5.3}$$

式中，$w=1,2,\cdots,W$，$t=0,1,\cdots$，实际时间 $t'=t\times\Delta t$；$\sum_{j\in \mathrm{UMO}_w}\sum_{l\in \mathrm{OE}_j}(\mathrm{VF}_l^t\times\Delta t\times \mathrm{IO\_R}_{jw})$ 表示所有需要消耗物料 w 的连续工序生产设备在$[t\times\Delta t,(t+1)\times\Delta t)$时段内对物料 w 的消耗量；$\sum_{j\in \mathrm{UMO}_w}\sum_{l\in \mathrm{OE}_j}\sum_{\substack{\mathrm{TBN}_l^k=t\\ k=1,2,\cdots,b_l}}(\mathrm{CN}_l^k\times \mathrm{IO\_R}_{jw})$ 表示所有需要消耗物料 w 的间歇生产设备在 $t\times\Delta t$ 时刻对物料 w 的消耗量；$\sum_{j\in \mathrm{CMO}_w}\sum_{l\in \mathrm{OE}_j}(\mathrm{VF}_l^t\times\Delta t\times \mathrm{IO\_R}_{jw})$ 表示所有能生产物料 w 的连续工序生产设备在$[t\times\Delta t,(t+1)\times\Delta t)$时段内对物料 w 的生成量；$\sum_{j\in \mathrm{CMO}_w}\sum_{l\in \mathrm{OE}_j}\sum_{\substack{\mathrm{TEN}_l^k=(t+1)\\ k=1,2,\cdots,b_l}}(\mathrm{CN}_l^k\times \mathrm{IO\_R}_{jw})$ 表示所有能生产物料 w 的间歇工序生产设备在$(t+1)\times\Delta t$ 时刻对物料 w 的生成量。

3）供求约束

某个时刻对物料 w 的消耗需求应不大于该物料的储量。

对于连续工序生产设备 l（即 $\exists j$，满足 $l\in \mathrm{OE}_j$ 且 $\mathrm{OP}_j=1$）：

$$\mathrm{DMT}_w^t\geqslant \mathrm{VF}_l^t\times\Delta t\times \mathrm{IO\_R}_{jw},\quad w=1,2,\cdots,W,j\in \mathrm{UMD}_w,l\in \mathrm{OE}_j \tag{5.4}$$

也就是，若物料 w 的储量不足以供应设备 l 在$[t\times\Delta t,(t+1)\times\Delta t)$时段内以 VF_l^t 的流速生产，那么设备 l 不安排生产。

对于间歇工序生产设备 l（即 $\exists j$，满足 $l\in \mathrm{OE}_j$ 且 $\mathrm{OP}_j=0$）：

$$\mathrm{DMT}_w^t\geqslant \mathrm{CN}_l^k\times \mathrm{IO\_R}_{jw},\quad w=1,2,\cdots,W,j\in \mathrm{UMD}_w,l\in \mathrm{OE}_j,k=1,2,\cdots,b_l,t=\mathrm{TBN}_l^k \tag{5.5}$$

4）存储约束

存储约束为

$$0\leqslant \mathrm{DIN}_d^t\leqslant \mathrm{DV}_d,\quad d=1,2,\cdots,D \tag{5.6}$$

5）间歇工序生产设备的任务分配约束

间歇生产设备 l 必须在完成正在加工的批量后才能加工新的批量，$l=1,2,\cdots,M$。

对 $\forall k_1,k_2=1,2,\cdots,b_l$ 且 $k_1\neq k_2$，均满足关系 $\mathrm{TEN}_l^{k_1}\leqslant \mathrm{TBN}_l^{k_2}$ 或 $\mathrm{TBN}_l^{k_1}\geqslant \mathrm{TEN}_l^{k_2}$。

2. 目标函数

以最小化最大完工时间为调度目标，则目标函数可以为

$$\max f=\frac{1}{C_{\max}} \tag{5.7}$$

式中，$C_{\max}$表示所有调度任务的最大完工时间。

5.3 算法设计

5.3.1 编码方案

本节将各种产品的需求量折合成各道工序的计划处理量，pl_{ij} 表示为了满足产品 i 的需求量工序 j 的计划处理量。对各产品在同一工序上的计划处理量求和，并减去为满足贮槽中物料的初始储量该工序对应的处理量，得到各道工序的总计划处理量 $PL=\{PL_j \mid j=1,2,\cdots,Q\}$。

对间歇生产工序 $j(OP_j=0)$，取加工该道工序的所有并行机最小处理量的最小值得到该工序一个时间段内的最小处理量 $OML_j=\min\limits_{l\in OE_j}\{EVL_l\}$，取该道工序的所有并行机的最大处理量之和得到该工序一个时间段内的最大处理量 $OMU_j=\sum\limits_{l\in OE_j} EVU_l$；而对于连续生产工序 $j(OP_j=1)$，$OML_j=\min\limits_{l\in OE_j}\{EVL_l\times\Delta t\}$、$OMU_j=\sum\limits_{l\in OE_j}(EVU_l\times\Delta t)$。

用 x_h 表示调度算法中的个体 h，代表一个可行解，$h=1,2,\cdots,N_p$，N_p 为种群规模。种群初始化时，对工序 j，随机产生若干个（假设 s_j 个）取值范围在$[OML_j, OMU_j]$内的值构成工序 j 的任务队列，使该 s_j 个值总和等于该道工序的总计划处理量 PL_j；共 Q 道工序的任务队列组成个体 h，如下所示：

$$x_h: x_{h,11}x_{h,12}\cdots x_{h,1s_1} \mid x_{h,21}x_{h,22}\cdots x_{h,2s_2} \mid \cdots \mid x_{h,Q1}x_{h,Q2}\cdots x_{h,Qs_Q}$$

式中，$\mid x_{h,j1}x_{h,j2}\cdots x_{h,js_j} \mid$代表工序 j 的任务队列，$j=1,2,\cdots,Q$。

各道工序任务队列中，$x_{h,jg}\in[OML_j, OMU_j](g=1,2,\cdots,s_j)$，且满足$\sum\limits_{g=1}^{s_j} x_{h,jg}=PL_j$。因为 s_j 的取值是随机产生的，所以种群中个体长度不一。

5.3.2 解码方案

假设当前调度时刻为 0 时刻，从 0 时刻开始，安排$[0,\Delta t)$时段各设备上的任务：从左到右检查工序 1 任务队列中是否有满足各类约束（见问题模型中约束条件）可以立即加工的任务，若有，则选择设备进行排产，刷新设备释放时间和贮槽储量。接下来，检查工序 2……直到所有的工序的任务队列都被检查一遍后，再安排$[\Delta t, 2\times\Delta t)$时段各设备上的任务，依次类推，直到所有工序的任务都被安排完。

若$[a,b)$时段工序 j 的队列中满足各类约束的某个任务 $x_{h,jg}$ 的可选设备（能加工工序 j 且释放时间$\leqslant a$ 的设备）有多台时，根据 $x_{h,jg}$ 值的大小，有时需要启动所有的可选设备，有时只需要启动可选设备中的某几台即可，这就涉及并行设备的选择问题。这里采用的规则为：①尽量少启用几台设备；②若满足①的设备（组合）有多种，取拥有最小最大流速/处理量的设备（组合），且当采用多台设备的组合来完成任务时，按组合中设备的最大流速/处理量的比例来分配任务。例如，有间歇工序任务 $x_{h,jg}=11$，存在三台可选设备 l_1、l_2 和 l_3，它们的处理量能力范围分别为[0,5]、[0,10]和[0,8]，单位为 kg。可以看出，只启动一台设备无法完成任务，而两台设备的组合 $E_{l_1}+E_{l_2}$、$E_{l_1}+E_{l_3}$ 和 $E_{l_2}+E_{l_3}$ 都可以完成任务，其中设备组合 $E_{l_1}+E_{l_3}$ 拥有最小的最大能力和，因此选择设备组合 $E_{l_1}+E_{l_3}$ 来完成任务 $x_{h,jg}$，且根据最大处理量比例分配到 E_{l_1} 上的任务为 $\mathrm{CN}_{l_1}^{k}=\frac{55}{13}\mathrm{kg}$，分配到 E_{l_3} 上的任务为 $\mathrm{CN}_{l_3}^{k'}=\frac{88}{13}\mathrm{kg}$（$k$ 和 k' 根据已经分配到设备 l_1 和 l_3 上的任务批次来计数）。若对应的是连续生产工序，则分配到各设备上的任务量为一个时间段 Δt 内的处理量，可转换成设备的处理流速 VF_l^t。

5.3.3 进化操作设计

1. 进化步骤

当前种群按如下步骤进行一次进化操作。

步骤1 设置 $h=1$。

步骤2 对当前种群中的个体 h，随机选择[1,Q]范围内的自然数 r_1，设置 $j=1$。

步骤3 若 $j=r_1$，则执行步骤4；否则，执行步骤5。

步骤4 对个体 h 上工序 j 的任务队列进行块变异块交叉操作。

步骤4.1 随机产生[1,N_p]范围内互异且不等于 h 的自然数 h_1、h_2 和 h_3，比较当前种群中个体 h_1、h_2 和 h_3 上工序 j 任务队列的区域长度，取最大值 ML，在那些区域长度小于 ML 的个体上对应工序 j 任务队列的区域后添上若干个值为0的分量，使三个个体长度一致且都为 ML，然后进行变异操作：

$$x'_{h,jg}=x_{h_1,jg}+F_j\times(x_{h_2,jg}-x_{h_3,jg}),\quad g=1,2,\cdots,\mathrm{ML} \tag{5.8}$$

为了保证产生的 $x'_{h,jg}$ 符合[OML_j,OMU_j]范围约束，缩放比例因子 F_j 的取值需满足

$$F_j\geqslant\max\left\{0,\max_{g=1}^{\mathrm{ML}}\left\{\min\left\{\frac{\mathrm{OMU}_j-x_{h_1,jg}}{x_{h_2,jg}-x_{h_3,jg}},\frac{\mathrm{OML}_j-x_{h_1,jg}}{x_{h_2,jg}-x_{h_3,jg}}\right\}\right\}\right\} \tag{5.9}$$

$$F_j\leqslant\min\left\{2,\min_{g=1}^{\mathrm{ML}}\left\{\max\left\{\frac{\mathrm{OMU}_j-x_{h_1,jg}}{x_{h_2,jg}-x_{h_3,jg}},\frac{\mathrm{OML}_j-x_{h_1,jg}}{x_{h_2,jg}-x_{h_3,jg}}\right\}\right\}\right\} \tag{5.10}$$

采用随机产生该范围内的数值作为 F_j 的取值。

步骤 4.2　选择变异新产生的区域 $|x'_{h,j1}x'_{h,j2}\cdots x'_{h,j(ML)}|$ 中去除值为 0 的任务进入新个体 h'，执行步骤 6。

步骤 5　随机产生[0,1]范围内的随机实数 r_2。若 $r_2 \leqslant \mathrm{CR}$，则返回步骤 4；否则，选择个体 h 上工序 j 的任务队列进入新个体 h'，执行步骤 6。

步骤 6　设置 $j=j+1$，若 $j \leqslant Q$，返回步骤 3；否则，执行步骤 7。

步骤 7　将新生成的个体 h' 存入临时种群。设置 $h=h+1$，若 $h \leqslant N_p$（N_p 为种群规模），则返回步骤 2；否则，执行步骤 8。

步骤 8　此时当前种群和临时种群的总规模达到 $2\times N_p$，在该 $2\times N_p$ 个个体中用轮盘赌选择结合最佳个体保存方法[12]选择 N_p 个个体进入下一代。

2. 混沌交叉算子

为了改进算法性能，交叉概率 CR 的取值通过 Logistic 混沌映射[13]来获得，即

$$\mathrm{CR}^{s+1}=\mu\times\mathrm{CR}^{s}\times(1-\mathrm{CR}^{s}),\quad 0<\mathrm{CR}<1 \tag{5.11}$$

式中，s 为迭代次数；CR^s 为混沌变量，表示第 s 次迭代进化过程中的交叉概率；μ 为吸引子。

当 $\mu=4$ 且 $\mathrm{CR}^0\notin\{0,0.25,0.5,0.75,1\}$ 时，式(5.11)表现出混沌动态性，混沌变量的轨迹可以遍历整个搜索空间。

5.4　仿真及分析

5.4.1　实验算例 1

假设某化工企业的工艺过程、产品需求信息、设备信息和贮槽信息分别如图 5.1、表 5.1、表 5.2 所示。要求生产 80t 产品 1 和 150t 产品 2。

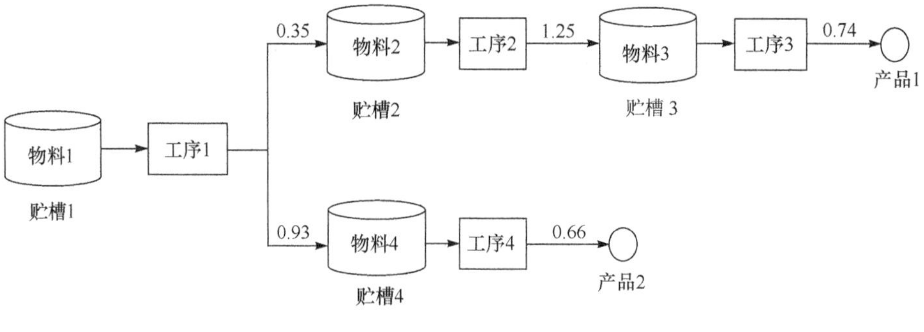

图 5.1　工艺流程

表 5.1　设备工序信息

设备	最小流速/(t/h)或处理量/t	最大流速/(t/h)或处理量/t	加工工序	工序类型	处理时间/h
E_1	0	40	工序 1	间歇	1
E_2	0	40	工序 1	间歇	1
E_3	0	25	工序 2	连续	—
E_4	0	45	工序 3	间歇	1.5
E_5	0	30	工序 4	连续	—
E_6	0	30	工序 4	连续	

表 5.2　贮槽信息

贮槽	存储能力/t	存储物料	初始储量/t
贮槽 1	400	物料 1	300
贮槽 2	50	物料 2	0
贮槽 3	50	物料 3	10
贮槽 4	95	物料 4	0

工艺流程图中，方块表示工序，圆圈表示产品，圆柱表示贮槽。为了简化问题，图中的各类数据是已经除去水和催化剂的成分，且单位为 t(吨)。方块右边箭头上的数字表示输入物料 1t 时的产出。从图 5.1 可知，该生产线可以生产两种产品，涉及的原料主要是物料 1，中间品有物料 2～物料 4。

若设备加工的工序为连续生产方式，则表 5.1 中第二、第三列对应设备的最小、最大输入流速；若设备加工的工序为间歇生产方式，则表 5.1 中第二、第三列对应设备的最小、最大处理量。假设该问题中连续生产工序输入与输出之间的时滞为 0，即一有输入即有输出，一停止输入则输出也立即停止。

首先，把生产线工序从末端到始端进行排列：工序 4、工序 3、工序 2、工序 1；然后，根据工艺投入产出比和贮槽中物料的初始储量将各产品的需求折算成各道工序的计划处理量，得到工序 1 需要处理 244.39t 物料 1，工序 2 需要处理 78.49t 物料 2，工序 3 需要处理 108.11t 物料 3，工序 4 需要处理 227.28t 物料 4。

为了缩短调度算法中个体的长度，减少运行时间，增加设备有效利用率，本例取间歇工序一个时间段内的最小处理量 $\mathrm{OML}'_j=\max\{\min\limits_{l\in \mathrm{OE}_j}\{\mathrm{EVL}_l\},0.8\times\min\limits_{l\in \mathrm{OE}_j}\{\mathrm{EVU}_l\}\}$，连续生产工序一个时间段内的最小处理量 $\mathrm{OML}'_j=\max\{\min\limits_{l\in \mathrm{OE}_j}\{\mathrm{EVL}_l\times\Delta t\},0.8\times\min\limits_{l\in \mathrm{OE}_j}\{\mathrm{EVU}_l\times\Delta t\}\}$，$j=1,2,\cdots,Q$。种群初始化时，使各工序任务队列中的任务值 $x_{h,jg}$ 处于 $[\mathrm{OML}'_j,\mathrm{OMU}_j]$ 范围之内。

分别采用遗传算法、基本差分进化算法和5.3节的改进差分进化算法对该算例进行求解来比较算法性能。这里，遗传算法和基本差分进化算法的编码、解码和目标函数与改进的差分进化算法相同。遗传算法的选择算子采用轮盘赌选择与最优个体保存相结合的方法；交叉算子采用工序任务队列块交叉方法，即随机产生[1,Q]范围内的自然数r，将两条父代染色体上工序r的任务队列互换；变异时，随机产生[1,Q]范围内的自然数r，然后随机生成工序r的任务队列，替换原个体上该工序的任务队列。基本差分进化算法采用每产生一个新个体即采用贪婪准则在新旧个体之间进行选择进入下一代的方法；交叉算子CR为定值；其他的进化步骤与改进差分进化算法相同。

取时间段长度$\Delta t=0.5h$，设置遗传算法种群规模$N_p=20$，迭代次数$t_{max}=500$，交叉概率为0.6，变异概率为0.1；基本差分进化算法$N_p=20$，$t_{max}=500$，CR=0.7；改进差分进化算法$N_p=20$，$t_{max}=500$，$\mu=4$，$CR^0=0.7$，CR^0表示CR的初始值。三种算法各随机运行10次得到的最优目标值如表5.3所示。

表5.3　10次运行结果

算法	最优目标值									
	1	2	3	4	5	6	7	8	9	10
遗传算法	0.1667	0.1818	0.1818	0.1538	0.1538	0.1667	0.1818	0.1667	0.1538	0.1818
基本差分进化算法	0.1818	0.1667	0.1667	0.1818	0.1818	0.1667	0.1818	0.1818	0.1818	0.1818
改进差分进化算法	0.1818	0.1818	0.1818	0.1818	0.1818	0.1818	0.1818	0.1818	0.1667	0.1818

得到最大目标值为0.1818，最大完工时间为5.5h，获得最优个体为[20.92(0) 20.02(0) 22.05(0) 24.59(0) 23.96(0) 23.67(0) 18.46(0) 26.74(0) 23.63(0) 23.24(0) | 42.86(1) 44.35(1) 20.90(1) | 11.54(2) 10.72(2) 12.29(2) 10.84(2) 10.37(2) 11.46(2) 11.28(2) | 77.44(3) 52.24(3) 39.32(3) 36.20(3) 39.19(3)]。括号左边的数值表示工序在一个时间段内的输入物料处理量，括号里的数值表示对应的工序号，工序号0～3分别表示工序4、工序3、工序2和工序1。取获得最大目标值的那次进化过程，得到最优值收敛图、机器甘特图、产品产量变化图以及贮槽的储量变化图，分别如图5.2～图5.5所示。

图5.2中，曲线(1)～曲线(3)分别表示遗传算法、基本差分进化算法和改进差分进化算法在随机运行10次中得到最大目标值的那次运行过程的最优值收敛图。图5.3中横线上的数字对于连续工序生产设备代表流速，对间歇工序生产设备代表批量。例如，设备E_6在0.5～1.0时段内横线上数字20.92，表示在该时段内，设备上的流速为20.92t/h。在实际生产中，当某台设备在某段时间内不生产时，关掉该设备与输入物料的存储贮槽相连的阀门。

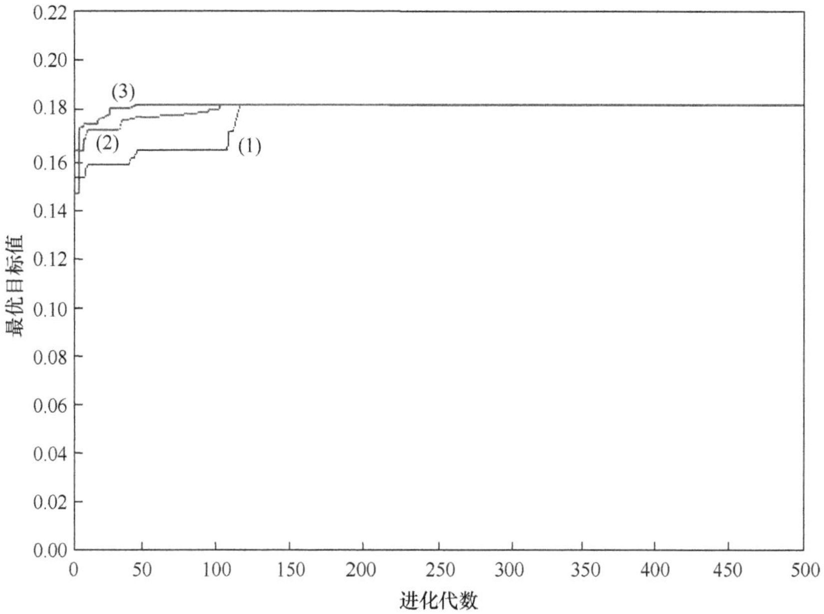

图5.2　最优值收敛图

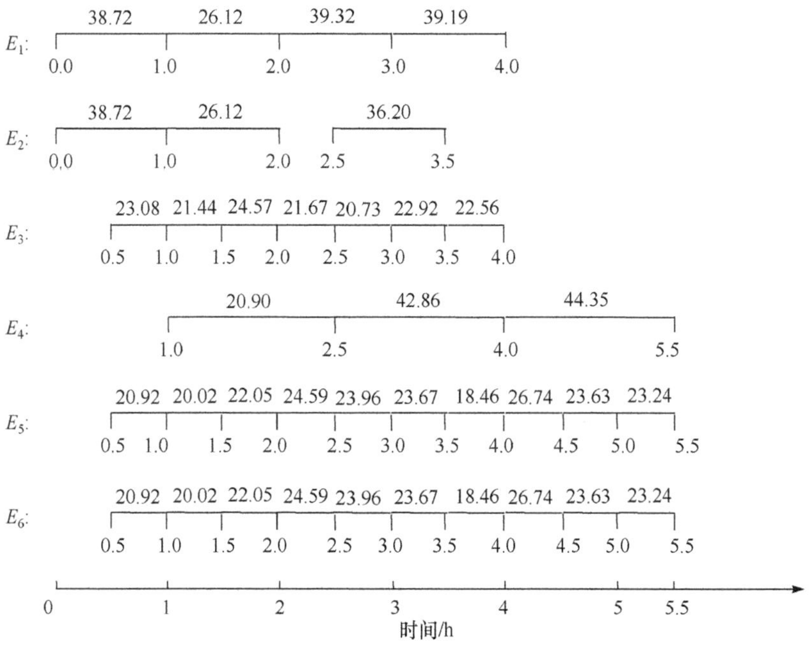

图5.3　机器甘特图

图 5.4 中曲线(1)和曲线(2)分别表示产品 1、产品 2 的产量变化。图 5.5 中曲线(1)～曲线(4)分别表示贮槽 1～贮槽 4 的储量变化。

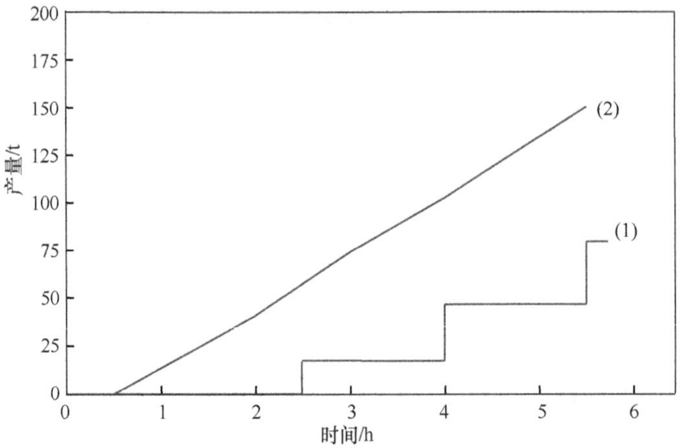

图 5.4　产品产量变化

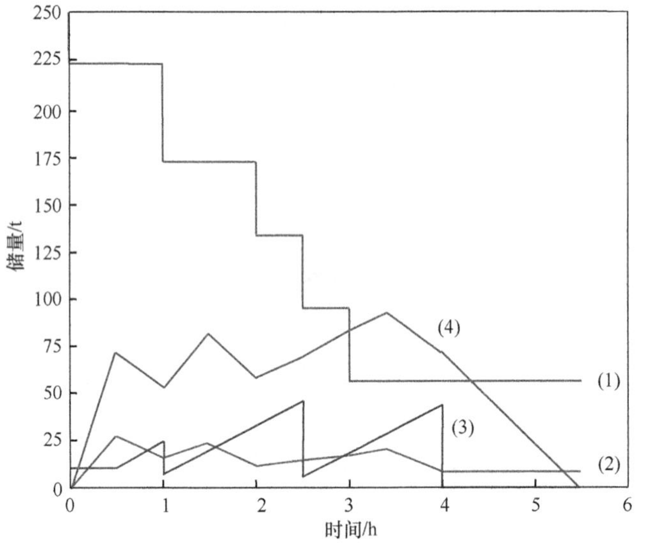

图 5.5　贮槽储量变化

5.4.2　实验算例 2

以某化工企业隔膜烧碱车间生产过程为例，其工艺过程、产品需求信息、设备信息和贮槽信息分别如图 5.6、表 5.4～表 5.6 所示。

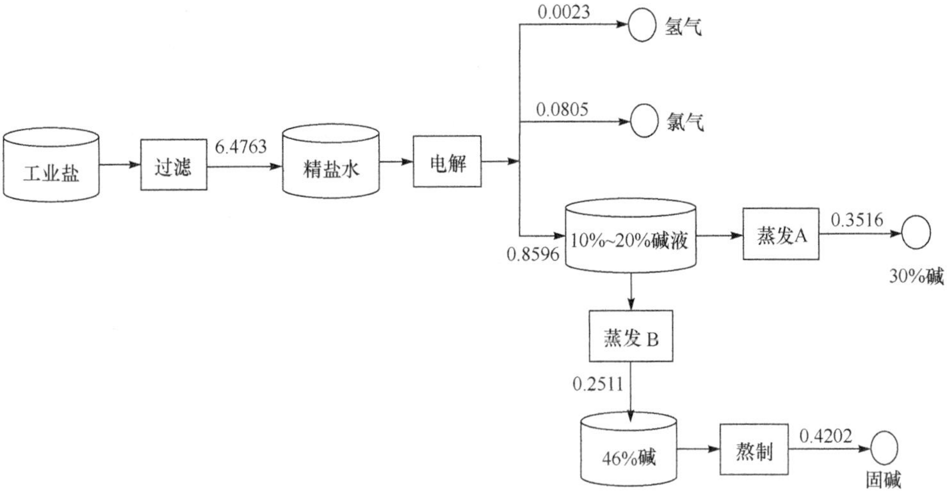

图 5.6　烧碱工艺流程

表 5.4　产品需求量

产品	氢气	氯气	30%碱	46%碱	固碱
需求量/t	3.9	100.995	100	198.4	20.01

表 5.5　设备工序信息

设备	最小流速/(t/h)或处理量/t	最大流速/(t/h)或处理量/t	加工工序	工序类型	处理时间/h
原盐精制机组	0	33.352	过滤	连续	—
电解槽	0	192.008	电解	连续	—
三效顺流蒸发机组	0	135.097	蒸发 A	连续	—
三效逆流蒸发机组 1#	0	16.328	蒸发 B	连续	—
三效逆流蒸发机组 2#	0	19.952	蒸发 B	连续	—
熬碱大锅 1#	0	14.564	熬制	间歇	12
熬碱大锅 2#	0	12.613	熬制	间歇	12
熬碱大锅 3#	0	11.185	熬制	间歇	12

表 5.6　贮槽信息

贮槽	存储能力/t	存储物料	初始储量/t
盐仓	30000	工业盐	600
精盐水贮槽	800	精盐水	200
电解液贮罐	800	10%～20%碱液	0
浓碱贮槽	80	46%碱	0

该生产线可以生产五种产品，其中46%碱既可以作为中间品用于生产固碱，也可以作为产品。把生产线工序从末端到始端进行排列：熬制、蒸发B、蒸发A、电解、过滤；根据工艺投入产出比和贮槽中物料的初始储量将各产品的需求折算成各道工序的计划处理量，得到过滤工序需要处理261.82t工业盐，电解工序需要处理1695.66t精盐水，蒸发A工序需要处理284.42t 10%～20%碱液，蒸发B工序需要处理979.77t 10%～20%碱液，熬制工序需要处理47.61t 46%碱。

取时间段长度Δt=2h，算法参数设置同算例1，三种算法各随机运行10次得到的最优目标值如表5.7所示。

表5.7　10次运行结果

算法	最优目标值									
	1	2	3	4	5	6	7	8	9	10
遗传算法	0.0218	0.0278	0.0278	0.0294	0.0278	0.0278	0.0263	0.0278	0.0263	0.0278
基本差分进化算法	0.0294	0.0218	0.0294	0.0278	0.0209	0.0209	0.0278	0.0294	0.0294	0.0278
改进差分进化算法	0.0294	0.0294	0.0278	0.0278	0.0278	0.0294	0.0294	0.0209	0.0294	0.0279

得到最大目标值为0.0294，最大完工时间为34h，对应的个体为[16.62(0) 10.56(0) 10.24(0) 10.19(0) | 71.10(1) 72.42(1) 72.42(1) 71.00(1) 70.74(1) 70.29(1) 67.37(1) 65.49(1) 63.28(1) 62.89(1) 61.46(1) 49.46(1) 48.95(1) 50.54(1) 46.44(1) 35.92(1) | 221.46(2) 62.96(2) | 84.12(3) 356.02(3) 318.66(3) 314.30(3) 312.08(3) 310.48(3) | 66.50(4) 66.38(4) 66.08(4) 62.86(4)]。工序号0～4分别表示熬制、蒸发B、蒸发A、电解和过滤工序。取获得最大目标值的那次进化过程，得到最优值收敛图、机器甘特图、产品产量变化图以及贮槽的储量变化图，分别如图5.7～图5.10所示。

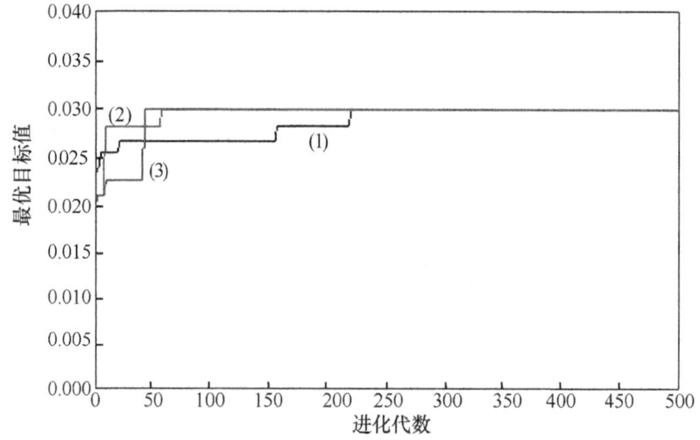

图5.7　最优值收敛图

图 5.7 中，曲线(1)～曲线(3)分别表示遗传算法、基本差分进化算法和改进差分进化算法在随机运行 10 次中得到最大目标值的那次运行过程的最优值收敛图。

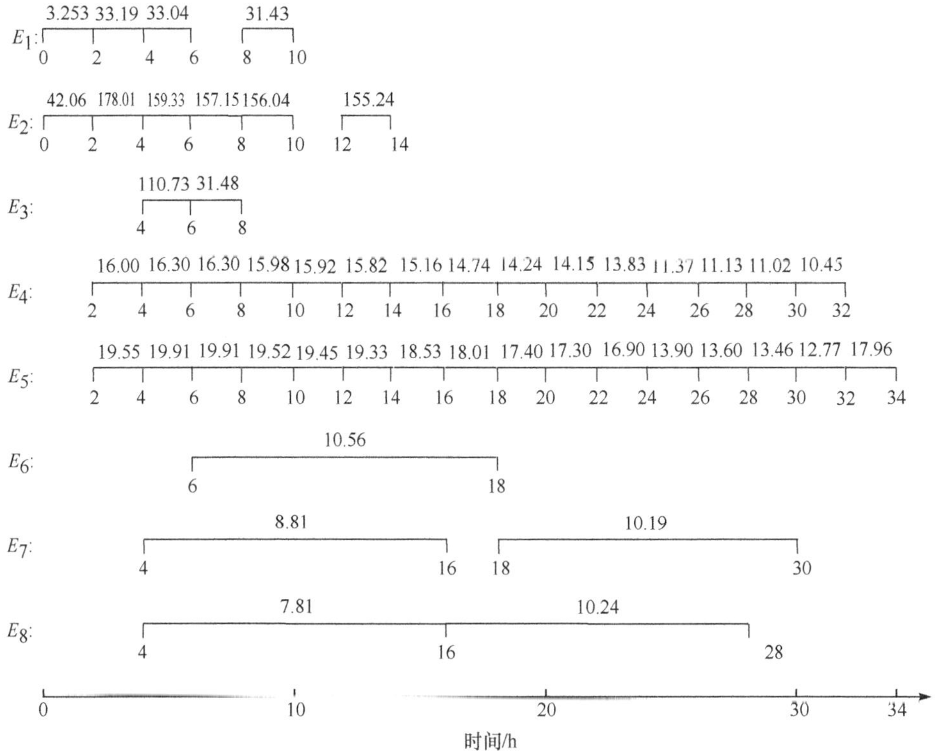

图 5.8　机器甘特图

图 5.8 中 $E_1 \sim E_8$ 分别表示原盐精制机组、电解槽、三效顺流蒸发机组、三效逆流蒸发机组 1＃和 2＃、熬碱大锅 1＃、2＃和 3＃。图 5.9 中曲线(1)～曲线(5)分别表示氢气、氯气、30％碱、46％碱和固碱产品的产量变化，曲线(5)表示作为产品部分的 46％碱的产量变化情况。图 5.10 中曲线(1)～曲线(4)分别表示盐仓、精盐水、10％～20％碱液和浓碱贮槽的储量变化，其中，曲线(4)表示浓碱贮槽里作为中间品的 46％碱的储量变化情况。

由于算例 2 中产品需求折算得到的各工序的计划处理量比较庞大，相对于算例 1 来说，其优化难度更大，因此算法求解算例 1 所得结果表现出的寻优性及稳定性要好于算法求解算例 2 所得结果。由上述两个算例所得的运行结果可知，本章所提出的算法可行且性能良好。在三种算法中，基本差分进化算法和改进差分进化算法的收敛速度远远快于遗传算法，而改进差分进化算法的稳定性要明显好于基本差分进化算法。

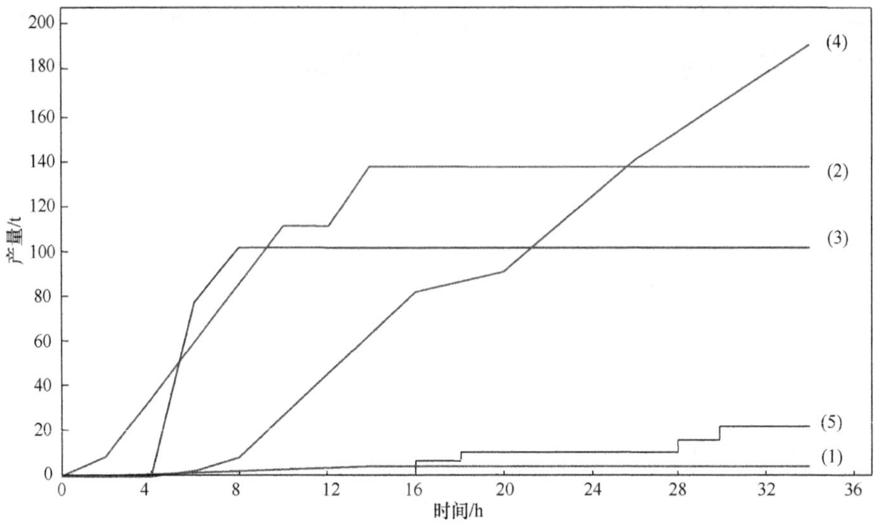

图 5.9　产品产量变化

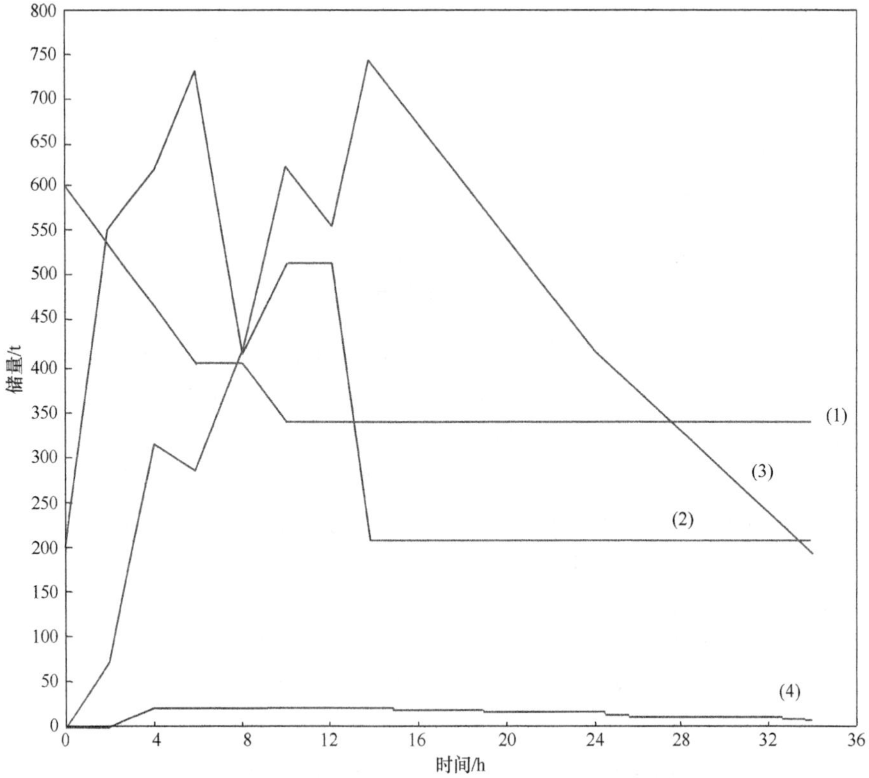

图 5.10　贮槽储量变化

5.5 本章小结

本章介绍了带有限中间存储的连续生产过程和间歇生产过程混合的化工生产调度问题，以最小化最大完工时间为调度优化指标，用改进的差分进化算法和提出的并行设备选择规则来求解。把产品的需求折算成工序的计划处理量，将调度范围划分成许多等长度的时间段，对各个时间段各道工序的处理量进行实数编码。根据新的编码方式，采用块交叉块变异进化方法。为了避免算法陷入局部最优，通过 Logistic 混沌映射方法获得交叉概率 CR 的取值，并采用轮盘赌选择结合最优个体保存方法选择下一代。算法的解对应了生产线上各台连续生产设备在各个时间段内的流速以及各台间歇生产设备在各个时间段内的批量。最后的仿真给出应用上述方法得到的调度结果。

参考文献

[1] 杨文明，顾幸生. 基于混沌优化算法的连续生产过程重调度与库存优化[J]. 华东理工大学学报(自然科学版)，2006，32(7)：792-795.

[2] 王万良，吴启迪. 生产调度智能算法及其应用[M]. 北京：科学出版社，2007.

[3] Giannelos N F，Georgiadis M C. A novel event-driven formulation for short-term scheduling of multipurpose continuous processes[J]. Industrial & Engineering Chemistry Research，2002，41(10)：2431-2439.

[4] 双兵，顾幸生. 面向定单交货期窗的连续生产过程生产调度[J]. 中南工业大学学报(自然科学版)，2003，34(4)：420-423.

[5] Mendez C A，Cerda J. An efficient MILP continuous-time formulation for short-term scheduling of multiproduct continuous facilities[J]. Computers & Chemical Engineering，2002，26(4)：687-695.

[6] 苏生，战德臣，徐晓飞. 一种并行机多产品厂短期调度连续时间模型[J]. 计算机集成制造系统，2006，12(4)：494-498.

[7] Mockus L，Reklaitis G V. Continuous time representation approach to batch and continuous process scheduling：1. MINLP formulation[J]. Industrial & Engineering Chemistry Research，1999，38(1)：197-203.

[8] Behdani B，Pishvaie M R，Rashtchian D. Optimal scheduling of mixed batch and continuous processes incorporating utility aspects[J]. Chemical Engineering and Processing：Process Intensification，2007，46(4)：271-281.

[9] 王万良，陈志强，张治辉，等. 面向定单的连续生产过程动态调度方法[J]. 系统工程，2002，20(4)：44-48.

[10] 徐智. 混合生产过程调度研究及应用[D]. 上海：上海交通大学，2000.
[11] 徐智，席裕庚，韩兵. 基于遗传算法的一类带缓冲区的混合生产调度[J]. 控制理论与应用，2001，18(5)：675-680.
[12] 王万良，吴启迪. 生产调度智能算法及其应用[M]. 北京：科学出版社，2007.
[13] May R M. Simple mathematical models with very complicated dynamics[J]. Nature，1976，261(5560)：459-467.

第6章 分批优化调度系统设计与实现

6.1 引言

从20世纪80年代初开始，人们就一直在尝试并致力于解决实际调度问题，调度研究坚持理论与应用并重。若要将本书所研究的分批优化调度理论与方法真正地应用到实际中，还需要考虑数据的获取与存储问题，将前面各章理论研究内容与企业数据库结合起来。本章从问题实际背景和工程需要出发，介绍分别适用于并行机、Flow-shop 和 Job-shop 制造过程的分批优化调度方法。分批优化调度系统以缩短生产周期、促进制造资源的合理分配、有效地辅助企业进行生产经营活动为目标，把分批优化调度与生产计划、制造工艺、制造资源的管理等一系列活动结合起来。

在前面各章所提出模型和算法的基础上，本章介绍的分批优化调度系统针对并行机、Flow-shop 和 Job-shop 三种类型的制造车间，集成了混合差分进化算法、基本差分进化算法和遗传算法供用户选择调用，提供生产计划管理、车间资源管理、生产登记、分批优化调度和调度结果显示等功能。

6.2 系统总体设计

6.2.1 开发平台

本系统的软硬件平台如表6.1所示。

表6.1 系统开发平台

软硬件环境	软硬件条件
服务器	Web 服务器和数据服务器各一台
操作系统	服务器端：Windows 2003 Server 客户端：Windows 2000、Windows XP 及以上
系统开发工具	ASP. NET、C#、C++
数据库	SQL Server 2005
网页服务器	Microsoft Internet Information Services(IIS)6.0

6.2.2　总体框架

1. 体系结构

本系统是采用 Microsoft Visual Studio.NET 2005 开发的 B/S(browser/server)架构的系统,用户可以方便地通过浏览器来对具体的模块进行操作,无须安装客户端,人机交互性能良好。算法库采用 C++实现,封装成动态链接库 DLL,之后由.NET 调用服务,完成分批优化调度的过程。系统的体系结构如图 6.1 所示。

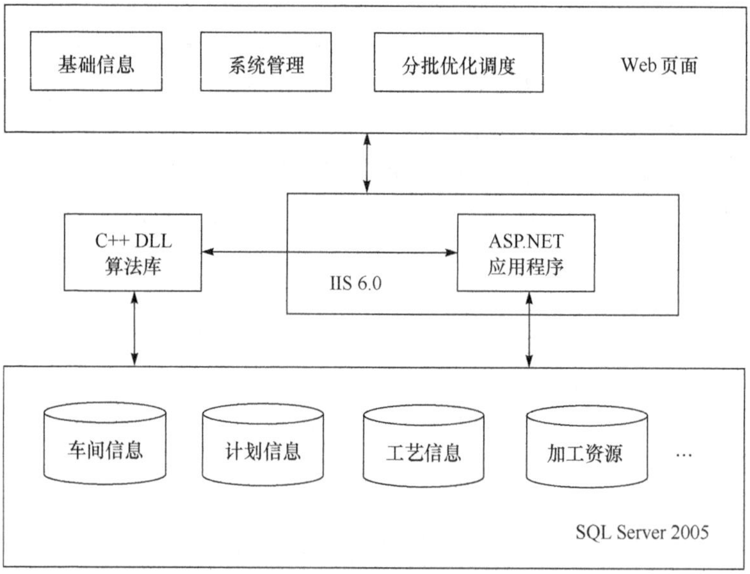

图 6.1　系统体系结构图

2. 逻辑结构

系统开发框架的多层形式为灵活的 B/S 三层架构,分别是用户界面层、业务逻辑层和数据服务层,如图 6.2 所示。

用户界面层,也就是 Web 层,在客户端就是一个浏览器,以网页的形式呈现给系统的用户,处理与用户的交互,它所有的数据都来源于 Web 服务器。

业务逻辑层封装了实际的业务规则,具体实现于 Web 服务器,其和用户界面层主要通过 HTTP 和 TCP/IP 协议进行通信,所有用户的请求首先都递交给 IIS 服务器,之后再经过 ASP.NET 代码的解析和 ADO.NET 代码的处理来访问数据库。业务逻辑层是系统设计的难点和重点,它必须处理好数据、业务逻辑的组织方式和实现方式。

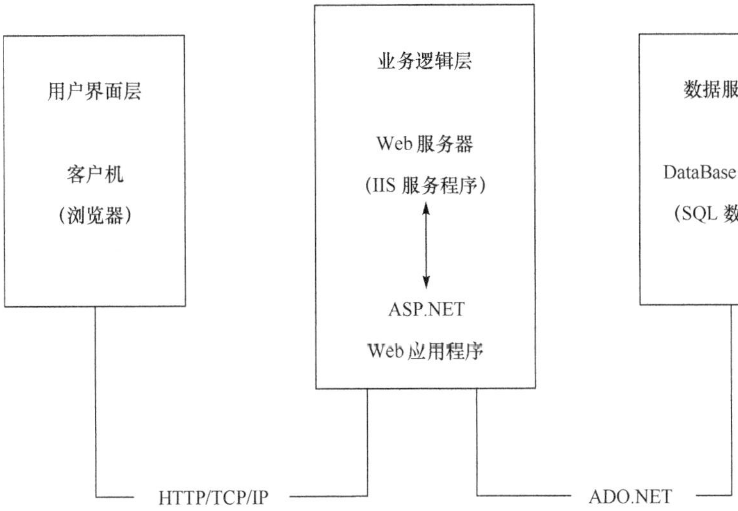

图 6.2　系统逻辑结构图

数据服务层主要完成对后台数据的访问,封装了所有的数据访问操作。数据库负责存储所有数据并提供数据服务。

将显示逻辑从业务逻辑分离,即业务逻辑不关心数据如何表现,只处理业务逻辑并与数据层进行交互,数据层负责从数据库查询数据和更新数据。

3. 系统功能模块

系统主要包括基础信息管理、分批优化调度和系统管理三大模块,如图 6.3 所示。基础信息管理模块包含车间信息、工艺信息、资源信息和计划需求等信息的管

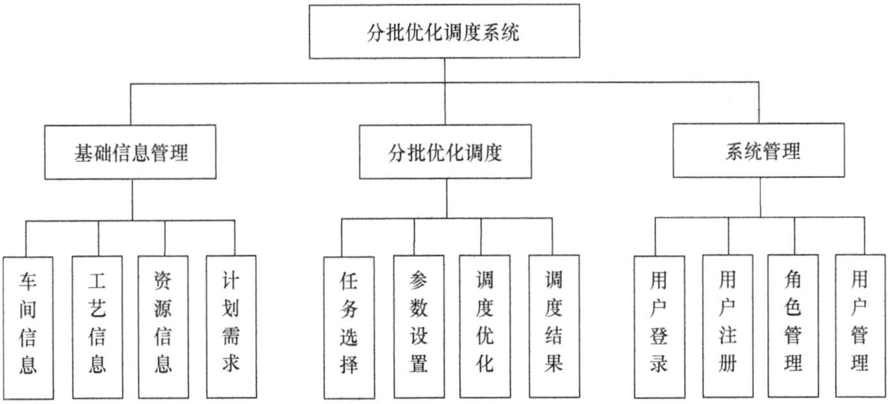

图 6.3　系统功能模块图

理；分批优化调度模块则是根据用户选择的调度任务进行调度，实现批量划分和排序优化；系统管理模块主要是实现用户信息、用户权限的管理等。

6.2.3 数据库支持

数据库为整个系统的运行提供了数据支持。本系统的数据库平台采用 Microsoft SQL Server 2005，主要的数据表设计如下。

(1) 车间信息表 ps_shop。该表用于记录车间信息，包含车间编号、车间名称、车间类型和创建日期等字段。其中，车间类型字段用于标志对应车间是属于并行机车间、流水车间，还是作业车间。

(2) 计划信息表 ps_plan。该表用于记录车间生产计划信息，包含车间编号、订单编号、工件编号、工件名称、数量单位、需求量和已完成量等字段。

(3) 工艺信息表 ps_route。该表记录各工件的制造工艺信息以及对制造资源的需求，包含车间编号、工件编号、工件名称、工序编号、工序名称、加工顺序和制造资源需求等字段。其中，资源需求字段代表工序对制造资源的需求，包括对机器、人员、模具等资源的配备要求。

(4) 机器信息表 ps_machine。该表记录机器与工件各道工序的对应关系，包含机器编号、车间编号、机器名称、工件编号、加工工序、准备时间、加工时间、时间单位和机器状态等字段。

(5) 模具信息表 ps_mould。该表记录了模具信息，包含模具编号、车间编号、模具名称、工件编号、加工工序和模具状态等字段。

(6) 人员信息表 ps_worker。该表记录了人员信息，包含人员工号、车间编号、人员姓名、工件编号、加工工序、加工时间、时间单位和人员状态等字段。

(7) 调度结果主表 sr_main。调度结果主表用于记录调度结果概要，包含车间编号、车间名称、调度算法、调度日期和历经时间等字段。

(8) 调度结果明细表 sr_detail。调度结果明细表记录详细调度结果，包含订单编号、工件编号、工件名称、工序编号、工序名称、加工顺序、子批编号、子批批量、制造资源、开始准备时间、结束准备时间、开始加工时间和结束加工时间等字段。

6.2.4 智能算法库

智能算法库采用动态链接库(dynamic link library，DLL)的形式，用 Visual C++.NET 实现。它是一种可执行文件，为分批优化调度系统提供共享函数库。

智能算法库集成了前面各章部分的研究内容，区分车间类型，分别为并行机车间、流水车间和作业车间封装了混合差分进化算法、基本差分进化算法和遗传算法以供用户选择。首先，根据用户在界面上的任务选择情况，从数据库中读取获得模型中的各类信息(调度任务信息、制造资源信息等)；其次，根据用户在界面上的算法选择以及算法参数的设置，调用对应的算法进行计算；最后，将所得调度结果保存入数据库。

6.3　系统功能实现

根据图 6.3 所示的系统功能模块图，下面给出各功能模块所包含的具体功能实现。

6.3.1　系统管理

本系统的使用者共分成两种角色：Admin 和 Shop，前者表示系统管理员，后者表示车间级或者班、组级用户。Admin 的级别要高于 Shop，能查看、管理该系统所有使用者以及所有车间（班、组）的信息；而 Shop 类用户只能查看、管理本用户以及仅与自己存在关联的车间信息。

系统管理模块主要包括用户注册、用户登录、角色管理和用户管理等功能。用户注册表示用户在首次使用系统前需要事先注册，填写用户名、密码、电子邮件、所关联车间等信息；用户登录表示已经注册并授予权限的用户根据用户名、密码登录使用系统；角色管理表示对用户权限以及用户所属角色进行管理，由系统管理员给用户分配系统的操作权限；用户管理主要用于用户基本信息更改、密码更改等。

图 6.4 展示的是某 Shop 类用户登录系统后，进行用户信息更改的界面。

图 6.4　用户管理

6.3.2　基础信息管理

基础信息管理模块包括车间信息、工艺信息、资源信息、计划需求信息等的管理。下面以 Shop 类用户——某企业纸盆车间登录系统为例，对该模块的功能进行介绍。本章中展示的系统图均为系统界面中核心部分的内容，部分较为次要的系统图则不再列出。

1. 车间信息

此时是以 Shop 类用户登录系统，因此系统仅展示本车间的信息。单击基础信息模块下的车间信息，可查看或编辑本车间相关信息，包括车间编号、车间名称、车间类型和创建日期等。其中，车间类型为分批优化调度模块调用何种算法提供依据。

2. 工艺信息

工艺管理为用户提供查看、编辑车间内工艺信息的功能，包括车间可加工的工件、工件所包含的工序以及工序对应的制造资源需求等信息。其中，制造资源需求根据具体车间情况，可能为单资源类型，也可能为多资源类型，涉及的资源也根据实际情况各不相同。图 6.5 为某企业纸盆车间工艺信息，根据车间生产情况，涉及的制造资源有机器、人员和模具。“机器/模具”表示对应工序既需要机器，又需要模具。

图 6.5　某企业纸盆车间工艺信息

3. 资源信息

图 6.6～图 6.8 表示某企业纸盆车间登录系统后所展示的资源信息，分别为机器、人员和模具信息。该车间实际生产过程中存在并行资源，且制造资源存在一

图 6.6　机器信息

图 6.7　人员信息

图 6.8　模具信息

定的柔性,同一资源可用于加工多道工序,因此,图 6.6～图 6.8 中,同一资源可能存在多条记录,表示该资源用于加工不同工件各道工序的信息。单击“编辑”和“删除”项,可实现对相应资源的编辑或删除功能。

4. 计划需求信息

计划需求信息管理对下达到车间的生产计划信息进行维护。对于采用订单生产方式的车间,计划层接受订单并将订单根据物料清单进行分解,得到生产计划。如图 6.9 所示,计划需求信息主要包括计划加工工件、工件所属订单和工件需求量(加工批量)等。单击“编辑”和“删除”项,可实现对计划信息的修改功能。

图 6.9　计划需求信息

同时,系统还提供了生产登记功能,车间工作人员根据实际生产情况,单击“编辑”项,修改“已完成量”项,对各工件的实际产量进行登记,如图 6.10 所示。这样就得到了计划的实际执行进度,后期生产调度的执行以及生产活动的制订都需要

图 6.10　生产登记

以此为依据。

6.3.3　分批优化调度

分批优化调度是本系统的核心功能，主要是根据车间计划需求信息以及计划的执行情况，选择混合差分进化算法、基本差分进化算法或者遗传算法，以使车间能尽快完成计划任务为目标，进行批量划分和排序优化，制订车间的加工计划时间表，作为车间加工生产活动的依据。

该模块为用户提供了调度任务选择、调度算法选择、算法参数设置、分批优化调度和调度结果展示的功能。具体的功能介绍在后面部分结合实例应用展开。

6.4　实例应用

6.4.1　作业车间调度实例

为了说明分批优化调度系统的操作流程，这里以某企业纸盆车间调度为例。待 Shop 类用户——纸盆车间登录系统后，可根据需要进行基础信息管理以及用户自身信息的管理，此处不再详细讲述。下面重点介绍分批优化调度的具体操作步骤。

1. 任务选择

单击系统界面上左边列栏里分批优化调度模块下的“任务选择”项，得到任务选择页面，如图 6.11 所示。它与基础信息管理模块下的“需求信息”项相同，是系统读取计划信息表展示给用户的界面。区别在于，此处“任务选择”项是将数据库计划信息表中未完成的计划任务（即满足“已完成量＜需求量”关系的任务）展现给

	车间编号	订单编号	序号	工件编号	工件名称	单位	需求量	已完成量
☑	1001	7072100131	3	100201250088	布边纸盆	只	300	150
☑	1001	7072100132	4	100201250088	布边纸盆	只	550	0
☑	1001	7072100132	3	100301112429	泡沫边纸盆	只	1000	780
☑	1001	7072100133	4	100108120077	纸小双盆	只	450	100
☑	1001	7072100133	3	100401111642	橡皮边纸盆	只	820	0
☑	1001	7072100134	3	101401310655	纸锥	只	630	615
☑	1001	7072100135	2	101401310655	纸锥	只	510	0
☑	1001	7072100136	2	100201250088	布边纸盆	只	100	0
☐	1001	7072100137	2	100108120077	纸小双盆	只	660	0
☐	1001	7072100138	3	100301112429	泡沫边纸盆	只	200	0

图 6.11　任务选择

用户，供用户选择调度，安排生产。

假定用户要选择前八项任务作为此次调度任务，那么只需选取对应的选择框，单击右下角的“任务确定”按钮即可，如图 6.11 所示。

2. 参数设置

选择调度任务之后，接下来进行调度算法的选择和算法参数设置。单击“参数设置”项，进入“算法及参数设置”页面，如图 6.12 所示，调度算法默认为混合差分进化算法。用户可以采取系统所提供的算法参数的默认值，也可以根据情况自行设置。此外，系统还提供了另外两种算法供用户选择，在“调度算法选择”下拉框中选择“差分进化算法”或“遗传算法”，系统会更新为相应算法的参数设置页面。

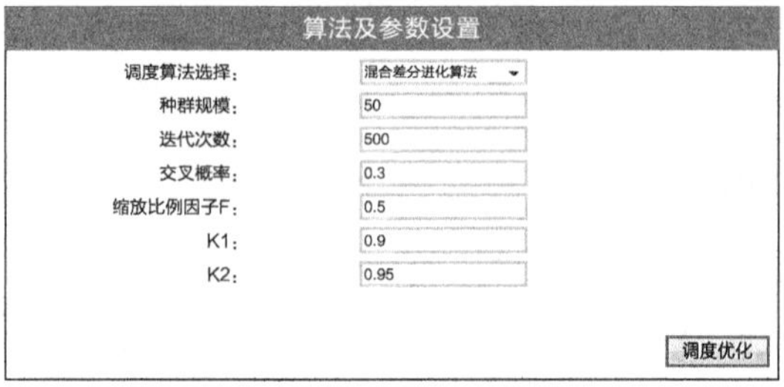

图 6.12　混合差分进化算法参数设置

单击“调度优化”按钮，系统会根据用户选定的调度任务、调度算法以及所设置的算法参数，进行批量划分和排序优化，实现分批优化调度功能。

3. 调度优化

在上一步骤单击“调度优化”按钮之后，系统后台根据车间类型以及用户所选择的算法通过调用智能算法库实现分批优化调度功能。纸盆车间属于作业车间，因此系统相应地调用智能算法库中与作业车间关联的算法功能。此外，智能算法库还集成了预处理功能和结果保存入数据库的功能。

1）预处理

智能算法库在执行算法优化功能之前，还要先将实际问题转化成适合算法求解的问题，即从数据库中读取获得理论研究时所建问题模型中的各类信息，包括调度任务、制造工艺和制造资源信息等。

首先，根据用户的任务选择情况，把图 6.11 中选中的每一条记录都对应成问题模型中的一种工件，将需求量减去已完成量作为该工件的加工批量，获得工件数、工件集。然后，根据工件编号查询工艺信息表获得工件所含工序以及工序对资源的需求。最后，根据工序查询资源信息表，获得能用于加工这些工序且处于“可用”状态的资源，以及资源用于加工各工件各道工序的准备、加工时间等信息。

2) 算法优化

在预处理获得模型所需各类信息的基础上，根据用户在界面上的算法选择以及算法参数的设置，调用对应的算法实现分批优化调度功能，对各工件进行批量划分，并将划分所得的各子批任务合理分配到机器、人员和模具等制造资源上进行加工，制订加工计划时间表，获得完工时间。

3) 结果保存

将所得调度结果写入数据库，包括所得完工时间、各工件划分的子批数、各子批的批量、各子批的各道工序所分配到的制造资源以及开始/结束准备时间和开始/结束加工时间等信息，分别在调度结果主表和调度结果明细表中保存。

4. 调度结果展示

用户可以根据需要，对选定的制造任务进行多次调度，只要再返回参数设置页面，选择其他算法或重新设置参数值，单击“调度优化”按钮即可，每次调度所得结果均被保存到数据库中。单击“调度结果”按钮，系统为用户展示调度所得结果，如图 6.13 所示，历经时间即算法所采用的性能指标生产周期。图中展示了三种算法所得调度结果，可从中选择一种作为最终的执行方案。

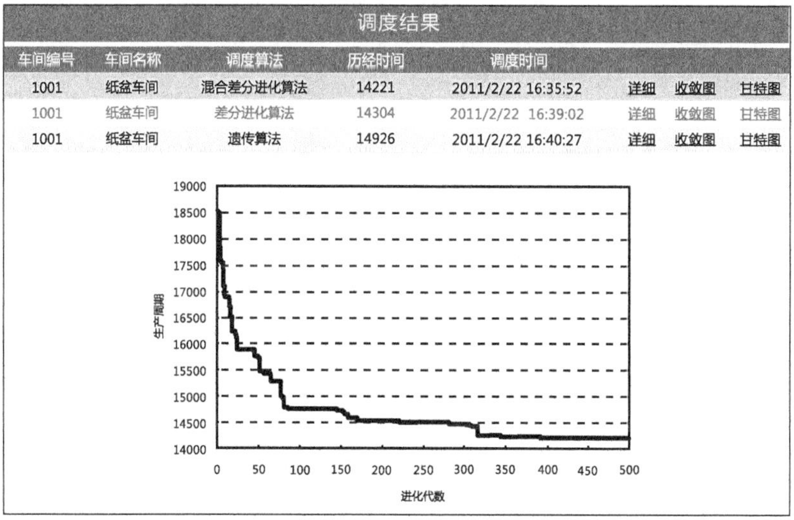

图 6.13　调度结果

单击“详细”链接即可查看详细调度结果，以列表形式显示批量划分和排序优化结果，包括各工件划分的子批数、各子批的批量、各子批的各道工序所分配到的制造资源以及开始/结束准备时间和开始/结束加工时间等信息。针对图 6.11 所选中的制造任务，调度所得的详细调度结果有多页，前两页分别如图 6.14 和图 6.15 所示，其余不再列出。

分批优化调度系统 > 分批优化调度 > 调度结果　　纸盆作业车间1001 [退出]

详 细 调 度 结 果

订单编号	工件编号	工序编号	工序名称	子批编号	子批批量	加工顺序	加工资源	开始准备时间	结束准备时间	开始加工时间	结束加工时间
7072100131	100201250088	0141	上胶	1	150	1	2130	2011/2/22 17:14:01	2011/2/22 17:14:06	2011/2/22 17:14:06	2011/2/22 17:26:36
7072100131	100201250088	0638	落料	1	150	2	2127	2011/2/22 17:28:22	2011/2/22 17:28:24	2011/2/22 17:28:24	2011/2/22 17:53:24
7072100131	100201250088	0020	热压	1	150	3	2125/3005	2011/2/22 17:53:19	2011/2/22 17:53:24	2011/2/22 17:53:24	2011/2/22 17:58:24
7072100131	100201250088	0091	冲切	1	150	4	2129/3002	2011/2/22 17:58:22	2011/2/22 17:58:24	2011/2/22 17:58:24	2011/2/22 18:13:24
7072100131	100201250088	0079	成检	1	150	5	4107	2011/2/22 18:13:24	2011/2/22 18:13:24	2011/2/22 18:13:24	2011/2/22 18:43:24
7072100132	100201250088	0141	上胶	1	183	1	2131	2011/2/22 16:36:26	2011/2/22 16:36:31	2011/2/22 16:36:31	2011/2/22 16:57:52
7072100132	100201250088	0638	落料	1	183	2	2127	2011/2/22 16:57:50	2011/2/22 16:57:52	2011/2/22 16:57:52	2011/2/22 17:28:22
7072100132	100201250088	0020	热压	1	183	3	2126/3004	2011/2/22 17:28:18	2011/2/22 17:28:22	2011/2/22 17:28:22	2011/2/22 17:34:28
7072100132	100201250088	0091	冲切	1	183	4	2129/3001	2011/2/22 17:38:03	2011/2/22 17:38:05	2011/2/22 17:38:05	2011/2/22 17:56:23
7072100132	100201250088	0079	成检	1	183	5	4105	2011/2/22 17:56:23	2011/2/22 17:56:23	2011/2/22 17:56:23	2011/2/22 18:32:59

1 2 3 4 5 6 7 8 9 10 ... 末页

图 6.14　详细调度结果(第一页)

分批优化调度系统 > 分批优化调度 > 调度结果　　纸盆作业车间1001 [退出]

详 细 调 度 结 果

订单编号	工件编号	工序编号	工序名称	子批编号	子批批量	加工顺序	加工资源	开始准备时间	结束准备时间	开始加工时间	结束加工时间
7072100132	100201250088	0141	上胶	2	183	1	2130	2011/2/22 16:58:41	2011/2/22 16:58:46	2011/2/22 16:58:46	2011/2/22 17:14:01
7072100132	100201250088	0638	落料	2	183	2	2128	2011/2/22 17:13:57	2011/2/22 17:14:01	2011/2/22 17:14:01	2011/2/22 17:53:40
7072100132	100201250088	0020	热压	2	183	3	2126/3005	2011/2/22 17:58:24	2011/2/22 17:58:28	2011/2/22 17:58:28	2011/2/22 18:04:34
7072100132	100201250088	0091	冲切	2	183	4	2128/3003	2011/2/22 18:19:47	2011/2/22 18:19:49	2011/2/22 18:19:49	2011/2/22 18:41:10
7072100132	100201250088	0079	成检	2	183	5	4107	2011/2/22 18:43:24	2011/2/22 18:43:24	2011/2/22 18:43:24	2011/2/22 19:20:00
7072100132	100201250088	0141	上胶	3	184	1	2130	2011/2/22 18:17:00	2011/2/22 18:17:05	2011/2/22 18:17:05	2011/2/22 18:32:25
7072100132	100201250088	0638	落料	3	184	2	2127	2011/2/22 18:32:23	2011/2/22 18:32:25	2011/2/22 18:32:25	2011/2/22 19:03:05
7072100132	100201250088	0020	热压	3	184	3	2125/3005	2011/2/22 19:05:28	2011/2/22 19:05:33	2011/2/22 19:05:33	2011/2/22 19:11:41
7072100132	100201250088	0091	冲切	3	184	4	2127/3001	2011/2/22 19:11:39	2011/2/22 19:11:41	2011/2/22 19:11:41	2011/2/22 19:27:01
7072100132	100201250088	0079	成检	3	184	5	4107	2011/2/22 19:27:01	2011/2/22 19:27:01	2011/2/22 19:27:01	2011/2/22 20:03:49

1 2 3 4 5 6 7 8 9 10 ... 末页

图 6.15　详细调度结果(第二页)

由图 6.14 和图 6.15 所示结果可知，订单编号为“7072100131”、工件编号为“100201250088”的制造任务在加工过程中采取不分批的策略，加工批量为 150，与图 6.11 第一条记录对应；而订单编号为“7072100132”、工件编号为“100201250088”的任务则在生产过程中被分成三个子批进行加工，子批批量分别为 183、183 和 184，总加工批量为 550，与图 6.11 第二条记录对应。结果列表中“加工资源”项记录的是对应工序所分配到的制造资源的编号，它与基础信息表——机器信息表、模具信息表、人员信息表对应。所展示的“开始/结束准备时间”和“开始/结束加工时间”是将原调度结果中各类开始/结束时间叠加上当前调度时间所得。

返回之前的调度结果页面，单击“收敛图”链接，即可得到算法进化过程中所得最优值随着进化代数而变化的曲线。如图 6.13 所示，展示的是混合差分进化算法的收敛图。图 6.16 为混合差分进化算法所得的结果甘特图。横坐标为时间，纵坐标为制造资源，与图 6.6～图 6.8 中的资源编号相对应。例如，标记“*abc*”的方块表示工件 *a* 第 *b* 子批的第 *c* 道工序，其中工件 *a* 与图 6.11 中选中的第 *a* 个制造任务相对应。

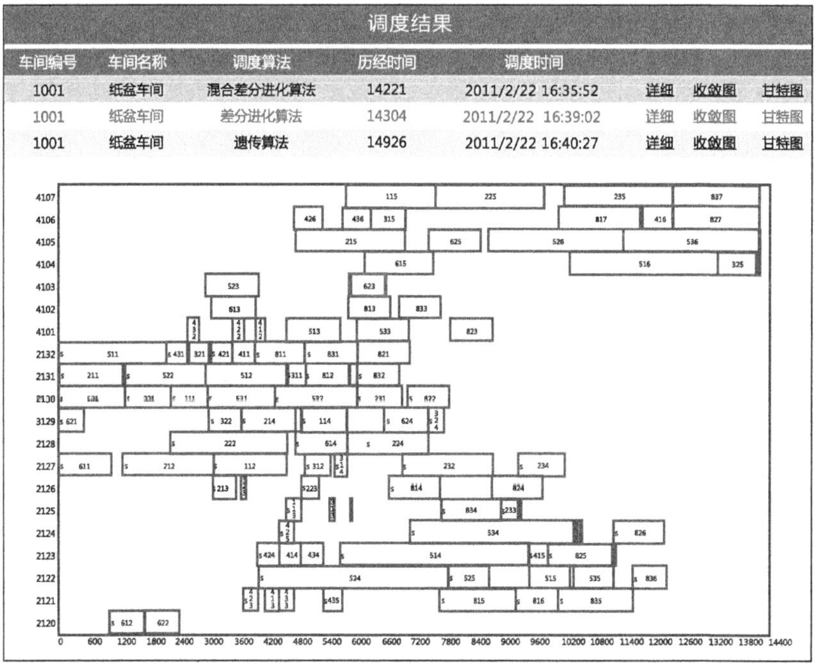

图 6.16 调度结果——甘特图

6.4.2 流水车间调度实例

本节以某企业合金材料生产车间为例，介绍流水车间分批优化调度过程。该企业从事各类铜合金线、棒材的生产，其流水线上的主要生产流程为熔铸→锯切→挤压→酸洗→缩刨→退火→酸洗→拉伸→退火→酸洗→拉拔。涉及的制造资源为机器，机器信息表如图 6.17 所示，展示了机器加工的工序、对应的加工时间以及机器的状态等信息。本例中，启动准备时间忽略不计，加工时间为 0 表示对应工序缺省。

图 6.17　机器信息

流水车间分批优化调度涉及任务选择、调度策略选择、算法参数设置、分批优化调度和调度结果展示五块内容。图 6.18 所示为任务选择页面，将计划需求信息中未完成的计划任务提供给用户选择。

图 6.18　任务选择

选择好调度任务后，单击“任务确定”按钮进入调度策略选择页面，如图 6.19 所示。策略选择下拉框中提供了两种选择：非混排和混排生产，用户可根据生产实际需要或个人意愿进行选择。传输批量上限 BN_{max} 和下限 BN_{min} 的默认值均为 1，表示问题中传输批量无大小约束，用户可根据实际情况进行设置。当选择混排策略时，用户还需设置分批生产子批数 BH 值。单击“下一步”按钮，进入算法参数设置页面，此部分以及之后的调度优化过程与 6.4.1 节类似，这里不再详述。

为了进行比较，在策略选择时设置多种情况进行分批优化调度。以图 6.18 所示选择的任务为调度任务，针对四种情况分别进行分批优化调度：①选择非混排策略，设置 $BN_{min}=1$、$BN_{max}=1$，即批量大小无约束情况下的非混排调度；②选择混排

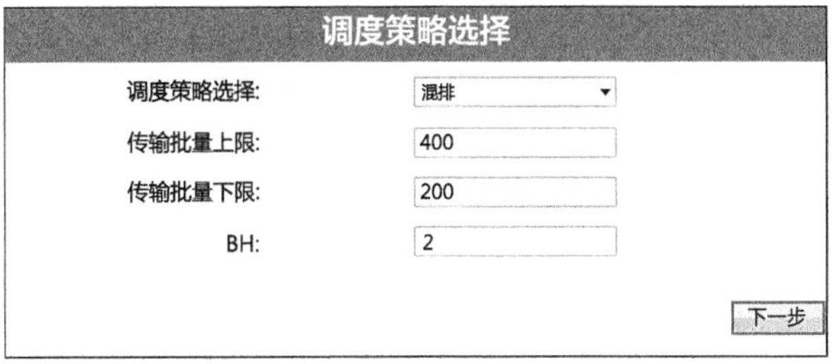

图 6.19　调度策略选择

策略，设置 $BN_{min}=1$、$BN_{max}=1$、$BH=2$，即批量大小无约束情况下的混排调度；③选择非混排策略，设置 $BN_{min}=200$、$BN_{max}=400$，即批量大小有约束情况下的非混排调度；④选择混排策略，设置 $BN_{min}=200$、$BN_{max}=400$、$BH=2$，即批量大小有约束情况下的混排调度。

四种情况下所得的调度结果如图 6.20 所示，详细结果及甘特图分别如图 6.21和图 6.22 所示。其中，算法采用混合差分进化算法，参数设置同图 6.12。由调度结果可知，无论批量大小有无约束，采用混排策略要比非混排策略更能缩短完工时间（当批量准备时间忽略不计时）。在进行策略选择（图 6.19）以及传输批量约束设置时，可根据实际情况来选择策略、设置 BN_{min}和 BN_{max}，也可以根据用户意愿进行策略选择。一般而言，混排策略能更快地完成任务，而非混排策略便于生产追踪和管理。

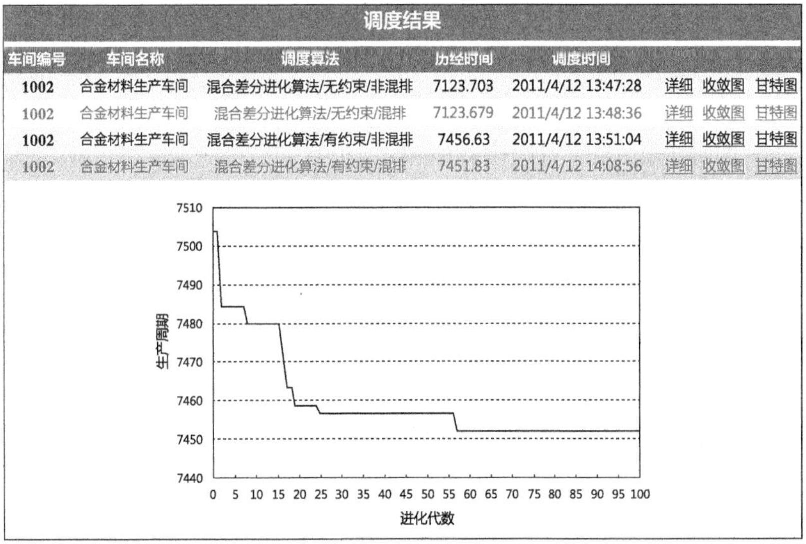

图 6.20　调度结果

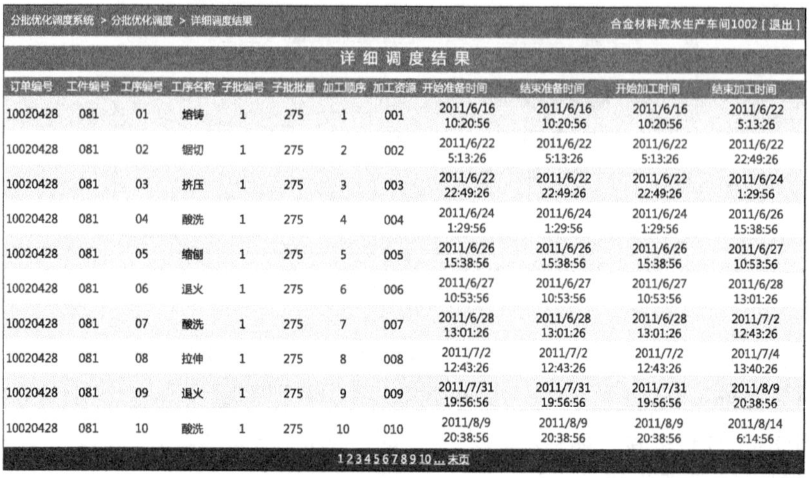

分批优化调度系统 > 分批优化调度 > 详细调度结果　　合金材料流水生产车间1002 [退出]

详细调度结果

订单编号	工件编号	工序编号	工序名称	子批编号	子批批量	加工顺序	加工资源	开始准备时间	结束准备时间	开始加工时间	结束加工时间
10020428	081	01	熔铸	1	275	1	001	2011/6/16 10:20:56	2011/6/16 10:20:56	2011/6/16 10:20:56	2011/6/22 5:13:26
10020428	081	02	锯切	1	275	2	002	2011/6/22 5:13:26	2011/6/22 5:13:26	2011/6/22 5:13:26	2011/6/22 22:49:26
10020428	081	03	挤压	1	275	3	003	2011/6/22 22:49:26	2011/6/22 22:49:26	2011/6/22 22:49:26	2011/6/24 1:29:56
10020428	081	04	酸洗	1	275	4	004	2011/6/24 1:29:56	2011/6/24 1:29:56	2011/6/24 1:29:56	2011/6/26 15:38:56
10020428	081	05	缩刨	1	275	5	005	2011/6/26 15:38:56	2011/6/26 15:38:56	2011/6/26 15:38:56	2011/6/27 10:53:56
10020428	081	06	退火	1	275	6	006	2011/6/27 10:53:56	2011/6/27 10:53:56	2011/6/27 10:53:56	2011/6/28 13:01:26
10020428	081	07	酸洗	1	275	7	007	2011/6/28 13:01:26	2011/6/28 13:01:26	2011/6/28 13:01:26	2011/7/2 12:43:26
10020428	081	08	拉伸	1	275	8	008	2011/7/2 12:43:26	2011/7/2 12:43:26	2011/7/2 12:43:26	2011/7/4 13:40:26
10020428	081	09	退火	1	275	9	009	2011/7/31 19:56:56	2011/7/31 19:56:56	2011/7/31 19:56:56	2011/8/9 20:38:56
10020428	081	10	酸洗	1	275	10	010	2011/8/9 20:38:56	2011/8/9 20:38:56	2011/8/9 20:38:56	2011/8/14 6:14:56

1 2 3 4 5 6 7 8 9 10 ... 末页

图 6.21　详细调度结果(第一页)

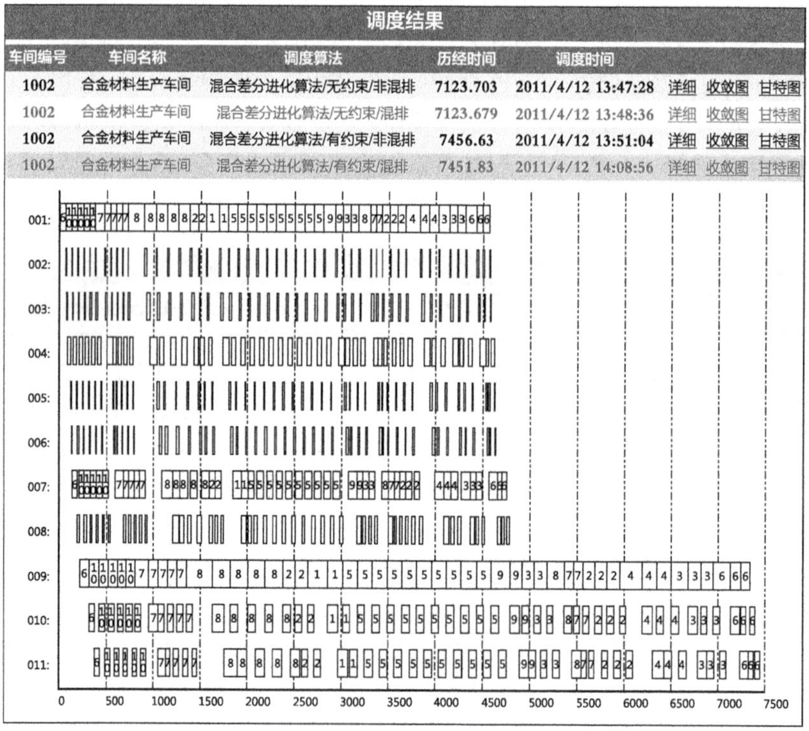

调度结果

车间编号	车间名称	调度算法	历经时间	调度时间			
1002	合金材料生产车间	混合差分进化算法/无约束/非混排	7123.703	2011/4/12 13:47:28	详细	收敛图	甘特图
1002	合金材料生产车间	混合差分进化算法/无约束/混排	7123.679	2011/4/12 13:48:36	详细	收敛图	甘特图
1002	合金材料生产车间	混合差分进化算法/有约束/非混排	7456.63	2011/4/12 13:51:04	详细	收敛图	甘特图
1002	合金材料生产车间	混合差分进化算法/有约束/混排	7451.83	2011/4/12 14:08:56	详细	收敛图	甘特图

图 6.22　调度结果——甘特图

6.5 本章小结

本章设计并实现了一个基于 B/S 架构的分批优化调度系统，给出系统的开发平台、总体框架、数据库以及智能算法库的设计，对系统的各模块进行了简单说明，包括系统管理模块、基础信息模块和分批优化调度模块，并结合实例应用着重介绍了分批优化调度模块的操作流程。

第7章 研究展望

本书考虑了实际生产系统中存在的订单批量性，系统介绍了并行机、流水车间、作业车间分批优化调度和流程工业批处理过程生产调度问题，以及差分进化算法在分批优化调度问题中的应用，设计了同时处理批量划分和排序优化的有效算法，结合问题信息开发优化求解方法。具体由七部分组成：①绪论；②基于差分进化算法的并行机分批优化调度；③基于差分进化算法的流水车间分批优化调度；④基于差分进化算法的作业车间分批优化调度；⑤基于差分进化算法的流程工业间歇批处理与连续混合生产过程调度；⑥分批优化调度系统设计与实现；⑦研究展望。

与传统调度问题相比，分批优化调度的研究还不够充分，现有的理论和方法还不够完善。未来的研究工作可考虑从以下几方面展开。

1. 多目标、多约束分批优化调度模型研究

实际调度问题往往属于多目标优化问题，需要同时考虑缩短生产周期、满足交货期、降低生产能耗等目标。与经典调度问题相比，分批优化调度问题涉及批量划分，划分过程中要求划分所得各子批任务的批量大小总和保持不变，即存在批量划分约束。在分批生产和分批传输过程中，需要考虑加工设备的生产能力、缓冲区存储容量、传输设备的传输容量等约束。另外，实际生产过程中所涉及的机器设备和工装夹具种类繁多，存在多资源约束、调整/准备时间约束等。从能源供应角度，存在能源价格随时间变动、用能峰值限制、可再生能源间歇性供能约束等。因此，多目标、多约束分批优化调度研究显然更具有现实意义和挑战性。

建模时考虑如何将实际问题更加有效地描述为便于算法求解的模型。考虑工程实际约束，研究批量划分、加工顺序、工艺路径的选择、工件的传输以及机器的运作方案对生产能耗、设备利用率和生产周期等指标的影响，建立多目标、多约束分批优化调度模型。

2. 基于多目标优化算法的分批优化调度方法研究

无免费午餐定理指出，没有普遍适用各个问题的高性能算法，因此，针对具体问题探索高效的优化算法将始终是一项有科学意义和实用价值的工作。分批优化调度问题是比传统调度问题更加复杂的 NP 难问题，更应从具体问题出发，研究开发高效的多目标、多约束分批优化调度方法，实现对批量划分、加工任务的排产、机

器的运作和工件的传输方案等的优化。在设计多目标分批优化调度算法时，需要注意以下几点：

(1) 算法编码策略。在设计智能优化方法求解分批优化调度问题的过程中，编码是算法设计的首要和关键问题，是影响算法性能和效率的重要因素。编码时，需要考虑表示生产调度问题的状态和过程结构的合适方式，将问题的可行解表示成算法空间的个体，所得个体必须遵循合法性、有效性以及对问题解空间表征的完全性。此外，解码的复杂性、编码的空间特性和存储量的需求也是设计算法编码方案时需要考虑的问题。对于具体问题，编码方式还应照顾到问题中存在的复杂的决策变量约束条件，辅助相关的优化机制进行有效搜索。

(2) 算法优化机制。注重具体问题具体分析，特别是对于复杂、多约束的问题，若能深入挖掘并利用问题特征信息，来指导算法设计，开发基于特殊约束和问题特征的搜索操作或启发式方法辅助算法求解，则能达到事半功倍的效果，以较少的计算时间获得较好的问题解。

(3) 多目标优化。针对生产能耗和生产周期等指标之间存在的冲突关系，基于 Pareto 多目标优化理论开展多目标调度研究。结合分批优化调度问题的特点，借鉴、改进现有的相对成熟的多目标优化方法或开发新算法新技术，研究如何使种群尽快向决策者感兴趣的 Pareto 前沿方向搜索以及如何保持种群多样性等问题，探索能快速获得近似最优解的多目标优化算法。

3. 复杂环境下的分批优化调度问题研究

实际生产系统存在着大量的不确定性，不确定因素可分为系统固有参数的不确定性、生产过程的不确定性和外部环境的不确定性等。针对不同类型的生产系统中分批优化调度问题，研究系统中不确定因素的知识表示和数学描述，建立问题的数学模型，研究开发鲁棒调度算法，制订出满足实际需要、具有鲁棒性的调度方案，适应生产过程中变化幅度较小的扰动。对于动态生产环境中变化幅度较大的情况，研究适应性调度技术，使分批优化调度系统能够应对这些突如其来的变化，持续、优化地运行。